高职高专经管类规划教材

市 场 营 销

主 编 庞海英 石立红 岳 伟

副主编 周金明 袁美香 刘丹利 彭 钰

　　　　肖美玲 朱 洁 谭亲强 沈 杰

参 编 蒋铁球 张 洁 刘 宁 王彩凤 邓仕燕

主 审 彭新莲

西安电子科技大学出版社

内 容 简 介

　　本书是面向职业教育的市场营销专业核心课程教材，是为满足职业院校人才培养和技能要求，结合现代市场营销行业企业人才需求编写的。本书采用项目和任务式设计，每个项目都采用了情境导入。全书包含走进市场营销、分析市场营销环境、市场分析、市场调研与预测、市场细分与目标市场、产品策略、定价策略、渠道策略和促销策略九个项目，系统地阐述了市场营销的基本理论、基本知识和应用策略。本书注重理论性和实用性，理实一体，内容全面，案例丰富，每个任务后面都附有案例分析、知识拓展和思考练习，既方便教师教学和布置作业，又便于学生自主学习。

　　本书可作为职业院校商贸类和财经类专业的教学用书，也可作为相关专业的职场人士自学充电用书，还可作为企业培训用书。

图书在版编目(CIP)数据

市场营销 / 庞海英，石立红，岳伟主编. —西安：西安电子科技大学出版社，2019.8(2020.8 重印)
ISBN 978-7-5606-5097-5

Ⅰ. ①市… Ⅱ. ①庞… ②石… ③岳… Ⅲ. ①市场营销学 Ⅳ. ①F713.50

中国版本图书馆 CIP 数据核字(2018)第 222656 号

策划编辑　杨丕勇
责任编辑　孙雅菲　苑　林　杨丕勇
出版发行　西安电子科技大学出版社(西安市太白南路 2 号)
电　　话　(029)88242885　88201467　　　邮　编　710071
网　　址　www.xduph.com　　　　　　　电子邮箱　xdupfxb001@163.com
经　　销　新华书店
印刷单位　咸阳华盛印务有限责任公司
版　　次　2019 年 8 月第 1 版　　2020 年 8 月第 2 次印刷
开　　本　787 毫米×1092 毫米　　1/16　　印　张　15.25
字　　数　359 千字
印　　数　1501～3500 册
定　　价　38.00 元
ISBN 978－7－5606－5097－5 / F

XDUP 5399001-2
如有印装问题可调换

前　言

现代企业的发展离不开企业经营，更离不开对实用型经营人才的培养。职业教育是培养实用型人才的良好途径。职业教育是就业教育，为了将职业教育人才培养落到实处，我们顺应中职学生就业岗位——营销员、业务员、销售代表等的需要，编写了本书。本书以培养中职学生建立基本的营销理念、学习一定的专业知识为目标，把岗位技能、专业技能所需要的服务理念的培养作为教学主线，把能够胜任企业岗位要求作为教学工作的出发点和落脚点，实现职业教育到职场的"无缝衔接"。

本书旨在解决以下问题：市场营销是什么？企业应该持什么营销观念驰骋商场？企业如何营销？营销对象如何确定？企业如何满足客户的需求以及如何规范营销活动？本书以4P基础理论为依据将全书分为九个项目，分别是走进市场营销、分析市场营销环境、市场分析、市场调研与预测、市场细分与目标市场、产品策略、定价策略、渠道策略和促销策略。九个项目由浅入深、由简单到复杂，便于学生循序渐进地掌握知识和技能。这种由简到难的内容叠加，可培养学生持续发展职业能力。

本书由衡阳技师学院现代物流系专业教师庞海英、石立红，湖南汽车工程职业学院岳伟担任主编；衡阳技师学院周金明、袁美香、刘丹利、彭钰、肖美玲，湖南有色金属职业技术学院朱洁，湖南汽车工程职业学院谭亲强、沈杰担任副主编；衡阳技师学院蒋铁球、张洁、刘宁、王彩凤，湖南汽车工程职业学院邓仕燕参与编写；衡阳技师学院彭新莲主审。

在编写本书的过程中，我们参考了国内外部分文献，汲取了很多有益的内容，在此对相关人员表示最诚挚的谢意。

虽然我们力求完善，但由于我们的实践经验、理论修养有限，加之时间仓促，因此书中不足之处在所难免，诚请广大读者及专家学者批评指正。

编　者

2019 年 4 月

目录

项目一 走进市场营销

> 小强初中毕业，面临几个选择：一是上高中，二是就业，三是读职业学校。由于年龄小，如果马上就业，父母不放心；小强本人又不想上高中，觉得压力太大，最后他选择了当地一所职业学校学习市场营销专业。小强平时就喜欢研究经商之道，他的爸爸也是一家公司的市场营销经理，他想像爸爸一样做销售，以后当企业家。

任务一 初识市场与市场营销

学习目标 ✍

- 掌握市场和市场营销的含义
- 理解市场三要素
- 掌握市场营销理论

案例导入

美国有一家很大的鞋厂，由于国内市场已经饱和，如何在海外开辟鞋市场就显得非常重要。

一天，鞋厂老板找来营销总管，指示他们派出两批市场调查组到非洲寻找市场。

去非洲后不久，两个市场调查组都发来传真。甲组说："这里没有穿鞋的，即使生产出鞋来，在这里也会卖不出去。还是赶快给我们寄来返美机票，打道回府！"而乙组却与甲组的结论完全相反。乙组十分兴奋地告诉老板："这里人人没有鞋穿，鞋子市场很大，亟待我们开发。请汇款5万元，我们将在这里筹建工厂，设计适合当地人穿的鞋。"

老板对两个截然相反的调查结论做了比较，深信乙组是对的，于是做出"在非洲建厂"的决策，结果这个鞋厂在非洲大获成功。

任务描述与分析

在日益繁荣的市场经济时代，市场的范围及种类已经发生了翻天覆地的变化，各国学者对市场及市场营销的研究也不断深入，但是市场营销的基本理论依然指导着市场人的经营活动。本任务旨在通过让学生完成指定项目任务，从而较为全面地认识市场与市场营销，掌握市场和市场营销的含义、分类，在完成项目任务的过程中培养职业素质。

■■■■■ 相关知识与任务实施

一、市场的含义

市场是商品经济的产物。市场最初是指买卖双方进行货物或服务交易的地方或场所。"市场"一词由来已久，通常人们理解市场就是买卖东西的地方，而在市场营销学中，市场的含义却很不一样。

(一) 在经济学中的含义

狭义的市场是指买卖双方进行有形产品交换的地点或场所，如菜市场、超市等。

广义的市场是指商品流通领域交换关系的总和，包括有形市场和无形市场。狭义的市场是有形市场，无形市场还包括劳动力市场、房地产市场、期货市场、金融市场等。

(二) 在市场营销学中的含义

从市场营销学的角度出发，市场是指所有具有特定需要与欲望，并且愿意和能够以交换来满足彼此需要与欲望的潜在顾客的总和。这一定义可以用以下公式表示：

$$市场 = 人口 + 购买力 + 购买欲望$$

人口、购买力、购买欲望是市场三要素，三者相辅相成，缺一不可。人口要素是构成市场最基本的条件，人口越多，现实和潜在的消费需求就越大；购买力是指人们为满足需求而支付货币的能力，购买力越强就越容易实现交易，能达成更大的交易量；购买欲望是指消费者产生购买行为的愿望和要求，它是购买力变成现实购买行为的强大动力，购买欲望越强，购买行为越容易实现。

📖 **知识窗**：《周易·系辞》就市场的起源写道："神农日中为市，致天下之民，聚天下之货，交易而退，各得其所。"司马光在《资治通鉴》中也说："神农日中为市，致天下之民，聚天下之货，交易而退，此立市始。"这两种说法都认为原始市场是从神农氏的时代开始的。但神农是传说中的上古帝王，不一定真有其人。但是有一点可以肯定，我国古代社会进入农业时期，社会生产力有了一定发展后，先民们就开始有了少量剩余产品可以交换，因而产生了原始市场——市井。"市"在古代也称为"市井"，这是因为最初的交易都是在井边进行的。《史记·正义》中写道："古者相聚汲水，有物便卖，因成市，故曰'市井'。"古时在尚未修建正式市场之前，常是"因井为市"的。这样做有两点好处，一是解决商人、牲畜用水之便，二是可以洗涤商品。《风俗通》云："于井上洗涤，令香洁。"古时遗风一直延续，直到中华人民共和国成立前仍能在乡镇中见到，"市井"一词也一直沿用至今。

随堂思考：本任务案例导入中，甲组为什么认为非洲没有人穿鞋，鞋子卖不出去？

二、市场的分类

(一) 按购买主体的不同分类

按购买主体的不同，可以将市场划分为消费者市场和组织市场。

1．消费者市场

消费者市场是指以个人或家庭为购买主体的市场。消费者市场是社会再生产消费环节的具体表现，是经济活动的最终市场，是整体市场最重要的组成部分。

特点：市场广阔，购买人数多而分散，需求千差万别；购买次数频繁，单次购买数量较少，购买时间不固定；非专业人员购买，购买决策较简单，随意性较大；建立品牌忠诚度较难。

2．组织市场

组织市场是指以单位、组织为购买主体的市场。组织市场也是经济活动最终市场的重要组成部分。与消费者市场相比，组织市场具有集中度高、数量大、需求较雷同、购买较专业等特点。

组织市场又分为生产者市场、中间商市场和政府市场三类。

生产者市场是指个人或组织购买货物和劳务的目的是获取利润而进行再生产的市场。生产者市场购买者数量较少，单次购买规模较大，购买者地理位置较集中；需求归根到底由消费者市场需求派生和引申出来，市场波动性较大；购买人员较专业，参与决策人员较多，购买决策较复杂，讲究长期合作，如生产原料市场、成套设备市场等。

中间商市场是指个人或组织购买商品和服务并将之转手或租给他人，以获取利润而形成的市场。中间商市场由消费者市场需求派生和引申出来，对市场变化反应更加灵敏；购买属批量购买，购买人员较专业，重视价格和配套服务，和供应商联系紧密，常需要生产厂家协助其做产品推广。

政府市场是指各级政府单位为执行政府的主要职能而采购或租用商品所形成的市场。政府市场购买者数量较少但规模较大，购买人员专业，流程规范，往往要求供应商竞价投标并提供大量的书面材料，审核手续烦琐，政策指导性强但市场意识不足，决策周期长等。

（二）按购买者成熟程度的不同分类

按购买者成熟程度的不同，可将市场分为现实市场、潜在市场和未来市场。

1．现实市场

现实市场是指对企业经营的商品有需要且有支付能力和购买动机的顾客所构成的市场。现实市场是企业利润的主要来源，是企业与竞争对手之间争夺最激烈的市场，是企业认真研究和重点投入的对象，同时也是营销资源最优先投放的市场。

2．潜在市场

潜在市场是指客观存在的、由于诸多因素的影响而未显露或未成熟的市场，通常包括三种情况：① 对某种产品有购买动机但没有足够支付能力的人或组织；② 对某种产品有支付能力但没有形成购买动机的人或组织；③ 对某种产品有潜在需要的人或组织(有能力、有动机，但自己还没有意识到)。潜在市场需要引导、培育和投入。有远见的企业为避免产品同质化而最终陷入价格战的泥潭，愿意动用一部分企业资源用于创新，开拓新的市场，即挖掘潜在市场，在第一时间将消费者的潜在市场需求变成现实需求，把潜在市场开发为企业的现实市场。

3. 未来市场

未来市场是指暂时尚未形成或只处于萌芽状态，但在一定条件下必将形成并发展成为现实市场的市场。把握未来市场需要企业有超前的战略眼光，需要提前布局，加大研发创新和持续投入。对未来市场的预判往往蕴含着机遇和挑战，有超强实力和眼光的企业往往会通过对未来市场的投入来获得领先对手的机会，如家用直升机市场。

❖ **案例**：举世闻名的"柯达胶卷"生产者——美国柯达公司，早在20世纪60年代初就着手开发世界胶卷市场，但他们并不急于推出自己的胶卷，而是率先开发出大众化自动相机，并允许其他厂家仿制。由于自动相机使用方便，物美价廉，很快就风靡世界。相机销量的暴增给胶卷创造了广阔的市场，于是柯达公司迅速推出"柯达胶卷"，销路很快遍及全球。

问题：柯达公司生产胶卷但却率先开发出售相机的经营战略能给企业营销带来什么启示？

三、市场营销的含义

市场营销(Marketing)又称市场学、市场行销或行销学。随着市场营销实践的演进，人们对于市场营销的认识正在发生着剧烈的变化，"市场营销"这一概念的基本定义也在不断地深化和发展。在人类社会不同的发展阶段，人们对于市场营销的基本定义的诠释也各不相同。即使在同一发展时期，由于理解的角度不同，人们对市场营销的概念也可能产生分歧。目前，理论界和实践界对市场营销的含义比较认可的主要是美国市场营销协会于1985年提出的市场营销定义。该协会认为，市场营销是在创造、沟通、传播和交换产品中，为顾客、客户、合作伙伴以及整个社会带来价值的一系列活动、过程和体系。

知识窗：几种市场营销定义

• 科特勒定义

菲利普·科特勒的定义强调了市场营销的价值导向：市场营销是个人和集体通过创造产品和价值，并同别人自由交换产品和价值，来获得其所需所欲之物的一种社会和管理过程。

• 格隆罗斯定义

格隆罗斯的定义强调了营销的目的：所谓市场营销，就是在变化的市场环境中，旨在满足消费需要、实现企业目标的商务活动过程，包括市场调研、选择目标市场、产品开发、产品促销等一系列与市场有关的企业业务经营活动。

• 凯洛斯定义

美国学者基恩·凯洛斯将各种市场营销定义分为三类：一是将市场营销看作一种为消费者服务的理论；二是强调市场营销是对社会现象的一种认识；三是认为市场营销是通过销售渠道把生产企业同市场联系起来的过程。这从一个侧面反映了市场营销的复杂性。

四、市场营销理论

随着时代的变化，市场营销理论也在不断丰富，其中比较有代表性的市场营销理论主要有以下几种。

1. 4P 理论

4P 理论产生于 20 世纪 60 年代的美国，其四个组合要素包括：第一，产品(Product)，注重开发的功能，要求产品有独特的卖点，把产品的功能诉求放在第一位；第二，价格(Price)，根据不同的市场定位，制订不同的价格策略；第三，渠道(Place)，企业并不直接面对消费者，而是注重经销商的培育和销售网络的建立，企业与消费者的联系是通过分销商来进行的；第四，促销(Promotion)，企业注重通过销售行为的改变来刺激消费者，以各种手段来促进销售的增长。

2. 4C 理论

传统的 4P 理论的出发点是以企业为中心，包括企业经营者要生产什么产品、期望获得怎样的利润而制定相应的价格、要将产品以怎样的卖点来传播和促销、要将产品以怎样的途径来销售，这其中忽略了顾客才是整个营销服务的真正对象。1990 年，美国学者劳特朋提出了以顾客为导向的 4C 理论，即如何实现顾客需求(Customer's Needs)的满足、综合权衡顾客购买所愿意支付的成本(Cost)、实现与顾客的双向交流与沟通(Communication)、实现顾客购买的便利性(Convenience)。

3. 4R 理论

随着市场竞争形势的日趋激烈，2001 年，美国营销学者艾登伯格提出了 4R 理论。4R 理论的营销四要素包括：第一，关联(Relevance)，即认为企业与顾客是一个命运共同体，建立并发展与顾客之间的长期关系，是企业经营的核心理念和最重要的内容；第二，反应(Reaction)，面对迅速变化的顾客需求，企业应学会倾听顾客的意见，及时寻找、发现和挖掘顾客的渴望与不满及可能发生的演变；第三，关系(Relationship)，强调企业与顾客在市场变化的动态中应建立长久互动的关系，防止顾客流失，重在建立顾客忠诚，以赢得长期而稳定的市场；第四，报酬(Reward)，任何交易与合作关系的巩固和发展都是经济利益问题，因此，一定的合理回报既是正确处理营销活动中各种矛盾的出发点，也是营销的落脚点。

4R 理论以关系营销为核心，既从厂商利益出发，又兼顾顾客需求，注重企业和顾客关系的长期互动，重在建立顾客忠诚。

4. 4I 理论

随着社交网络媒体的出现，以及以新型信息分享和即时通信平台为代表的新媒体技术的发展，人际沟通和社会交往模式被彻底改变，这些变化加速了企业营销策略组合蜕变和演化的进程，4I 理论应运而生。其原则包括：第一，趣味(Interesting)，轻松、娱乐化、有创意、多向沟通、参与体验式的内容才能吸引顾客的兴趣；第二，利益(Interests)，网络营销活动必须为目标受众提供利益才能留住顾客；第三，互动(Interaction)，不要再让消费者仅单纯接受信息，数字媒体技术的进步和网络的互换性，可以允许企业以极低的成本和极大的便捷性与消费者交流；第四，个性(Individuality)，营造个性化和专属空间，可以使营销更精准和诱人，让顾客产生"焦点关注"的满足感，因而更容易引发互动与购买行为。

案例分析

通过本次案例分析，学生可加深对营销的理解。

新型捕鼠器缘何没市场

美国一家制造捕鼠器的公司，为了试制一种适应老鼠生活习性的捕鼠器，组织力量花了若干年时间研究老鼠的吃、活动和休息等各方面的特征，终于制造出受老鼠"欢迎"的新型捕鼠器。新产品完成后，屡试不爽，捕鼠率百分之百。与老式捕鼠器相比，新型捕鼠器有以下优点：① 外观大方，造型优美；② 捕鼠器顶端有按钮，捕到老鼠后只要一压按钮，死鼠就会掉落；③ 可终日置于室内，不必夜间投器，白天收拾，绝对安全，也不会伤害儿童；④ 可重复使用。新型捕鼠器上市伊始深受消费者的青睐，但好景不长，市场就迅速萎缩了。是何原因致使这么好的产品没有达到预计的销售业绩呢？经调查，其原因主要有以下几点：

第一，购买该新型捕鼠器的买主一般是家庭中的男性。他们每天就寝前安装好捕鼠器，次日起床后因急于上班，便把清理捕鼠器的任务留给了家庭主妇。主妇们见死鼠会害怕、恶心，同时又担心捕鼠器不安全，会伤害到人。结果许多主妇只好将死鼠连同捕鼠器一块丢弃，这样一来代价太大，因此主妇们不愿意再买这种捕鼠器。

第二，由于该捕鼠器价格较高，所以中、低收入的家庭购买一个便重复使用，况且捕捉几只后，捕捉器就可以"休息"一段时间，因而重复购买减少，销量自然下降。高收入的家庭虽然可以多买几个，但是用后处理很伤脑筋，老式捕鼠器捉到老鼠后可以与老鼠一起扔进垃圾箱，而新型捕鼠器这样使用会比较浪费。

试析：结合本案例，说明美国这家制造新型捕鼠器的公司失败的根本原因。

▌ 知识拓展

通用公司门前冷落

自动洗碗机是一种先进的家庭厨房用品。当电冰箱、洗衣机市场饱和后，制造商揣摩消费者心理，推出洗碗机，意在减轻人们的家务劳动负担，适应现代人的快节奏。然而，当美国通用电气公司率先将自动洗碗机投向市场时，等待他们的并不是蜂拥而至的消费者，而是出现了"门前冷落鞍马稀"的局面。

之后，公司的营销策划专家寄希望于广告媒体，对消费者实施心理上的轮番"轰炸"。他们认为消费者最终会认识到自动洗碗机的价值，于是该电器公司在各种报纸、杂志、广播和电视上反复广而告之，"洗碗机比用手洗更卫生，因为可以用高温水来杀死细菌"，他们还创造性地用电视画面放大细菌的丑恶面貌，使消费者产生恐惧。同时，该公司还宣传自动洗碗机清洗餐具的能力，在电视广告里示范清洗因烘烤食品而被弄得一塌糊涂的盘子。努力后的结果如何呢？"高招"用尽，市场依旧，消费者对自动洗碗机仍是敬而远之。从商业渠道反馈来的信息极为不妙，新上市的自动洗碗机很有可能在其试销期内夭折。

自动洗碗机的设计构思和生产质量都是无可挑剔的，但为什么一上市就遭此冷遇呢？消费者究竟是怎样想的呢？

第一，传统价值观念和对技术认识的限制，以及消费者对新东西的偏见，使自动洗碗机难以成为畅销产品。持传统观念的消费者认为，洗碗是一项非常简单的劳动，自动洗碗机在家庭中几乎没有什么用处，即使使用也不见得比手工洗得好。家庭主妇则认为，自动洗碗机这种华而不实的"玩意儿"有损"勤劳能干的家庭主妇"的形象。在现实生活中，大多数家庭只有三四口人，吃顿饭不过洗七八个碗和盘子而已，让消费者花上千元买一台耗电数百瓦的洗碗机去省那点举手之劳，消费者怎么算都觉得划不来。

第二，虽然有些追赶潮流的消费者愿意购买自动洗碗机以减轻家务负担，但机器洗碗前要做许多准备工作，费时又费事。另外，家庭厨房窄小，安装困难，也使消费者望"机"兴叹！

第三，自动洗碗机单一的功能、复杂的结构、较多的耗电量和较高的价格也是它不能市场化、大众化的原因。

试析： 结合通用公司自动洗碗机在市场上遭冷遇的原因，谈谈对企业营销的启示。

 **思考练习**

一、简答题

1. 比较有代表性的市场营销理论有哪些？其主要内容是什么？

2. 市场的含义是什么？

二、案例分析题

产品不仅要满足需求，更要引导和培育需求。宝洁就像一位温柔的母亲，站在儿女的身边循循善诱，体贴入微：你洗头了吗？我来帮你洗；你会洗头吗？我来教你洗；你洗得好吗？我告诉你怎样洗得更好。宝洁不仅教人们洗头，还教一代又一代的人们刷牙，从倡导洗发新观念到引导多洗发，从合理刷牙到科学选择牙膏，从勤洗手到洗手要杀菌，逐步引导顾客改变生活观念和生活习惯，将健康的生活方式、全新的健康理念和可信的健康用品一齐送给顾客。顾客先是怀着几分敬意接受，继而成为忠实的用户。

问题：宝洁在引导顾客需求方面运用了哪种营销理论？

三、论述题

试以煤炭为例，根据购买者的不同身份，论述如何区分消费者市场、生产者市场或组织市场。

任务二　树立市场营销观念

学习目标 ✍

- 了解市场营销学的产生与发展
- 掌握现代市场营销观念

▶ **案例导入**

顾客永远是正确的

旧上海有一家永安公司，以经营百货著称。老板郭乐的经营宗旨是：在商品的花色品种上迎合市场的需要，在售货方式上千方百计地使顾客满意。商场的显眼处用霓虹灯制作了一条英文标语：Customers are always right!(顾客永远是对的)，作为每个营业员必须恪守的准则。为了拢住一批常客，公司实行了一些特别的服务方式：一是把为重点顾客送货上门作为一条制度，使得一些富翁成为永安公司的老主顾；二是公司鼓励营业员争取顾客的信任，密切与顾客的关系，对那些"拉"得住顾客的营业员特别器重，不惜酬以重薪和高额奖金；三是公司针对有钱人喜欢讲排场、比阔气、爱虚荣的心理，采取一种凭"折子"购货的赊销方式，即顾客到永安公司来购物，不用付现款，只需到存折上记账；四是争取把一般市民吸引到商店里来。如此四策的实施，使永安公司成为一家特殊商店：无论上流社会和一般市民，只要光顾这里，都能满意而归。商场整天被挤得水泄不通，生意格外红火。

▇ 任务描述与分析

在日常生活中，我们经常接触到"市场营销"四个字。企业组织机构有"市场营销部"或"营销策划部"，大学里有"市场营销"专业，人才交流市场招聘单位有"市场营销"岗位等。可以说，营销在我们的生活中无处不在。企业需要营销来满足消费者的需要，以实现赢利；学校需要营销来满足广大学生的需要，实现学校的健康良性发展；医生需要营销来满足患者的需要，实现社会的和谐；政治家需要营销以满足人民的需要，实现"治国安民"的政治抱负；普通人也需要营销，以满足与人交往的需要。本任务旨在通过对市场营销概念、营销观念的阐述，让学习者把握现代营销观念及其发展趋势。

▇ 相关知识与任务实施

一、市场营销学的产生与发展

市场营销学(Marketing)于20世纪初期产生于美国。随着社会经济及市场经济的发展，市场营销学发生了根本性的变化，从传统市场营销学演变为现代市场营销学，其应用从营利组织扩展到非营利组织，从国内扩展到国外。当今，市场营销学已成为同企业管理相结合，并同经济学、行为科学、人类学、数学等学科相结合的应用边缘管理学科。西方市场营销学的产生与发展同商品经济的发展、企业经营哲学的演变是密切相关的。

中华人民共和国成立之前，我国虽曾对市场营销学有过一些研究(当时称"销售学")，但也仅限于几所设有商科或管理专业的高等院校。在1949—1978年间，除了台湾和港澳地区的学术界、企业界对这门学科有广泛的研究和应用外，在中国大陆，市场营销学的研究一度被中断。在这长达三十年的时间里，国内学术界对国外市场营销学的发展情况知之甚少。党的十一届三中全会以后，党中央提出了对外开放、对内搞活的总方针，从而为我国重新引进和研究市场营销学创造了有利的环境。1978年，北京、上海、广州的部分学者和专家开始着手市场营销学的引进和研究工作。虽然当时的研究还局限在很小的范围内，而且在名称上还被称为"外国商业概论"或"销售学原理"，但毕竟迈出了第一步。经过几十年的时间，我国对于市场营销学的研究、应用和发展已取得了可喜的成绩。从整个发展过程来看，大致经历了以下几个阶段。

(一) 引进时期(1978—1982 年)

在此期间，通过对国外市场营销学著作、杂志和国外学者讲课的内容进行翻译介绍，以及选派学者、专家到国外访问、考察、学习，邀请外国专家和学者来国内讲学等方式，我国系统介绍和引进了国外市场营销理论。虽然当时该学科的研究还局限于部分大专院校和研究机构，从事该学科引进和研究工作的人数还很有限，对于西方市场营销理论的许多基本观点的认识也比较肤浅，大多数企业对于该学科还比较陌生，但是这一时期的努力为我国市场营销学的进一步发展奠定了基础。

(二) 传播时期(1983—1985 年)

经过前一时期的努力，全国各地从事市场营销学研究、教学的专家和学者开始意识到，要使市场营销学在中国得到进一步的应用和发展，必须成立各地的市场营销学研究团体，以便相互交流和切磋研究成果，并利用团体的力量扩大市场营销学的影响，推进市场营销学研究的进一步发展。1984 年 1 月，全国高等综合大学、财经院校市场学教学研究会成立。在以后的几年里，全国各地各种类型的市场营销学研究团体如雨后春笋般纷纷成立。各团体在做好学术研究和学术交流的同时，还做了大量的传播工作。例如，广东市场营销学会定期出版会刊《营销管理》，全国高等综合大学、财经院校市场学教学研究会在每届年会后都会向会员印发各种类型的简报。此外，还有各种类型的培训班、讲习班等。有些还通过当地电视台、广播电台举办市场营销学的电视讲座和广播讲座。通过这些活动，既推广、传播了市场营销学知识，又扩大了学术团体的影响。在此期间，市场营销学的教学也开始受到重视，有关市场营销学的著作、教材、论文在数量上和质量上都有很大的提高。

(三) 应用时期(1986—1988 年)

1985 年以后，我国经济体制改革的步伐进一步加快，市场环境的改善为企业应用现代市场营销原理指导经营管理实践提供了有利条件，但各地区、各行业的应用情况又不尽相同，具体表现为以下几种情况：① 以生产经营指令性计划产品为主的企业应用得较少，以生产经营指导性计划产品或以市场调节为主的产品的企业应用得较多、较成功；② 重工业、交通业、原材料工业等和以经营生产资料为主的行业所属的企业应用得较少，而轻工业、食品工业、纺织业、服装业等以生产经营消费品为主的行业所属的企业应用得较多、较成功；③ 经营自主权小、经营机制僵化的企业应用得较少，而经营自主权较大、经营机制灵活的企业应用得较多、较成功；④ 商品经济发展较快的地区(尤其是深圳、珠海等经济特区)的企业应用市场营销原理的自觉性较高，应用得也比较好。在此期间，多数企业应用市场营销原理时，偏重于分销渠道、促销、市场细分和市场营销调研部分。

(四) 扩展时期(1988—1994 年)

在此期间，无论是市场营销教学研究队伍，还是市场营销教学、研究和应用的内容，都有了极大的扩展。全国各地的市场营销学学术团体改变了过去只有学术界、教育界人士参加的状况，开始吸收企业界人士参加，其研究重点也由过去的单纯教学研究改为结合企业的市场营销实践进行研究。全国高等综合大学、财经院校市场学教学研究会也于 1987 年 8 月更名为中国高等院校市场学研究会。学者们已不满足于仅对市场营销一般原理的教学研究，而对其各分支学科的研究日益深入，并取得了一定的研究成果。在此期间，市场营销理论的国际研讨活动进一步发展，这极大地开阔了学者们的眼界。1992 年春，邓小平南方讲话以后，学者们还对市场经济体制的市场营销管理、中国市场营销的现状与未来以及跨世纪中国市场营销面临的挑战、机遇与对策等重大理论课题展开了研究，这也有力地扩展了市场营销学的研究领域。

(五) 国际化时期(1995 年至今)

1995 年 6 月，由中国人民大学、加拿大麦吉尔大学和康克迪亚大学联合举办的第五届市场营销与社会发展国际会议在北京召开。中国高等院校市场学研究会等学术组织作为协办单位，为会议的召开做出了重要的贡献，来自 46 个国家和地区的 135 名外国学者及 142 名国内学者出席了会议，25 名国内学者的论文被收入《第五届市场营销与社会发展国际会议论文集》(英文版)，6 名中国学者的论文荣获国际优秀论文奖。从此，中国市场营销学者开始大量地登上国际舞台，与国际学术界、企业界的合作进一步加强。

知识窗：美国市场营销学的产生与发展

自 20 世纪初诞生以来，美国市场营销学的发展经历了六个阶段。

1. 萌芽阶段(1900—1920 年)

这一时期，各主要资本主义国家经过工业革命，生产力迅速提高，城市经济迅猛发展，商品需求量也迅速增多，出现了需过于供的卖方市场，企业产品价值实现不成问题。同时，与此相适应的市场营销学开始创立。早在 1902 年，美国密歇根大学、加州大学和伊利诺大学的经济系就开设了市场学课程，后相继在宾夕法尼亚大学、匹茨堡大学、威斯康星大学开设此课。在这一时期，出现了一些市场营销研究的先驱者，其中最著名的有阿切·W.肖(Arch.W.Shaw)、巴特勒(Bulter)、约翰·B.斯威尼(John B.Swirniy)及赫杰特齐(Hagerty)。

阿切·W.肖于 1915 年出版了《关于分销的若干问题》一书，率先把商业活动从生产活动中分离出来，并从整体上考察分销的职能。但当时他尚未能使用"市场营销"一词，而是把分销与市场营销视为同一概念。

韦尔达(Weld)、巴特勒和斯威尼在美国最早使用"市场营销"术语。韦尔达提出："经济学家通常把经济活动划分为三大类：生产、分配、消费……生产被认为是效用的创造。""市场营销应当定义为生产的一个组成部分。""生产是创造形态效用，营销则是创造时间、场所和占有效用"，并认为"市场营销开始于制造过程结束之时"。

管理界的一代宗师彼得·德鲁克在其 1954 年写成的《管理实践》一书中认为："关于企业的目的只有一个有效定义：创造消费者。"他指出："市场是由商人创造的，而消费者的需求只是理论上的。"德鲁克的管理思想进一步推动了市场营销理论与实践者从以企业为核心向以消费者为核心的转变。

这一阶段的市场营销理论同企业经营哲学相适应，即同生产观念相适应，其依据是传统的经济学是以供给为中心的。

2. 功能研究阶段(1921—1945 年)

这一阶段以营销功能研究为特点。此阶段最著名的代表者人物克拉克(Clerk)、韦尔达(Weld)、亚历山大(Alexander)、瑟菲斯(Sarfare)、埃尔德(Ilder)及奥尔德逊(Alderson)。1932年，克拉克和韦尔达出版了《美国农产品营销》一书，该书对美国农产品营销进行了全面的论述，指出市场营销的目的是"使产品从种植者那儿顺利地转到使用者手中。这一过程包括 3 个重要又相互有关的内容：集中(购买剩余农产品)、平衡(调节供需)、分散(把农产品化整为零)"。这一过程包括七种市场营销功能：集中、储藏、财务、承担风险、标准化、推销和运输。1942 年，克拉克出版的《市场营销学原理》一书在功能研究上有所创新，把功能归结为交换功能、实体分配功能、辅助功能等，并提出了推销是创造需求的观点，其实际上是市场营销的雏形。

3. 形成和巩固时期(1946—1955 年)

这一时期的代表人物有范利(Vaile)、格雷特(Grether)、考克斯(Cox)、梅纳德(Maynard)及贝克曼(Beckman)。1952 年，范利、格雷斯和考克斯合作出版了《美国经济中的市场营销》一书，该书全面地阐述了市场营销如何分配资源、指导资源的使用，尤其是指导稀缺资源的使用；市场营销如何影响个人分配，而个人收入又如何制约营销；市场营销还包括为市场提供适销对路的产品。同年，梅纳德和贝克曼在出版的《市场营销学原理》一书中提出了市场营销的定义，认为它是"影响商品交换或商品所有权转移，以及为商品实体分配服务的一切必要的企业活动"。梅纳德归纳了研究市场营销学的五种方法，即商品研究法、机构研究法、历史研究法、成本研究法及功能研究法。

由此可见，这一时期已形成市场营销的原理及研究方法，传统市场营销学已形成。

4. 市场营销管理导向时期(1956—1965 年)

这一时期的代表人物主要有罗·奥尔德逊(Wraoe Alderson)、约翰·霍华德(John Howard)及麦卡锡(Mclarthy)。奥尔德逊在 1957 年出版的《市场营销活动和经济行动》一书中提出了"功能主义"。霍华德在《市场营销管理：分析和决策》一书中率先提出从营销管理角度论述市场营销理论和应用，从企业环境与营销策略二者关系来研究营销管理问题，强调企业必须适应外部环境。麦卡锡在 1960 年出版的《基础市场营销学》一书中对市场营销管理提出了新的见解，他把消费者视为一个特定的群体，即目标市场，企业制订市场营销组合策略，适应外部环境，满足目标顾客的需求，实现企业经营目标。

5. 协同和发展时期(1966—1980 年)

这一时期，市场营销学逐渐从经济学中独立出来，同管理科学、行为科学、心理学、社会心理学等理论相结合，市场营销学理论更加成熟。在此时期，乔治·道宁(George Downing)于 1971 年出版的《基础市场营销：系统研究法》一书提出了系统研究法，认为公司就是一个市场营销系统，"企业活动的总体系统，通过定价、促销、分配活动，并通过各种渠道把产品和服务供给现实的和潜在的顾客"。他还指出，公司作为一个系统，同时又存在于一个由市场、资源和各种社会组织等组成的大系统之中，它将受到大系统的影响，同时又反作用于大系统。

1967 年，美国著名市场营销学教授菲利浦·科特勒(Philip Kotler)出版了《市场营销管理：分析、计划与控制》一书，该著作更全面、系统地发展了现代市场营销理论。他精辟地对营销管理下了定义：营销管理就是通过创造、建立和保持与目标市场之间的有益交换和联系，以达到组织的各种目标而进行的分析、计划、执行和控制过程，并提出市场营销管理过程包括分析市场营销机会，进行营销调研，选择目标市场，制订营销战略和战术，制订、执行及调控市场营销计划。

菲利浦·科特勒突破了传统市场营销学认为营销管理的任务只是刺激消费者需求的观点，进一步提出了营销管理任务还影响需求的水平、时机和构成，因此提出营销管理的实质是需求管理；还提出了市场营销是与市场有关的人类活动，既适用于营利组织，也适用于非营利组织，扩大了市场营销学的范围。

1984年，菲利浦·科特勒根据国际市场及国内市场贸易保护主义抬头，出现封闭市场的状况，提出了大市场营销理论，即6P战略，在原来4P(产品、价格、渠道及促销)的基础上加两个P——政治权力及公共关系。他提出企业不应只被动地适应外部环境，而且也应该影响企业的外部环境的战略思想。

6. 分化和扩展时期(1981年至今)

在此期间，市场营销领域又出现了大量丰富的新概念，使得市场营销这门学科出现了变形和分化的趋势，其应用范围也在不断地扩展。

1981年，莱维·辛格和菲利普·科特勒对"市场营销战"这一概念以及军事理论在市场营销战中的应用进行了研究，几年后，列斯和特罗出版了《市场营销战》一书。1981年，瑞典经济学院的克里斯琴·格罗路斯发表了论述"内部市场营销"的论文，菲利浦·科特勒也提出要在企业内部创造一种市场营销文化，即使企业市场营销化的观点。1983年，西奥多·莱维特对"全球市场营销"问题进行了研究，提出过于强调对当地市场的适应性将导致生产、分销和广告方面规模经济的损失，从而使成本增加。因此，他呼吁多国公司向全世界提供一种统一的产品，并采用统一的沟通手段。1985年，巴巴拉·本德·杰克逊提出了"关系营销""协商推销"等新观点。1986年，菲利浦·科特勒提出了"大市场营销"这一概念，提出了企业如何打进被保护市场的问题。在此期间，"直接市场营销"也是一个引人注目的新问题，其实质是以数据资料为基础的市场营销，由于事先获得大量信息才使直接市场营销成为可能。

进入20世纪90年代以来，关于市场营销、市场营销网络、政治市场营销、市场营销决策支持系统、市场营销专家系统等新的理论与实践问题开始引起学术界和企业界的关注。进入21世纪，互联网的发展与应用推动了网上虚拟市场的发展，基于互联网的网络营销得到迅猛发展。

二、市场营销观念概述

企业的市场营销活动是在特定的市场营销观念(或称营销管理哲学)指导下进行的。市场营销观念，就是企业在开展市场营销的过程中，在处理企业、顾客和社会三者利益方面所持的态度、思想和意识，即企业进行经营决策、组织管理市场营销活动时的基本指导思想和行为准则，也就是企业的经营哲学，它是一种态度或企业的一种思维方式。

　　企业的市场营销观念一旦形成，就会被当作一定时期经营活动的行为准则，并以此为中心来开展营销活动。企业营销观念是否符合市场形势，直接影响着企业的经营业绩乃至兴衰成败。

　　市场营销观念随着商品经济的发展而演变，其归根结底是由社会生产力所决定的。社会生产力越发达，对商品的生产供给能力就越强，消费者收入也越高，市场趋势也越表现为供过于求的买方市场，市场竞争就越激烈，企业就必须更多关注消费者的需求、爱好和利益，以求得生存和发展。

　　随着商品交换日益向深度和广度发展，市场营销观念也在不断演变和充实。纵观企业营销观念发展演变的历史，其大致经历了生产观念、产品观念、推销观念、市场营销观念和社会市场营销观念五个阶段。其中，前三种观念统称传统市场营销观念，后两种观念被称为现代市场营销观念。另外，现代市场营销观念，还包括绿色营销和关系营销等。

　　❖ **案例**：美国皮尔斯堡面粉公司营销观念的转变。

　　美国皮尔斯堡面粉公司于1869年成立，从成立到20世纪20年代以前，这家公司提出了"本公司旨在制造面粉"的口号。因为在那个年代，人们的消费水平很低，面粉公司无需太多宣传，只要保证面粉质量，降低成本与售价，销量就会大增，利润也会增加，而不必过多研究市场需求特点和推销方法。1930年左右，皮尔斯堡面粉公司发现市场竞争加剧，销量开始下降。公司为扭转这一局面，第一次在公司内部成立商情调研部门，并选派大量推销员，扩大销售量，同时把口号变为"本公司旨在推销面粉"，更加注意推销技巧，并加以大量广告宣传，甚至开始硬性兜售。然而，随着人们生活水平的提高，各种强力推销未能满足顾客变化的新需求，这迫使公司从满足顾客心理实际需求的角度出发，对市场进行分析研究。1950年前后，公司根据第二次世界大战后美国人的生活需要开始生产和推销各种成品和半成品的食品，促使销量迅速上升。1958年后，公司着眼于长期占领市场，着重研究今后3～30年的市场消费趋势，不断设计和制造新产品，培训新的推销人员。

　　随堂思考：

　　1. 分析是什么原因促使美国皮尔斯堡面粉公司的营销发生了转变。

　　2. 从案例出发，说明皮尔斯堡面粉公司都经历了哪些市场营销观念，其各自都有什么特点。

三、传统市场营销观念

　　传统市场营销观念包括生产观念、产品观念和推销观念。

(一) 生产观念

　　生产观念是指企业的一切经营活动以生产为中心，围绕生产来安排一切业务，采用"以产定销"的经营观念。生产观念是指导销售者行为的古老的观念之一。这种观念产生于20世纪20年代前，由于当时的市场是卖方市场，企业经营哲学不是从消费者需求出发，而是从企业生产出发，其主要表现是"我生产什么，就卖什么"。生产观念认为，消费者喜欢那些可以随处买得到而且价格低廉的产品，企业应致力于提高生产效率和分销效率，扩大生产，降低成本以扩展市场。例如，美国汽车大王亨利·福特曾傲慢地宣称："不管顾客需要什么颜色的汽车，我只有一种黑色的。"这就是一种典型的以生产为核心的观念。

(二) 产品观念

产品观念是指一种与生产观念类似的经营观念，其认为企业的主要任务就是提高产品质量。只要产品好，不怕卖不了；只要有特色产品，自然会顾客盈门。产品观念 以生产为中心，不注重市场需求，不注重产品销售，是生产观念的后期表现。它也是一种较早的企业经营观念。产品观念认为，消费者最喜欢高质量、多功能和具有某种特色的产品，企业应致力于生产高值产品，并不断加以改进。产品观念产生于产品供不应求的"卖方市场"形势下。最容易滋生产品观念的场合，莫过于当企业发明一项新产品时，最容易导致"市场营销近视"，即不适当地把注意力放在产品上，而不是放在市场需求上，往往造成虽然产品质量优良，但是产品单一，款式老旧，包装和宣传缺乏，在市场营销管理中缺乏远见，只看到自己的产品质量好，看不到市场需求在变化，致使企业经营陷入困境。

❖ **案例**：美国×××钟表公司自 1869 年创立到 20 世纪 50 年代，一直被公认为是美国极好的钟表制造商之一。该公司在市场营销管理中强调生产优质产品，并通过由著名珠宝商店、大百货公司等构成的市场营销网络分销产品。1958 年之前，公司销售额始终呈上升趋势，但此后其销售额和市场占有率开始下降。造成这种状况的主要原因是市场形势发生了变化：这一时期的许多消费者对名贵手表已经不感兴趣，而趋于购买那些经济、方便且新颖的手表；而且，许多制造商为迎合消费者的需要，已经开始生产低档产品，并通过廉价商店、超级市场等大众分销渠道积极推销，从而抢走了×××钟表公司的大部分市场份额。但是，×××钟表公司没有注意到市场形势的变化，依然迷恋于生产精美的传统样式手表，仍旧借助于传统渠道销售，认为只要自己的产品质量好，顾客必然会找上门，结果企业经营遭受了重大挫折。

(三) 推销观念

推销观念是指以推销现有产品为中心的企业经营思想。推销观念是生产观念的发展和延伸。20 世纪 20 年代末开始的资本主义世界大危机，使大批产品供过于求，销售困难，竞争加剧，人们担心的也不再是生产问题，而是销路问题。因此，推销技术受到企业的特别重视，推销观念也被称为企业主要的指导思想。该观念认为，消费者通常表现出一种购买惰性或抗拒心理，一般不会足量购买某一企业的产品，因此，企业必须积极推销和大力促销，以刺激消费者大量购买本企业产品。

推销观念在现代市场经济条件下被大量用于推销那些非渴求物品，即购买者一般不会主动购买的产品或服务。这些行业善于使用各种技巧来寻找潜在客户，并采用高压方式说服他们接受其产品。许多企业在产品过剩时也常常奉行推销观念，它们的短期目标是销售其能生产的产品，而不是生产能出售的产品。

❖ **案例**：20 世纪 80 年代中期，在湖南湘潭的一个镇上，许多人都会手工做皮鞋的技艺。那时在农村和小城镇刚兴起穿皮鞋，加上当时国内皮鞋厂不多，于是小镇的皮鞋厂(小型作坊)遍地开花。由于需求太旺盛，这些小老板们根本不愁销路，每天都是在赶订单，他们绞尽脑汁的事情就是多招到工人加班加点生产"老三样"款式的皮鞋，即使产品有瑕疵，也会被客户拿走。

好日子没过几年，随着皮鞋厂的数量越来越多，个别皮鞋厂甚至开始使用机械来生产了，且由于使用机械生产的皮鞋质量过硬依然旺销，而一些做工和用料不过关的厂家开始出现产品积压，老板们的工作重心转入加强质量监控。

坐商的日子很快就到了尽头，到了 20 世纪 90 年代初期，随着加工能力的扩大，许多厂家都开始出现产品积压现象。于是，一些稍有实力的厂家开始大量招聘见多识广的人士担任业务员"走南闯北"推销产品，另外一些厂家则开始转行或停产，全民皆做皮鞋的景象只持续了十年左右便渐归沉寂。

四、现代市场营销观念

现代市场营销观念包括市场营销观念、社会营销观念、绿色营销观念、关系营销观念、直复营销观念和网络营销观念。

(一) 市场营销观念

市场营销观念是一种新型的企业经营哲学，以满足顾客需求为出发点，即"顾客需要什么，就生产什么"。尽管这种思想由来已久，但其核心原则直到 20 世纪 50 年代中期才基本定型。当时的社会生产力迅速发展，市场表现为供过于求的买方市场，同时广大居民个人收入迅速提高，有能力对产品进行选择，企业之间的竞争加剧，许多企业开始认识到，必须转变经营观念，才能求得生存和发展。市场营销观念认为，实现企业各项目标的关键在于正确确定目标市场的需要和欲望，并且比竞争者能够更有效地传送目标市场所期望的物品或服务，更好地满足目标市场的需要和欲望。

市场营销观念的出现，使企业经营观念发生了根本性变化，也使市场营销学发生了一次革命。市场营销观念同前三种观念最大的区别在于，它真正把消费者的需求放在了第一位，企业的一切行为都是为消费者服务的。

❖ **案例：麦当劳的营销观念**

麦当劳作为快餐汉堡包的零售商，是一流的市场营销商，其 14000 家快餐店分布于全球 79 个国家，整个系统年销售额达到 30 多亿元。每天有 1900 万顾客经过著名的金色双拱标志，每年多达 96%的美国人在麦当劳用餐。现在，麦当劳每秒销售 145 只汉堡包。这一销售业绩应归功于其强大的市场营销定位，即麦当劳知道怎样为顾客服务，以及怎样随消费者欲望的变化而进行调整。

在其位于美国以外的 4700 家快餐店中，麦当劳仔细地根据当地的口味和习惯来制定菜单。在日本供应玉米汤和叉烧汉堡；在罗马有通心粉色拉；在巴黎有配以葡萄酒和现场钢琴音乐的麦乐系列汉堡包；在牛被视为神圣的印度，麦当劳卖蔬菜汉堡而不是牛肉汉堡。

麦当劳在莫斯科开第一家快餐店时就很快赢得了俄罗斯消费者的青睐。但是，为了在这个新市场达到其高水准的顾客服务标准，不得不克服一些巨大的障碍。公司还在汉堡包大学培训俄罗斯经理，并要求 630 名新职员中的每一位都要接受 16 ~ 20 小时的基本知识培训。麦当劳还必须培训消费者，因为绝大多数莫斯科市民从来没有见过快餐店。在莫斯科开业的第一天，麦当劳为 700 名莫斯科孤儿举办开业聚会，并把开业当天的全部收益捐献给莫斯科儿童基金会。结果，这家新的莫斯科快餐店有了一个非常成功的开端。

麦当劳对消费者的注重使其成为世界上最大的快餐服务组织。现在，它已赢得了 20% 的美国快餐业务，并正迅速向全球扩张。

随堂思考：根据案例分析麦当劳采取的是哪种营销观念，该营销观念有何特点。

(二) 社会营销观念

社会营销观念以社会长远利益为中心，是对市场营销观念的补充和修正。

从 20 世纪 70 年代起，随着全球环境破坏、资源短缺、人口爆炸、通货膨胀和忽视社会服务等问题日益严重，要求企业顾及消费者整体利益与长远利益的呼声越来越高。西方市场营销学界提出了一系列新的理论及观念，如人类观念、理智消费观念、生态准则观念等。其共同点为，企业生产经营不仅要考虑消费者的需要，而且要考虑消费者和整个社会的长远利益，这类观念统称为社会营销观念。

社会营销观念的基本核心是以实现消费者满意以及消费者和社会公众的长期福利作为企业的根本目的与责任。理想的营销决策应同时考虑到消费者的需求与愿望的满足、消费者和社会的长远利益以及企业的营销效益。

(三) 绿色营销观念

绿色营销是指企业在生产经营过程中，将企业自身利益、消费者利益和环境保护三者统一，并以此为中心，向消费者提供科学的、无污染的、有利于节约资源和符合良好社会道德准则的商品和服务。绿色营销观念是一种从产品的设计、生产、销售到使用的整个营销过程都要考虑到资源的节约利用和环保利益，做到安全、卫生、无公害的营销观念。企业以保护环境观念作为其经营思想，以绿色文化作为其价值观念，以消费者的绿色消费作为中心和出发点，通过制订及实施绿色营销策略，满足消费者的绿色需求，来实现企业的经营目标。简言之，绿色营销就是在充分满足消费者需求、获取适当的企业利润的同时，兼顾社会环境利益而开展的系统性的经营活动。因此，有人将绿色营销称为"环境营销"。例如，企业纷纷利用"绿色商品"大做"绿色广告"，美国某生产纸尿裤的企业从环保角度出发，强调布尿片埋在土里至少要经过 500 年才能分解，而纸尿片在土里能够很快分解，纸尿片在公众心中树起了"绿色形象"，短短三年，销售量猛增 1.8 倍。

❖ **案例：**美国安利公司一向非常重视环境保护，其生产的每一项日化产品都具有生物降解性能，不污染土壤和水源。公司从 1978 年开始已停止使用破坏臭氧层的氯氟化合物。安利产品多采用浓缩包装，因而较其他同类产品减少 50%～70% 的塑料包装材料。安利公司自设种植园，专门为其生产的营养商品提供原料。在种植园里，公司从来不使用农药和化肥，同时全面停止利用动物进行实验，并且在世界各地积极赞助环保意识和绿色营销观念的推广。为此，安利公司于 1989 年获得了联合国环保组织颁发的"环境保护成就奖"。

(四) 关系营销观念

关系营销观念是在交易市场营销观念的基础上形成的，是市场竞争激化的结果。传统的交易市场营销观念的实质是卖方提供一种商品或服务向买方换取货币，实现商品价值，是买卖双方价值的交换，双方是一种纯粹的交易关系，交易结束后不再保持其他关系和往来。在这种交易关系中，企业认为卖出商品赚到钱就是胜利，顾客是否满意并不重要。而事实上，顾客的满意度直接影响到商品的重复购买率，关系到企业的长远利益。由此，从20世纪80年代起美国理论界开始重视关系市场营销，即为了建立、发展、保持长期成功的交易关系进行的所有市场营销活动。它的着眼点是与和企业发生关系的供货方、购买方、侧面组织等建立良好稳定的伙伴关系，最终建立起一个由这些牢固、可靠的业务关系所组成的"市场营销网"，以追求各方面关系利益最大化。这种从追求每笔交易利润最大化转化为追求同各方面关系利益最大化是关系营销的特征，也是当今市场营销发展的新趋势。

关系营销观念的基础和关键是"承诺"与"信任"。承诺是指交易一方认为与对方的相处关系非常重要而保证全力以赴去保持这种关系，它是保持某种有价值的关系的一种愿望和保证。信任是当一方对其交易伙伴的可靠性和一致性有信心时产生的，它是一种依靠其交易伙伴的愿望。承诺和信任的存在可以鼓励营销企业与伙伴致力于关系投资，抵制一些短期利益的诱惑，而选择保持发展与伙伴的关系去获得预期的长远利益。因此，达成"承诺—信任"，着手发展双方关系是关系营销观念的核心。

❖ **案例：**马狮百货集团(Marks& Spencer)是英国最大且赢利能力最强的跨国零售集团，以每平方英尺销售额计算，伦敦的马狮公司商店每年都能比世界上任何零售商赚取更多的利润。马狮百货集团在世界各地有200多家连锁店。"圣米高"牌的货品在30多个国家出售，出口货品数量在英国零售商中居首位。《今日管理》(Management Today)的总编罗伯特·海勒(Robert Heller)曾评论说："从没有企业能像马狮百货那样，令顾客、供应商及竞争对手都心悦诚服。在英国和美国很难找到一种商品的牌子能像'圣米高'这样家喻户晓、备受推崇。"这句话正是马狮百货集团在关系营销上取得成功的一个生动写照。

(五) 直复营销观念

直复营销是以盈利为目标，通过个性化的沟通媒介向目标市场成员发布发盘信息，以寻求对方直接回应(问询或订购)的社会和管理过程。直复营销起源于美国，20世纪80年代以前，直复营销并不被人们重视；进入20世纪80年代后，直复营销得到了飞速发展，其独有的优势也日益被企业和消费者所了解。

直复营销是无店铺销售中的一种，消费者通过媒体了解或接触商品和服务后，通过邮政、电话、计算机网络等媒体来完成订货和购买。直复营销的优点之一就是顾客坐在家中就可以买到自己需要的商品。这样就需要一种营销工具，能够在企业和顾客之间进行沟通。目前，全球主要的直复营销工具有邮购目录、直邮信件、电话营销、电视营销、网络营销和其他媒体营销等几种，其中以网络营销发展最为迅速，而且出现了多种营销工具整合的趋势。

(六) 网络营销观念

网络营销是以因特网(Internet)为基础，利用数字化的信息和网络媒体的交互性来辅助营销目标实现的一种新型的市场营销方式。因特网起源于20世纪60年代的美国，几十年来，其在全球范围内以一种不可阻挡的势头迅猛发展，并取得了巨大成功。因特网也因此被称为继电视、广播、报纸、杂志之后的第五大传播媒体，是一种全新的、立体的、互动的媒体。

网络营销是指借助于因特网完成一系列营销环节，从而达到营销目的的活动。网络营销不是单纯的网络技术，而是基于因特网技术的市场营销。网络营销是市场营销的最新形式，由因特网客户、市场调查、客户分析、产品开发、销售策略、反馈信息等环节共同组成。网络营销具有营销成本低、营销环节少、营销方式新、营销国际化、营销全天候等特点。网络营销在营销方式、手段上都与传统营销有很大不同，可以说是营销观念的又一次革命，它突破了地域限制，提供了更富有个性化的产品和服务，交易更加便利。网络营销不仅对以前的营销观念造成了强烈的冲击，而且带来了消费观念的巨大变化。

网络经济被称为"眼球经济"，现已成为社会关注的焦点，随着网络技术的进一步完善，网络交易将会越来越频繁，交易品种将会越来越多，交易范围也会越来越广，交易量也将越来越大。

❖ **案例：**2010 年 9 月 6 日，淘宝网的奔驰团购迷你站上线，不到 24 小时就吸引了 30 万名访问者，在各大网络论坛引起了轰动。此次团购的是奔驰 smart 硬顶版，市场售价为 17.6 万元。而团购规定，当意向人数达到 50 人便可成团，单车价格降为 16.7 万元；达到 200 人满团数量时，就可以享受到 13.5 万元的最低价，相当于原价的 7.7 折。众多团购爱好者蓄势待发，不仅打算自己团购，更说服亲友加入这场疯狂的"抢夺"中。团购上线 3 小时 28 分钟后，最后一辆奔驰车被买家拍走，通过网上团购的人数已达到 205 人，原定 21 天的团购活动不得不在当天 4 小时内结束，因此被网友们称之为"史上最牛网上团购交易"。

案例分析

通过本次案例分析，学生可加深对营销观念的理解。

20 世纪 80 年代，由于印度国内软饮料公司反跨国公司议员们的极力反对，可口可乐公司被迫从印度市场撤离。与此同时，百事可乐公司开始琢磨如何打入印度市场。百事可乐公司明白，要想占领印度市场，就必须消除当地政治力量的对抗情绪，而要解决这个问题，就必须向印度政府提出一项使该政府难以拒绝的援助。百事可乐公司表示要帮助印度出口一定数量的农产品以弥补印度进口浓缩软饮料的开销；百事可乐公司还提出了帮助印度发展农村经济，转让食品加工、包装和水处理技术，从而赢得了印度政府的支持，于是百事可乐公司迅速占领了印度软饮料市场。

试析：百事可乐成功的关键因素是什么？反映了什么营销观念？

知识拓展

由小米的成功看互联网时代的营销变革

小米是一家专注于智能硬件和电子产品研发的移动互联网公司，"为发烧而生"是小米的产品概念。小米从开始创业到 300 亿元的销售额仅用了三年，市场估值超过 100 亿美元,而联想公司做到同样的市值却用了整整 30 年。人们习惯把小米现象总结为互联网思维,在互联网技术深入变革传统产业的今天,很多传统企业面对新形势表现出了积极拥抱互联网的态度,以及对小米模式的认可。下面从产品、渠道、价格、促销和用户五个角度来一窥小米对传统营销策略的变革。

1. 产品策略变革

小米董事长雷军认为,坚持硬件、软件及服务的一体化,用户体验才能做到极致。相对于做产品,更重要的是做产品生态。小米在手机业务站住脚之后,进而发展成一个生态系统,即平台,其好处在于对用户的重复利用,可低成本进行重复营销。小米起家于 MIUI 手机操作系统、米聊软件及小米论坛,凭借积累下来的几百万粉丝用户顺势推出了小米手机。如今小米公司的硬件产品包括小米手机、小米盒子、小米电视、小米路由器、小米移动电源、小米随身 WiFi、小米耳机等诸多数码产品及配件产品。

2. 渠道策略变革

互联网对传统行业最大的变革莫过于对营销渠道的变革。小米手机最主要的销售渠道是其官方商城,运用线上销售的方式,既时尚,又省去了中间渠道及门店的费用,从而降低了销售成本。小米与电信、移动、联通三大运营商合作,发售合约机;与苏宁电器建立战略合作伙伴关系;通过授权天猫和京东,拓宽销售渠道,提高销售量;以小米论坛为创业大本营,并以此为据点扩展至 MIUI 系统、米聊、小米阅读等自家互联网产品体系;还乘势在微博、微信、QQ 空间等社会化媒体上建立了非常庞大的用户群,任何小米官方发布的消息都可以瞬间直达数千万目标用户,实现与目标用户的无障碍沟通。

3. 价格策略变革

小米在新产品上市之初采用渗透定价策略,一方面可以使产品尽快被市场所接受,并借助大量销售来降低成本,获得长期稳定的市场地位;另一方面,微利阻止了竞争者的进入,增强了自身的市场竞争力。小米根据消费人群的消费习惯,运用了心理定价策略,使每一件产品都能满足消费者某一方面的需求,其价值与消费者的心理感受有着很大关系。小米利用消费者的求廉心理,以接近成本甚至低于成本的价格进行销售,凭借手机圈住庞大的用户群,再通过应用软件分发、手机配件、手机主题、手机游戏、手机支付等增值服务获利。此外,小米的所有手机产品都是采取网上预售模式,即在新机发布会之后,用户按照当前价格预订的手机很可能要一个季度后才能发货,而小米手机的制造成本会因为一两个季度内电子零件的下降而下降。

4. 促销策略变革

与传统企业新产品上市的全媒体渠道巨额广告轰炸不同,小米促销方式比较特别,其主要是制造氛围并且利用其简单直接的社交媒体渠道将产品信息传达出去,快速调动成千上万的粉丝用户为其开展口碑传播。公司还利用"饥饿营销"的方式,通过限时和限量策略,使消费者产生"得不到的才是最好的"这种想法,让更多的人通过小米官方商城去预约抢购。它还通过微博营销和名人效应的方式进行信息传递、粉丝互动和炒作等宣传,使得小米销量得到提升。好的产品自己会说话,小米手机本身就是一个强势的传播媒介,因此好的产品也就成为一切营销策略的基础。

5. 用户策略变革

小米成功的秘诀,除了前面四项外,还有一项最重要的就是用户参与。雷军说:"参与感是小米成功的最大秘密。"这是一种典型的用户思维,即在价值链各个环节中都要"以用户为中心"去考虑问题。只有深度理解用户才能生存。没有认同,就没有合同。传统行业从产品设计到售后服务,产业链上的多个环节从来没有考虑过让用户参与进来,而是一直停留在生产什么就销售什么的传统思维模式上。但小米已经实现软硬件产业链的高度整合,全程高度信息化,而且几乎每个环节都想方设法让用户参与其中,让用户找到存在感。雷军认为,相信米粉,依靠米粉,从米粉中来,到米粉中去,这就是互联网思维,也是小米最核心的竞争力。

 **思考练习**

简答题

1. 什么是市场营销观念?
2. 现代市场营销观念有哪些类型?

项目二　分析市场营销环境

任务一　分析市场营销宏观环境

学习目标 ✍

- 了解市场营销环境的含义
- 掌握影响企业营销的宏观环境的构成
- 理解宏观环境的重要性

 案例导入

入境还得先问俗

通用食品公司曾挥霍数百万美元，竭力向日本消费者兜售有包装的蛋糕糊。当该公司发现只有 30% 的日本家庭有烤箱时，公司的营销计划已实施大半，陷于骑虎难下的境地。克蕾丝牙膏在墨西哥使用美国式的广告进行推销，一开始就败下阵来。因为墨西哥人不相信或者根本不考虑预防龋齿的好处，即使是符合科学道理的广告宣传对他们来说也毫无吸引力。

豪马公司的贺卡设计精美，并配之以柔情蜜意的贺词，历年来风行世界各国。但豪马公司的贺卡在最为浪漫的国度——法国——却难以打开局面。原因很简单，浪漫的法国人不喜欢贺卡上印有现成的贺词，他们喜欢自己动手在卡片上写自己的心里话。

通用食品公司的唐牌(TANG)饮料一开始便在法国遭到失败。唐牌饮料是早餐橘子汁的替代产品，在美国市场，通用食品公司经过大力促销后，唐牌饮料占领了相当部分的原来由橘子汁占领的市场，取得了巨大的成功。但是通用食品公司未考虑到法国人很少喝橘子汁，作为橘子汁的替代产品，唐牌饮料在法国自然也就没有了市场。

凯洛格公司的泡波果馅饼(POP-TARTS)曾在英国失利。因为在英国拥有烤面包电炉的家庭比美国要少得多，而且英国人觉得这种馅饼过于甜腻，不合他们的口味；也有的企业针对当地的营销环境重新设计产品或通过改变广告策略来达到促销目的，从而取得了巨大的成功。

荷兰飞利浦公司发现日本人的厨房比较狭小，便缩小了咖啡壶的尺寸来打开市场；同时该公司发现日本人的手比西方人的手要小，于是缩小了剃须刀的尺寸。经过这些改进，该公司才开始在日本赢利。

可口可乐公司曾试图将两公升的大瓶可口可乐打入西班牙市场，但是销量甚小，可口可乐公司总部派员调查后认为，大瓶可口可乐滞销是因为在西班牙很少有人用大容量的冰箱，于是停止了销售大瓶可口可乐的计划，改为销售小瓶可乐，结果大获成功。

麦当劳公司打入日本市场时，设计了"小白脸麦当劳"(RONNIE-MCDONALD)的滑稽形象进行广告，结果失败。原因是在日本，白脸意味着死亡，于是改为采用其在香港促销时用的"麦当劳叔叔"的广告形象，结果当年该公司的营业额翻了四倍。目前麦当劳公司在日本每天增设三家分店。

问题： 从上述案例中能得到什么启示？

◗ 任务描述与分析

本任务主要介绍市场营销的宏观环境，其主要包括人口环境、经济环境、自然环境、科技环境、政治与法律环境和社会文化环境。

◗ 相关知识与任务实施

一、市场营销环境的含义

市场营销环境泛指一切影响和制约企业市场营销决策和实施的内部条件和外部环境的总和。企业的市场营销环境是不断变化的，这种变化对企业而言可能会形成新的市场机会，也可能对企业形成新的威胁。因此，企业必须时刻关注营销环境，适时分析环境变化给企业带来的机会和威胁，并根据企业自身条件采取有效措施，以取得最佳的营销效果。

市场营销环境分为宏观环境和微观环境两类。宏观环境是指直接影响企业市场营销活动的各种社会约束力量，包括人口环境、经济环境、自然环境、科技环境、政治与法律环境和社会文化环境。微观环境是指企业内部各部门之间，以及与企业营销活动有协作、竞争、服务等关系的企业相互之间的关系，包括企业内部因素和企业外部的供应商、顾客、竞争者和公众等因素。

二、市场营销宏观环境——人口环境

人口是构成宏观市场环境的第一要素，企业应关注人口环境的变化，因为市场是由有购买能力又有购买兴趣的人组成的，人口的变化情况将直接影响企业的经营效益。人口数量、地理分布、人口结构、出生率、人口流动率、受教育程度等人口特性都会对市场格局产生深远的影响。

(一) 人口数量

人口数量是决定市场规模和潜力的一个基本要素，一个国家和地区的总人口数基本反映了该国消费品市场的大小。我国是一个人口大国，据 2016 年统计，我国人口总数接近 13.82 亿，约占世界人口总量的 19%。这一数字表明我国是一个市场潜力极大的国家，企业可以通过研究人口数量及其增长变化特点开拓目标市场。例如，我国目前处于老龄化市场阶段，因此保健品及养老事业比较发达，但是自从实施放开二胎政策以来，生产儿童玩具、儿童服装、婴幼儿食品的行业日渐兴旺。

知识窗：2050 年人口超过 3 亿的国家将达到 6 个

人口问题始终是人类社会共同面对的基础性、全局性和战略性问题。以下内容主要依据联合国对世界人口发展趋势的预测，为大家勾勒一幅世界人口发展图景，以解中国人口"塌陷"之忧。

世界人口发展呈现出以下五大基本趋势：

一是人口总量增速放缓。2015 年全球人口 73 亿，预计 2030 年 85 亿，2050 年 97 亿。全球人口增速将由 2015 年的 11.4‰ 下降到 2050 的 5.3‰。届时，人口过 3 亿的大国依次是印度(17.05 亿)、中国(14.04 亿)、尼日利亚(3.99 亿)、美国(3.89 亿)、印尼(3.22 亿)和巴基斯坦(3.10 亿)。

二是人均预期寿命不断延长。全球人均预期寿命 2050 年为 77.46 岁。中国将从 2015 年的 76.34 岁提升到 2050 年的 83.01 岁。

三是总和生育率下降。世界总和生育率 2015 年为 2.49，到 2050 年将下降至 2.23。不过，欧洲总和生育率从 2015 年的 1.62 增加到 2050 年的 1.80，北美则从 1.86 增加到 1.90。尽管亚洲平均总和生育率从 2015 年到 2050 年将下降 0.03，但是东亚国家同期增加 0.19，其中，中国增加 0.26。

四是人口加速老化。世界人口老龄化率将从 2015 年的 8.3% 上升到 2050 年的 16.0%，增幅最大的是东亚，从 11.0% 增加到 28.4%。其中，中国从 10.55% 增加到 28.11%，日本从 26.3% 增加到 36.3%。欧洲老龄化依然在加速，从 2015 年到 2050 年将增加 10 个百分点。

五是越来越多的人生活在城市。2014 年，全世界的城市居民已达到 54%。北美拥有 82% 的城镇居民，是世界上城市化最高的地区；其次是拉丁美洲和加勒比地区(80%)、欧洲(73%)。非洲和亚洲城镇化率分别只有 40%、48%，预计到 2050 年可增至 56% 和 64%，而全球将会有 66% 的人口居住在城市。

(二) 地理分布

地理分布是人口在不同地区的密集程度。人口的分布受自然条件、经济发展以及社会、历史等因素的综合影响与制约。地区经济发展水平不一，致使中国各地的人口分布差异显著。中国人口分布从东南沿海向西北内陆人口逐渐减少。中国人口的分布极不均衡，绝大多数人口集中在东南部地区，西半部人口稀少且分散，约占人口总数的 4%。但是西北的物质资源又比较丰富，因此营销的布局应结合自身的特点进行综合平衡。随着工业化和城市化的发展，人口流动性日益增强。人口流动一方面使劳动力供给增多，从而产生就业问题；另一方面又会增加本地市场需求量，给企业带来更多的市场份额和营销机会。

(三) 人口结构

人口结构包括自然结构和社会结构，前者如性别结构、年龄结构，后者如民族结构、职业结构、受教育程度等。不同年龄、不同性别的消费者，对商品的需求存在明显的差异。

(1) 年龄结构。不同年龄的消费者对商品的需求是不一样的，如老年人、中年人、青年人对手机功能的需求大不相同，老年人关注通话功能，而年轻人更多关注娱乐功能，如拍照、上网等。

(2) 性别结构。男性与女性在消费心理与行为、购买商品类型等方面有很大的不同，如女性通常购买杂货、衣服等，男性通常购买大件物品。

(3) 家庭结构。家庭是购买、消费的基本单位。家庭结构主要影响购买的方向，如家中有小婴儿则多购买婴幼儿产品；若家中主要是成人，那么可能考虑购买住房等；若家中是老人，则主要考虑保健类商品。

(4) 社会结构。我国处于城镇化中期，这就意味着大众对住房等商品的需求比较旺盛，由住房带动了装修市场的旺盛需求。

三、市场营销宏观环境——经济环境

经济环境是指企业营销活动所面临的外部社会经济条件，其运行状况和发展趋势会直接或间接地对企业营销活动产生影响。对企业而言，最重要的经济环境因素是社会购买力水平。社会购买力水平受到很多因素的影响，如经济发展水平、个人工资水平、现代化水平、物价水平等，因此营销人员要想了解经济环境，就得从以下几个方面进行分析。

(一) 消费者收入水平

消费者收入是消费者购买力的重要体现，收入水平越高，购买力就越大。但消费者收入不会全部用于消费，因此，对营销而言，有必要弄清楚以下几个概念。

1. 个人可支配的收入

个人可支配的收入，即个人收入中扣除各种税款(如所得税等)和非税性负担(如工会费、养老保险、医疗保险等)后的余额。它是消费者个人可以用于消费或储蓄的部分，形成实际的购买力。

2. 个人可任意支配的收入

个人可任意支配的收入，即个人可支配的收入中减去用于维持个人与家庭生存所必需的费用(如水电、食物、衣服、住房等)和其他固定支出(如学费等)后剩余的部分。这部分收入是消费者可任意支配的，因而是消费需求中最活跃的因素，也是企业开展营销活动所要考虑的主要对象。

(二) 消费者支出模式

消费者支出模式是指消费者收入变动与需求结构之间的对应关系，即常说的支出结构。在收入一定的情况下，消费者会根据消费的急需程度对自己的消费项目进行排序，一般先满足排序在前，即主要的消费，如温饱和治病肯定是第一位的消费；其次是住、行和教育；再次是舒适型、提高型的消费，如保健、娱乐等。

随着消费者收入的变化，消费者支出模式会发生相应的变化，继而使一个国家或地区的消费结构也发生变化。西方一些经济学家常用恩格尔系数(Engel's Coefficient)来反映这种变化。恩格尔系数是德国统计学家恩斯特·恩格尔在1857年提出的，其表示公式为

$$恩格尔系数 = \frac{用于食物支出的总额}{全部消费支出} \times 100\%$$

食物支出占全部消费支出的比例越大，恩格尔系数越高，生活水平越低；反之，食物支出占全部消费支出的比例越小，恩格尔系数越小，生活水平越高。可见，恩格尔系数是衡量一个国家、地区、城市、家庭生活水平高低的重要参数。

知识窗：恩格尔系数是食品支出总额占个人消费支出总额的比例。19世纪德国统计学家恩格尔根据统计资料，对消费结构的变化总结出一个规律：一个家庭收入越少，家庭收入中(或总支出中)用来购买食物的支出所占的比例就越大，随着家庭收入的增加，家庭收入中(或总支出中)用来购买食物的支出比例则会下降。推而广之，一个国家越穷，每个国民的平均收入中(或平均支出中)用于购买食物的支出所占比例就越大，随着国家的富裕，这个比例呈下降趋势。

恩格尔系数是根据恩格尔定律得出的比例数。19世纪中期，德国统计学家和经济学家恩格尔对比利时不同收入家庭的消费情况进行了调查，并研究了收入增加对消费需求支出构成的影响，提出了带有规律性的原理，由此被命名为恩格尔定律。其主要内容是指一个家庭或个人收入越少，用于购买生存性食物的支出在家庭或个人收入中所占的比例就越大。对一个国家而言，一个国家越穷，每个国民的平均支出中用来购买食物的费用所占比例就越大。恩格尔系数则由食物支出金额在总支出金额中所占的比例来最后决定。恩格尔系数达59%以上为贫困，50%～59%为温饱，40%～50%为小康，30%～40%为富裕，低于30%为最富裕。

(三) 消费储蓄与消费信贷状况

消费者的收入通常用于现实消费和储蓄两个方面。当收入一定时，储蓄越多，现实消费就会越小，但潜在消费量就越大；反之，储蓄越少，现实消费量就越大，而潜在消费量就越小。

我国居民有勤俭持家的传统，长期以来养成了储蓄的习惯。近年来，我国城乡居民储蓄额及其增长率都较大。从现阶段看，居民储蓄的目的主要是教育子女和婚嫁；从发展趋势看，居民购买住房和投资股市、买保险和高档用品的储蓄消费动向将增加。企业应关注这一发展动向，设法调动消费者投资的积极性，以解决企业资金不足、销售疲软等问题。

在发达国家，消费者不仅用其收入来购买他们需要的商品，还用贷款来购买商品，这种贷款被称为消费者信贷，即消费者可以先取得商品的使用权，然后按期归还贷款。消费者信贷主要有短期赊销、分期付款、信用卡、信贷四种形式。西方各国盛行消费者信贷，其是企业刺激消费、促进产品销售、提高市场占有率的重要营销措施和方式。

我国消费者信贷起步晚，但发展迅速，许多厂家、百货公司及各大专业银行都相继推出了诸如赊销、延期付款和信用卡消费等多种消费者信贷形式，居民住房交易及汽车也实施了分期付款方式。企业将通过不断建立、健全和完善消费者信贷方式，为实现企业营销目标创造良好的环境条件。

四、市场营销宏观环境——自然环境

自然环境是生物空间中可以直接或间接影响到生物生存、生产的一切自然形成的物质、能量的总体。构成自然环境的物质种类很多，主要有空气、水、其他物种、土壤、岩石矿物、太阳辐射等。从营销的角度来说，自然环境主要指的是自然资源，自然环境的变化对企业营销的影响主要表现在企业经营成本的增加和新兴产业市场机会的增加两个方面。

自然环境的变化会直接或间接地给企业带来威胁或机会。因此，企业必须积极从事研究和开发，不断寻求新的资源或代用品。

❖ **案例：** 南昌县蔬菜大王胡生明利用毗邻鄱阳湖的生态环境优势，大力发展有机蔬果种植，打造有机产品产业基地，做大做强有机品牌，走出了一条差异化、特色化的发展之路。

近年来，食品安全问题成为国人非常关注的民生问题之一，购买更健康安全的有机食品逐渐成为很多人的新选择，有机稻米、蔬菜、茶叶、杂粮等农副产品和山茶油、核桃油、蜂蜜等加工产品在市场上供不应求，并且价格是常规产品的两三倍。正因为如此，胡生明燃起了当回农民的梦想。

回乡务农前，胡生明用了将近一年的时间学习考察了国内 70 多家果蔬基地，他发明的"简易高效无土栽培有机蔬果技术""有机蔬苗大棚"等七项技术还获得了国家专利。为实现长效发展目标，他还注册了"水岚洲"商标，并对进入商场超市的产品进行严格的检测，个头、颜色、质量不达标的农产品绝不送往商场超市。

"一分耕耘，一分收获"，老胡的勤劳与智慧终于获得了丰厚的回报。目前，他种植的600 多亩果蔬已实现年产值 1000 多万元。

五、市场营销宏观环境——科技环境

科学技术是社会生产力最活跃的因素，作为营销环境的一部分，科技环境不仅直接影响企业内部的生产和经营，还同时与其他环境因素互相依赖、相互作用，特别与经济环境、文化环境的关系更紧密，尤其是新技术革命，给企业市场营销既造就了机会，又带来了威胁。企业的机会在于寻找或利用新的技术满足新的需求，而它面临的威胁则可能有两个方面：① 新技术的突然出现，使企业现有产品变得陈旧；② 新技术改革了企业人员原有的价值观。所以，如果企业不及时跟上，就有可能被淘汰。正因为如此，西方经济学"创新理论"的代表人物熊彼特认为，"技术是一种创造性的毁灭"。例如，晶体管和集成电路的出现打击了真空管行业；复印机的出现使复写纸成为过去；计算机的出现和网络的发展使消费者足不出户，只需要一个电话、一份传真或一个指令就可以获得自己想要的一切商品。

六、市场营销宏观环境——政治与法律环境

政治与法律环境是影响企业营销的重要宏观环境因素。政治因素调节着营销活动的方向，法律则是企业规定商贸活动的行为准则。

(一) 政治环境

政治环境是指一个国家或地区在一定时期内的政治大背景，如政府是否经常更换，政策是否经常变动等。对于企业来说，所在国家的政局稳定与否，会给企业营销活动带来重大的影响。如果政局稳定，人民安居乐业，就会给企业营销提供良好的环境；相反，政局不稳，社会矛盾尖锐，秩序混乱，就会影响经济发展和市场稳定。

政治环境包括国内政治环境和国际政治环境。

❖ **案例**：国家通过降低利率、减少储蓄意愿来刺激消费的增长；通过征收个人收入所得税，调节消费者收入的差异，从而影响人们的购买力；通过增加产品税，如对香烟、酒、房地产等商品的增税来抑制人们的消费需求。

在国际贸易中，不同的国家也会制定一些相应的政策来干预外国企业在本国的营销活动，主要措施有进口限制、关税政策、价格管制、外汇管制、国有化政策等。

(二) 法律环境

法律环境是指国家或地方政府所颁布的各项法规、法令和条例等，它是企业营销活动的准则，企业只有依法进行各种营销活动，才能受到国家法律的有效保护。

知识窗：保护各公司利益不受侵害的主要法律有《中华人民共和国反不正当竞争法》《中华人民共和国反垄断法》《中华人民共和国专利法》《中华人民共和国商标法》等。

保护消费者利益免受不正当商业行为损害的主要法律有《中华人民共和国消费者权益保护法》《中华人民共和国产品质量法》《中华人民共和国价格法》《中华人民共和国广告法》等。

保护社会整体利益不受个别商业行为损害的主要法律有《中华人民共和国环境保护法》《中华人民共和国票据法》《中华人民共和国公司法》等。

七、市场营销宏观环境——社会文化环境

社会文化环境是人类在社会发展过程中所创造的物质财富和精神财富的总和，它体现着一个国家和地区的社会文明程度。社会文化环境主要影响消费者的思想和行为，进而影响企业的营销活动，具体包括以下几个方面。

（一）价值观念

价值观念是指生活在某一社会环境下的多数人对事物的普遍看法和态度。社会不同，人的价值观念也不同。消费者对商品的色彩、标识、式样以及促销方式都有自己的态度和意见，因此营销活动也应该考虑到消费者的价值观念。

（二）民族传统

民族传统是指一个国家的文化传统与风俗习惯。不同的国家有不同的民族传统，如西方国家非常重视圣诞节，每逢 12 月 25 日，各种礼品都会出现销售高峰；而在中国，春节前夕会形成购买高峰。还有各地的民族习俗、禁忌等都是营销人员要考虑到的。

❖ **案例：冻鸡出口**

欧洲一冻鸡出口商曾向阿拉伯国家出口冻鸡，他把大批优质鸡用机器屠宰好，收拾得干净利落，只是包装时鸡的个别部位稍带点血，就装船运出。当他正盘算下一笔交易时，不料这批货竟被退了回来。他迷惑不解，便亲自去进口国查找原因，才知退货原因不是质量有问题，只是他的加工方法犯了阿拉伯国家的禁忌，不符合进口国的风俗。阿拉伯国家人民信仰伊斯兰教，规定杀鸡只能用人工，不许用机器；只许男人杀鸡，不许妇女伸手；杀鸡要把鸡血全部洗干净，不许留一点血渍，否则便被认为不吉祥。因此，欧洲商人的冻鸡虽好也仍然难免被退货。

问题：

1. 分析欧洲商人的商品被退货的原因。
2. 欧洲商人应采取什么措施？

（三）宗教信仰

宗教信仰也对营销活动产生影响，不同的宗教派别有不同的禁忌，其直接影响着人们的消费行为。例如，在比利时，人们分别信仰罗马天主教和新教，并有各自的报纸，对营销者来说，选择什么报纸做广告就要好好考虑一番；又如，在伊斯兰教国家的斋月，一切商务活动都要停止，在这一时期谈生意显然是不合时宜的。

（四）审美观念

消费者在市场上挑选产品的过程也是一次审美活动。一般来说，消费者都会追求产品的形式美、内涵美、购物环境美，企业营销人员应注意收集消费者对商品的评价作为重要的反馈信息。

知识窗：异国女性五彩斑斓

芬兰女人：温柔地执掌权力

芬兰女人最大的特点是她们从不信女子弱于男，所以她们热衷于参政。在 2019 年 4 月 14 日举行的议会选举中，女性议员的表现都非常瞩目。女性当选议员的人数创下纪录：93

席。绿党候选人中 85% 都是女性，该党当选的 20 名议员中仅 3 人是男性；社民党的 40 席中，女议员占据 22 席。但是，芬兰的女性却不失温柔。她们的温柔，并不体现在说话的细声细语，或是做事的小心翼翼。从整体而言，芬兰的"女性温柔"，是通过掌控着超过一半的权力宣扬和平与美好。

据说芬兰是欧洲最早的妇女享有选举权的国家，女权主义源远流长，女人比男人有更多蒸蒸日上的机会。芬兰总统是女性，芬兰内阁中超过一半是女性。在芬兰办事，有时需要一级一级找上去，往往先是身高马大、光头长须的小伙子招呼你，然后款款走出一名身着职业套装的女子，小声地吩咐什么，边上的"办事员"忙不迭地点头。

从官方资料来看，在芬兰的大学里，女性教授、讲师占到 63%，芬兰的硕士、博士有近 70% 是女性。偶尔路过一家眼镜店，看到其橱窗里展示的高度近视眼镜，大多数是女性式样的。但是，这里并不是"阴盛阳衰"，在芬兰的赫尔辛基市中心，大多数的雕塑呈现的是阳刚之美，这似乎在另一方面体现着这座城市对男性的微妙追求。

德国女人：钱袋经常亮红灯

德国有一首非常著名的歌曲叫《男人之心》，其中有一句歌词是："男人微笑是为了让所爱的女人开心；男人赚更多的钱，让所爱的女人享用。"这首歌出现于 20 世纪 70 年代，不过，现代的德国女人依然挣钱比男人少，消费却高于男人。

在德国，男人的收入大大高于女人，但是女人的支出却远远胜于男人，这是德国统计机构的一项最新调查结果。当今，尽管女人像男人一样在职场上拼杀，成为优秀企业的主宰者；尽管女人登上了拳击运动的赛场；尽管女人在汽车维修行业与男人并驾齐驱，但是女人的收入还是比男人少。在前西德地区，经比较，在未扣除税额即毛收入的情况下，女人的月收入约为 2789 欧元，而男人则约为 3946 欧元。然而，女人所必需的生活支出却要比男人昂贵。让我们看看下面的分类结果吧。

美发：对于女士，50 欧元像一缕青烟，转眼即逝；对于男士，干剪只需约 20 欧元，相比之下，非常便宜。

化妆品：女士必备的洁面乳、护肤乳等每月消费 50 欧元是很正常的；男士所需的香皂、牙膏和须后水，每月只需 10 欧元即可。

私人保险：以 30 年的健康保险为例，女人月支出 210 欧元，而男人每月只需 130 欧元。

电话费：对女人来说，和亲密的女伴"煲"上几小时的"电话粥"也不为过；男人长话短说的风格，使得电话费保持在较低的水平。

夜间归宿的交通费：女人将 15 欧元的车费放进了出租司机的口袋里；男人在晚间回家，要么"坐 11 路"(双腿走路回家)，要么花 3 欧元坐公共汽车。

汽车：由于缺乏维修经验，女人经常会把车的毛病小题大做，而匆忙送进修理厂，一次又一次地被汽修厂榨取本可以节省下来的血汗钱；男人会先自己动手检修汽车，实在搞不定，就找人帮忙。

家庭内的维修：女人会在雇了修理工之后，惊讶地发现工人的维修费用高得吓人；男人在自己动手修理不成后，才会明智地雇一位"明码标价"的修理工。

购买家具：女人的方式是家具送货上门，支付小费；男人通常的方式是请身强力壮的好友喝上两盅，然后两人一起将家具扛回家！

英国女人：女富豪超过男性

英国权威"数据监视"研究公司最近发表的一份调查报告称，如今在英国的百万富豪人数中，女性已经超过了男性。英国女性百万富翁人数增加的原因，除了女性的创业、女艺人高收入外，还有离婚率增加、遗产继承公平以及学校性别平等的趋势。这些富有女人中有许多是城市中的工作者，在投资方面她们比男性更加理性和谨慎。

说来你也许不能接受，有贵族气的英国女人喜欢抽烟，尤其是稍微年轻点的女孩子，走在大街上几乎到处可见她们手指夹着一支烟。看起来抽烟的女人让人不习惯，似乎不容易接近，但其实英国女人的性格都很随和、亲切。

英国人偏爱深色调时装，尤以黑色为流行色，并经久不衰，因为她们信奉简单就是美。在伦敦，一件没有任何装饰的黑色棉布无袖直筒裙，很有可能是出自设计大师的手笔。英国铁娘子撒切尔夫人穿衣的名言是：凡遇有棘手难题心情紧张时，绝不穿从未穿过的新衣服，肯定要选一套自己熟悉舒适的旧套装，用以减少压力、增强信心。

美国女人：爱工作胜过爱孩子

美国女人总体上比较刚健且比较灵活，性格更多彩。美国女人是开朗的，她们总是笑容满面，真诚而爽朗。

美国女人富有野心，她们要过高质量的生活。在美国妇女中流传着许多"至理名言"，如与老板和同事一起过高质量的生活而不是与孩子；上班工作比在家带孩子更容易；在家只有压力，办公室才有和平……仿佛一夜之间，美国妇女"觉醒"了，她们越来越不愿待在家里做家务带孩子，而是更愿意全职工作。

女律师芭芭拉就是这样一个典型的例子。她一回到家就头痛，而且胃也不舒服，但一到办公室这些症状就消失了。那些外人看来乏味的法律程序她倒觉得挺有趣，每天早上醒来她都有一种迫不及待想上班的冲动。许多妈妈都觉得花那么长时间在办公室里对孩子有一种犯罪感，但又不得不承认在那里会比在家里觉得幸福。那里大家彼此尊重，这在家里很难找得到，而且可以与不同的成人交谈，而不像在家要使自己迁就于孩子的语言和心理。

委内瑞拉女人：再穷不能穷脸蛋

众所周知，委内瑞拉的女人以美为职业，很多世界小姐都来自这里。委内瑞拉人十分注重外表，一项针对30多个国家的调查表明，委内瑞拉不管男人还是女人都是世界上最爱美的人，他们用在化妆品上的钱是其他国家的人所无法比拟的。

美容师卡布雷拉曾经说过，即使这里有的人很穷，但是你要上一辆公共汽车的话，里面肯定充满了各种名贵香水的味道。委内瑞拉人再穷，也必须要精心地打扮自己。因此，"再穷也不能穷脸蛋"的说法在这里十分流行。正因为委内瑞拉人爱美，委内瑞拉已成为一个盛产美女的国度，女人热衷选美也就顺理成章了。参加选美成为委内瑞拉女性最大的梦想。训练优雅的仪态，塑造完美的形体，学习日常的梳妆打扮成为美女候选人每天必做的功课。一旦成为某个选美大赛的获奖得主，她一生的命运将被改变。

◣ 案例分析

通过本次案例分析，让学生意识到营销宏观环境的重要性。

忽视市场营销环境的失误

彭尼公司是美国大型零售商店之一，成立于 1902 年，八年后，它便拥有了遍布美国西部各州的 26 家连锁商店。在以后的 30 年间，该公司的发展极为迅速，到 1940 年已经拥有 1585 家商店。彭尼公司的巨大成功，来自它的经营特色：

(1) 只在小城镇开店，且大多在密西西比州的西部。在这样的小镇上，彭尼公司的经理工资最高，地位显赫，被尊为当地人的朋友，他们的商店也受到了礼遇。

(2) 现金交易。彭尼公司极力提供最优质的商品，而且尽可能把价格压到最低，这样一来顾客乐于付款，也乐于自己把商品带回家中。由于商店坚持以货真价实为宗旨，不搞门面装饰，因此管理费用极低，在售价低的情况下也有利可图。

(3) 销售品种有限。彭尼公司的商店大多分布在小城镇，销售产品主要限于服装和家具，这样一来质量更容易获得保证。

第二次世界大战后，彭尼公司恪守的经营原则受到了严重的挑战，市场占有率不断下降。而同期，另一家大型连锁商店西尔斯的市场占有率却在不断上升，主要是因为市场营销环境发生了变化，而彭尼公司仍抱着传统的经营观念和经营方式不变。

(1) 顾客需求呈现多样化。由于第二次世界大战后人们的生活水平提高，消费结构发生变化，消费需求日渐丰富，呈现多样化的特征。而彭尼公司的经营品种主要限于服装和家具，不能满足人们的购物需要。

(2) 服务形式多样化。由于买方市场的形成，消费者对服务水平的要求越来越高，不仅要求有漂亮的装潢、舒适的购物环境，还要求有赊销、送货上门等服务。而彭尼公司仍坚持现金交易和自己拿货。

(3) 企业形象日趋重要。由于竞争的加剧，企业定位、企业形象对于吸引消费者起着越来越大的作用。彭尼公司的商店遍布小城镇，在大都市踪影全无，无疑极大地影响了它的发展，难以与代表高效率、大规模的西尔斯公司相比。

20 世纪 50 年代，彭尼公司的推销员威廉·巴顿给董事会写了一份备忘录，批评公司那种面对已变化了的市场环境却不做任何反应的顽固、保守的做法。该备忘录引起了公司的极大关注，公司开始着手改革。

(1) 赊销。1958 年 9 月，彭尼公司开始进行赊销的可行性试验，到 1962 年，彭尼公司的所有商店都提供赊销服务，赊销的比例依次为 1964 年的 28%、1966 年的 35%、1973 年的 38%。

(2) 经营品种多样化。除了经营传统的非耐用品之外，彭尼公司开始仿照西尔斯公司也经营家电、家具、汽车等耐用品。

(3) 向大都市扩展。由于最初舍不得离开小城镇，彭尼公司的发展受到了阻碍，竞争力受到影响，因此彭尼公司决定向大都市扩展，树立现代企业形象。

(4) 开展市场营销环境研究。在备忘录出现以前，彭尼公司对市场营销环境的研究还十分生疏。但备忘录的出现刺激了彭尼公司，使彭尼公司认识到必须对所赋予的环境、机会和市场需求进行全面、彻底的研究，以督促公司管理人员对消费者的需求和偏好做出评价，对竞争对手的变化做出反应。

试析：

1. 什么原因导致第二次世界大战后彭尼公司的滑坡？
2. 如何理解营销环境的变化？

知识拓展

用环境优势营造市场氛围

武汉三特索道集团股份有限公司(以下简称三特公司)利用自身环境优势修建了一条"长征路"，吸引了各中小学校前去参加活动，使公司走出困境，取得了良好的社会效益。据一份调查表明，通过这项活动，被调查对象的 84.5%对三特公司及其索道的印象加深，公司预计年收入达百万元。

横跨汉江，南起风光宜人的龟山，北落繁华喧嚣的汉正街商业中心的汉江索道，是由武汉三特公司和新加坡吴德南集团共同投资经营的目前国内最大的城市观光索道。开业前期，由于周围环境设施不配套和交通不便等，尽管三特公司做过一些宣传，但游人甚少，并没有达到预期效益，未突破现状。经过几个月的调查分析和精心策划，他们联合教委、市委宣传部利用龟山路多树密、山水兼具的环境，推出了武汉市中小学生"重走长征路"大型公关活动，以纪念红军长征胜利 60 周年，弘扬长征精神为主题，对广大学生进行一次爱国主义和艰苦奋斗教育。

三特公司投资 3 万元，在龟山模拟一条"长征路"，设置了"瑞金""遵义""泸定桥""草地"等十多个长征景点，配备了钻网、吊环滑道等活动设施，并陈列了大量红军人物的立式群像和众多珍贵的历史照片，同时把乘索道横渡汉江作为"飞渡泸定桥"穿插于活动中，使这条长征路更为充实，融娱乐性、安全性、教育性为一体。自"重走长征路"活动拉开序幕以来，武汉市陆续有 50 多所中小学校前来参加，共达 3 万余人次。师生们普遍认为，通过这次活动既增长了历史文化知识，又能体会到当年红军长征途中的艰辛，并在乘索道时饱览了三镇(武昌、汉口、汉阳)景致。

在整个活动中，三特公司考虑到学生的承受能力，票价仅为原价的三分之一，并且对学生中的"特困户"免收一切费用。迄今为止，没有一位家长到校反映收费问题。三特公司在活动中十分重视安全问题和服务质量，它要求员工把每位学生当成自己的弟弟妹妹一样爱护。公司派专车接送师生，每一景点都有专人负责，并配有身着红军服装的解说员，使孩子们身临其境地感受长征。正是这种周到的服务和敬业精神，三特公司得到了学生和家长的一致好评，在社会各界产生了广泛的影响。许多学校在活动后纷纷送来锦旗和感谢信，表达了对汉江索道的认可和高度评价，并要求市教委把这里作为爱国主义教育活动的基地。也因为如此，三特公司经济效益得到提高，各方面工作也进入佳境。

思考练习

一、简答题

1. 宏观环境通常包括哪些因素？

2. 经济环境包括哪些内容？

二、案例分析题

不要小看"入乡随俗"的重要性

商海沉浮，世事难料。1973 年 9 月，在中国香港的肯德基公司突然宣布多间家乡鸡快餐店停业，只剩下四间还在勉强支持。肯德基家乡鸡采用当地鸡种，但其喂养方式仍是美国式的，因此用鱼肉喂养出来的鸡破坏了中国鸡的特有口味。另外，家乡鸡的价格对于一般市民来说有点承受不了。

在美国，顾客一般是驾车到快餐店，买了食物回家吃，因此店内通常不设座位。在中国香港市场的肯德基公司仍然采取不设座位的服务方式。为了取得肯德基家乡鸡首次在香港推出的成功，肯德基公司配合了声势浩大的宣传攻势，在新闻媒体上大做广告，采用该公司的世界性宣传口号——好味到舔手指。

凭着广告攻势和新鲜劲儿，肯德基家乡鸡还是火了一阵子，很多人都乐于一试。可惜好景不长，3 个月后就"门前冷落鞍马稀"了。首批进入香港的美国肯德基连锁店集团全军覆没。在世界各地拥有数千家连锁店的肯德基为什么唯独在中国香港遭受如此厄运呢？经过认真总结经验教训，肯德基公司发现是中国人固有的文化观念导致了肯德基的惨败。10 年后，肯德基带着对中国文化的一定了解卷土重来，并大幅调整了营销策略。广告宣传低调，市场定价符合当地消费，消费对象定位于 16～39 岁的人群。1986 年，肯德基家乡鸡新老分店的总数在香港为 716 家，占世界各地分店总数的十分之一，与香港快餐业中的麦当劳、汉堡包皇、必胜客薄饼并称四大快餐连锁店。

问题：

1. 20 世纪 70 年代肯德基公司为什么会在中国香港全军覆没？
2. 20 世纪 80 年代该公司为什么又能取得辉煌的成绩？

任务二 分析市场营销微观环境

学习目标 ✍

• 掌握影响企业营销的微观环境的构成
• 理解微观环境的重要性

▶ 案例导入

顺德乐是一家大型家具厂，周围同类企业林立，竞争激烈，但该厂的领导班子精于营销，使其产品在众多竞争者中脱颖而出，销量节节攀升。该厂特别注重员工的素质培养，聘请职业经理从事管理，多渠道招收高素质营销人员，并从社会及大专院校聘请设计人员，还购买了多套现代化生产设备，定期对操作人员进行培训，使产品款式新颖，质量稳定。

该厂与木材厂、皮料厂、不锈钢厂、玻璃厂等均保持密切联系，使原料供给充足。其产品多是自产自销，也有部分销往外地，由代理商代理。为扩大知名度，该厂不仅在电视、杂志上进行广告宣传，还支持本地的公益事业，捐款给幼儿园、养老院等。

任务描述与分析

通过知识点的学习，分析导入案例中的微观环境，明确案例中企业内部环境、供应商、顾客、营销中介、竞争者、社会公众分别指的是谁。

相关知识与任务实施

企业的微观营销环境是指对企业服务其目标市场的营销能力构成直接影响的各种因素的集合，包括企业内部环境、供应商、顾客、营销中介、竞争者、社会公众等与企业具体营销业务密切相关的各种组织和个人。

一、企业内部环境

企业的市场营销部门不是孤立的，它面对着企业的许多其他职能部门，如高层管理、财务、研究与发展、采购、制造、统计、人事部门等。企业目标的实现要靠企业内部各方面力量的相互配合，其中，高层管理部门是企业的最高领导核心，营销部门必须在高层管理部门所规定的职权范围内做出决策，并且所制订的计划在实施前必须得到高层管理部门的批准。此外，营销计划在实施过程中资金的有效利用、资金再制造与市场营销间的合理分配、可能实现的资金回收率等都同财务管理有关；新产品的设计与生产方法是研究与发展部门集中考虑的问题；原材料能否充分供应与价格的高低由采购部门负责，这关系到商品的售价和销路；统计部门则协助营销部门了解它的目标达到程度等。所有这些部门都同营销部门的计划和活动息息相关，因此，营销部门在制订和执行市场营销计划时，必须考虑其他部门的意见，处理好同其他部门的关系。

随堂思考：本案例导入中企业内部环境指的是什么？

二、供应商

供应商是向企业及其竞争对手供应各种所需资源的企业和个人，包括提供原材料、设备、能源、劳务和资金等。它们的情况会对企业的营销活动产生巨大的影响，如原材料价格变化、短缺等都会影响企业产品的价格和交货期，并会因此削弱企业与客户的长期合作与利益。因此，营销人员必须对供应商的情况有比较全面的了解和透彻的分析。供应商既是商务谈判中的对手，更是合作伙伴。

随堂思考：本案例导入中供应商指的是谁？

三、顾客

顾客泛指商店或服务行业前来购买东西的人或要求服务的对象，包括组织和个人。因此，凡是已经来购买和可能来购买产品或服务的单位和个人都可以算是顾客，即所有享受服务的人或机构。企业要投入很多精力研究顾客的真实需求情况，在产品营销的方方面面都要充分考虑顾客的要求，并尽可能满足顾客需求。

随堂思考：本案例导入中顾客指的是谁？

四、营销中介

在多数情况下，企业的产品要经过营销中介才能到达顾客手中。营销中介是指协助企业推广、销售和分配商品给最终顾客的所有中介单位。这是市场营销不可缺少的环节，大多数企业的营销活动必须通过他们的协助才能顺利进行。例如，生产集中与消费分散的矛盾就必须通过中间商的分销来解决；资金周转不灵，则须求助于银行或信托机构等。正因为有了营销中介所提供的服务，企业的产品才能够顺利地到达目标顾客手中。随着市场经济的发展，社会分工越来越细，这些中介机构的影响和作用也就会越来越大。因此，企业在市场营销过程中必须重视中介组织对企业营销活动的影响，并要处理好同他们的合作关系。营销中介一般包括以下四种类型。

(一) 中间商

中间商指把产品从生产商流向消费者的中间环节或渠道，主要包括批发商和零售商两大类。

中间商对企业营销具有极其重要的影响，它能帮助企业寻找目标顾客，为产品打开销路，并为顾客创造地点效用、时间效用和持有效用。一般企业需要与中间商合作来完成企业营销目标。为此，企业需要选择适合自己营销的合格中间商，必须与中间商建立良好的合作关系，了解和分析其经营活动，并采取一些激励性措施来推动其业务活动的开展。

(二) 物资分销机构

物资分销机构指帮助企业进行保管、储存、运输的物流机构，包括仓储公司、运输公司等。

物资分销机构的主要任务是协助企业将产品实体运往销售目的地，完成产品空间位置的移动。到达目的地之后，在待售时间段内需要协助保管和储存。这些物资分销机构是否安全、便利、经济会直接影响企业的营销效果。因此，在企业营销活动中，必须了解和研究物资分销机构及其业务变化动态。

(三) 营销服务机构

营销服务机构指企业营销中提供专业服务的机构，包括广告公司、广告媒介经营公司、市场调研公司、营销咨询公司、财务公司等。

这些机构对企业的营销活动会产生直接的影响，它们的主要任务是协助企业确立市场定位，进行市场推广，提供活动方案。一些大企业或公司往往有自己的广告和市场调研部门，但大多数企业则以合同方式委托这些专业公司来办理有关事务。为此，企业需要关注、分析这些服务机构。

(四) 金融机构

金融机构指企业营销活动中进行资金融通的机构,包括银行、信托公司、保险公司等。

金融机构的主要功能是为企业营销活动提供融资及保险服务。在现代化社会中,任何企业都要通过金融机构开展经营业务往来。金融机构业务活动的变化还会影响企业的营销活动,如银行贷款利率上升,会使企业成本增加;信贷资金来源受到限制,会使企业经营陷入困境。为此,企业应与这些公司保持良好的关系,以保证融资及信贷业务的稳定和渠道的畅通。

随堂思考:本案例导入中的营销中介指的是谁?

五、竞争者

竞争者一般是指那些与本企业提供的产品或服务相似,并且所服务的目标顾客也相似的其他企业。从消费需求的角度划分,竞争者主要有四种类型,即愿望竞争者(Desired Competitors)、普通竞争者(Generic Competitors)、产品形式竞争者(Product Competitors)和品牌竞争者(Brand Competitors)。

(一) 愿望竞争者

愿望竞争者指提供不同产品以满足不同需求的竞争者。例如,出售旅游产品及出售电子产品之间的竞争。消费者要选择一种万元消费品,他所面临的选择就可能有计算机、电视机、摄像机、出国旅游等,这时计算机、电视机、摄像机以及出国旅游之间就存在着竞争关系,成为愿望竞争者。

(二) 普通竞争者

普通竞争者又称为一般竞争者、平行竞争者,指以不同的方法满足消费者同一需要的竞争者。例如,航运和客运之间的竞争;汽车、摩托车、自行车都能满足消费者对交通工具的需要,消费者只需要选择其中一种。

(三) 产品形式竞争者

产品形式竞争者也称行业竞争者,是指生产同种产品,但提供不同规格、型号、款式的竞争者。由于这些同种类但形式不同在产品在同一种需要的具体满足上存在着差异,购买者有所偏好和选择,因此这些产品的生产经营者之间便形成了竞争关系,互为产品形式竞争者,如自行车中的普通轻便车与性能更优良的山地车之间构成的竞争。

(四) 品牌竞争者

品牌竞争是指满足相同需求的、规格和型号等相同的同类产品的不同品牌之间在质量、特色、服务、外观等方面所展开的竞争。因此,当其他企业以相似的价格向同一顾客群提供类似产品与服务时,营销者将其视为竞争者。品牌竞争者之间的产品相互替代性较高,因而竞争非常激烈,各企业均以培养顾客品牌忠诚度作为争夺顾客的重要手段。以电视机为例，索尼、长虹、夏普等众多产品之间就互为品牌竞争者。

知识窗：竞争的四种类型

一个公司掌握竞争的最好办法是树立顾客观点。顾客在决定将要购买某件东西的决策过程中究竟考虑些什么呢？假定一个人劳累之后需要休息一下，这个人会问："我现在要做些什么呢？"他的大脑中可能会闪现社交活动、体育运动和吃些东西的念头，我们把这些称为欲望竞争因素，相关的企业称为欲望竞争者。假如这个人很想解决饥饿的问题，那么问题就成为："我要吃些什么呢？"各种食品就会出现在脑海，如炸土豆片、糖果、软饮料、水果，这些能满足同一需要的不同的基本方式称为类别竞争因素，相关的企业称为类别竞争者。这时，如果他决定吃糖果，那么又会问："我要什么样的糖果呢？"于是就会想起各种糖果，如巧克力块、甘草糖和水果糖，这些糖果都是满足吃糖欲望的不同形式称为产品形式竞争因素，相关的企业称为产品形式竞争者。最后，顾客认为他要吃巧克力块，此时他会想："我要吃哪个牌子的呢？"这样又会面对几种品牌的选择，如金帝、德芙、吉百利等品牌，这些称为品牌竞争因素，相关的企业称为品牌竞争者。

随堂思考：本任务案例导入中的竞争者指的是谁？

六、社会公众

社会公众是指与公共关系主体——社会组织——发生相互联系、作用，其成员面临共同问题、共同利益和共同要求的社会群体。单对于营销领域而言，社会公众指对企业完成其营销目标的能力有着实际或潜在利益关系和影响力的群体或个人，主要包括金融公众、媒介公众、政府公众、社团公众、社区公众和内部公众。公众对企业的态度会对企业的营销活动产生巨大的影响。

企业所面临的公众主要有以下几种：

(1) 金融公众，指影响企业融资能力的金融机构，如银行、投资公司、证券经纪公司、保险公司等。企业应通过提高自身资金运行质量，确保投资者的合理回报，不断提高自身信誉，及时协调各种关系来取得金融公众的信任。

(2) 媒介公众，指报纸、杂志社、广播电台、电视台等大众传播媒介，它们对企业的形象及声誉的建立具有举足轻重的作用。

(3) 政府公众，指负责管理企业营销活动的有关政府机构。企业在制订营销计划时，应充分考虑政府的政策，研究政府颁布的有关法规和条例。

(4) 社团公众，指保护消费者权益的组织、环保组织及其他群众团体等。企业营销活动关系到社会各方面的切身利益，必须密切注意并及时处理来自社团公众的批评和意见。

(5) 社区公众，指企业所在地附近的居民和社区组织。大企业应指定一名负责社区关系的职员来处理社区事务，参加社区会议或赞助当地有意义的公益事业。

(6) 一般公众，指上述各种公众之外的社会公众。一般公众虽然不会有组织地对企业采取行动，但企业形象会影响他们的惠顾。

（7）内部公众，指企业内部的公众，包括董事会、经理和企业职工。他们对企业的信任和积极性不仅直接决定了劳动生产率，他们对企业的态度也会潜移默化地影响企业以外的公众。

所有这些公众均对企业的营销活动有着直接或间接的影响，处理好与社会公众的关系是企业营销管理的一项极其重要的任务。

随堂思考：本案例导入中社会公众指的是谁？

● 案例分析

通过本次案例分析，学生可掌握营销微观环境的内容。

美的——帮出来的好汉

2000年11月8日，对美的空调事业部总经理方洪波来说是一个值得高兴的日子。这天，"美的空调2001年工商恳谈会"在广东顺德召开，来自全国各地及日本等地的300多名供应厂商聚在一起，共同探讨在新经济条件下，谋求下一步战略合作和长远发展的问题。据有关数据显示，2000年销售年度，美的空调销售165万套，实现销售收入60亿元，同比增长40%，占全国空调市场13%左右的市场份额。对此，总经理方洪波说，取得这样的成绩，除了严格按照市场策略行事外，美的还有四大优势：一是规模和品牌优势；二是技术优势；三是美的集团多元化发展的辐射力；四是渠道优势。美的目前的渠道建设有两块：一是和上游供应商之间的战略伙伴关系；二是和销售商之间的合作关系。目前，美的已与很多供应商达成了战略合作伙伴关系协议。自1996年美的空调开始创建性地提出与供应商建立永久性的战略合作伙伴关系以来，三年多的生产实践证明，与供应商之间的良好协作关系是企业优化资源配置、强化成本和品质管理工作的基础，是全面参与市场竞争和提高核心竞争力的必然选择。在企业发展规划中，美的集团明确提出：制造系统的工作要密切围绕品质和成本两大主题，以战略合作伙伴关系为纽带，积极探索制造模式的创新和生产组织体系的发展，最大限度地发挥资源配置和规模效应。2000年，美的集团的空调销售量能达到165万套的好成绩与上游供应商的支持是密不可分的，当时，很多企业在旺季都因供应链不顺畅而导致产品断货，但美的空调却从未出现过这种情况。同样，对下游的经销商来说，美的又成了他们的供应商，因此，美的与下游经销商也是战略合作伙伴关系。美的与上游供应商和下游经销商之间的战略合作伙伴关系是"同心、同步、同超越"。"同心"，指的是真正稳定的上下游关系，这意味着要建立长期的战略合作伙伴关系，意味着上下游各企业对各自发展目标、经营理念、市场前景的认同和理解。只有上下游各级企业同心，才能谋求发展；只有上下游各级企业同心，才能实现共荣。"同步"是指美的是一个大命运共同体，美的的发展离不开上下游企业的发展，上下游企业的发展离不开美的空调长期的市场策略。"同超越"则是指，美的空调是创新领导者，创新的本质在于不断地自我否定，不断地自我超越。经历了多年的发展，上下游企业都会不可避免地遇到进一步发展的瓶颈，因此上下游企业都应该抛弃旧有的思维习惯，改变旧有的行为方式，共同突破发展的瓶颈，共同实现新一轮的快速增长。

试析：

1．企业为什么要与供应商保持良好关系？
2．企业与供应商之间存在哪些关系？
3．在共生关系下企业可以采取哪些方式与供应商合作？
4．企业进行市场营销活动应该研究哪些微观环境？
5．企业应如何分析供应商？

知识拓展

以移动通信企业为例对微观营销环境进行分析

移动通信企业的微观环境包括供应商、中间商、顾客、竞争者和社会公众。企业的市场营销活动能否成功，除营销部门本身的因素外，还要受以下因素的直接影响。

1．供应商

供应商指向企业及其竞争对手提供生产经营所需资源的企业或个人，包括供应原材料、零配件、设备、能源、劳务、资金等。供应商对移动通信企业的市场营销业务有重要的影响。供应商所提供的移动通信设备的质量直接影响到移动通信服务质量，而设备的价格、维护成本则直接影响移动通信企业的投资回收期，进而影响移动通信服务成本价格和利润。而为移动通信企业提供增值业务内容的服务商，其所提供增值业务内容的质量直接影响移动通信企业增值业务的收入和顾客对企业的评价。因此，供应商对于移动通信企业的市场营销活动的影响很大，移动通信企业应保持与供应商的良好关系。对于设备供应商，移动通信企业应严格检查其所提供设备的质量和性能，抓好供应商对企业的售后培训，在售后服务时限上提出明确要求，以保证通信质量；对增值信息内容提供商，对其为用户提供的信息内容要严格把关，在内容丰富多彩的基础上，要注意其内容的合法性、健康性，杜绝向用户发送不健康及违法信息，从而维护企业声誉和形象。

2．中间商

中间商指协助企业促销、销售和经销其产品给最终购买者的机构，包括实体分配公司、营销服务机构和财务中介机构。中间商是移动通信企业市场营销活动的重要合作伙伴，一方面中间商依靠销售或促销企业的移动通信产品取得佣金收入，与企业共同发展；另一方面，中间商又存在有别于移动通信企业的自身利益，这些利益中的一部分与移动通信企业的利益相冲突，在利益的驱动下，中间商有可能做出违背移动通信企业市场营销政策的行为，影响企业营销战略的实施和推广，因此移动通信企业应对中间商实行既扶持又管理的策略。

3．顾客

顾客就是企业的目标市场，是企业服务的对象，也是营销活动的出发点和归宿。企业的一切营销活动都应以满足顾客需要为中心，因此，顾客是企业最重要的环境因素。影响顾客购买移动通信产品的主要因素有三种：消费偏好、对价格的预期心理和相关电信产品的购买量。

消费偏好是指消费者在与周围环境的接触中对某事物产生的一种偏爱。移动通信产品的购买较易受心理因素的影响，一种时尚的流行、某种群体行为的影响，都可能产生很大的趋同效应，促成顾客主动、不加思考地购买。因此，移动通信企业的市场营销人员应正确地分析目标市场顾客的心理特征，注意其不同个性和差别，对不同的目标市场有针对性地进行广告促销，努力培养其偏好，扩大移动通信市场需求。

顾客对价格的预期心理，是顾客对自己拟购买的移动通信产品的价格在未来的一定时期涨、跌的内心判断。当顾客拟购买某种移动通信产品时，一旦市场上该商品价格发生波动，当顾客预期价格将进一步上涨时，他们就会提前购买，从而扩大了一定时期内的需求量；当他们预期价格在不远的将来可能下降时，就可能推迟购买，这样便减少了一定时期内的需求量。对移动通信企业而言，价格战将导致顾客产生降价预期，从而对企业的市场营销产生不利影响，因此，移动通信企业应尽量避免价格战。

相关电信产品购买量的变化会引起移动通信产品的需求量的变化。移动通信产品与其他电信产品如固定电话、寻呼之间既存在相互替代的替代品关系，又存在相互连带的互补品关系。其主要表现在一方面移动通信消费代替了固定电话和寻呼的消费，因而移动通信消费量的增加，会使得固定电话和寻呼的用户减少；另一方面，移动通信的消费又与固定电话和寻呼的消费具有连带性，移动通信消费量提高，则移动通信用户与固定电话用户和寻呼用户的联系增加，从而带动固定电话与寻呼的消费量上升。

4．竞争者

移动通信市场属于典型的寡头垄断市场。移动通信企业由于其提供通信产品的同质性较强，差异性较弱，因此其竞争多属于品牌竞争。

品牌竞争是指满足同一需求的同种形式产品不同品牌之间的竞争。在移动通信品牌竞争中，有三个方面对企业竞争产生影响：卖方密度、行业进入难度和产品差异。卖方密度和行业进入难度由国家所发放的移动通信运营牌照所决定，它在一段时期内相对稳定，企业对此无能为力；产品差异化则是移动通信寡头赢得更大市场份额所需特别注重的方面，企业应加强产品差异化宣传，以获得更大市场。

5．社会公众

社会公众指对企业实现营销目标的能力有实际或潜在利害关系和影响力的团体或个人。

(1) 融资公众，指影响企业融资能力的金融机构，如银行、保险公司。企业应稳健地运用资金，在融资公众中树立信誉。

(2) 媒介公众，主要指报纸、杂志、广播、电视等大众传播媒体。移动通信企业应与媒介公众建立友善关系，争取有更多更好有利于本企业的新闻、特写以及社论，即使遇到突发的危机事件，企业也能从容地进行危机公关，以渡过危机。

(3) 政府公众，指负责管理移动通信业务的有关政府机构。移动通信企业的发展战略和市场营销计划必须同政府主管部门的行业发展计划、产业政策、法律规定相一致，在其具体的市场营销活动中也应注意要在法律许可的范围内进行，尽量取得政府支持。

(4) 社团公众，包括保护消费者权益组织、环保组织及其他群众团体等。移动通信企业的市场营销活动关系到社会各方面的切身利益，必须密切注意来自社团公众的批评和意见。

(5) 社区公众，指企业所在地附近的居民和社区组织。移动通信企业必须注意保持与当地公众的良好关系，积极支持社区的重大活动，为社区发展贡献力量，争取社区公众理解和支持企业的营销活动。

(6) 一般公众，指上述各公众之外的社会公众。一般公众虽没有有组织地对移动通信企业采取行动，但移动通信企业的企业形象直接影响到公众的惠顾。

(7) 内部公众，指移动通信企业的员工，包括高层管理人员和一般职工。移动通信企业的所有市场营销计划都需要企业内部全体员工的充分理解、支持和具体执行。因此，企业应经常向员工通报有关情况，介绍企业发展计划，发动员工出谋献策，关心职工福利，奖励有功人员，增强企业凝聚力，从而通过企业员工影响顾客及社会公众，实现企业营销计划。

 **思考练习**

一、简答题

1. 企业微观环境包括哪些因素？

2. 竞争者的类型有哪些？

二、案例分析题

一位女顾客和一位男顾客在肯德基餐厅因占座问题而发生口角。一开始餐厅员工未及时平息两人的争端，接着两人由小声争吵上升到大声争吵，导致店内顾客回避或离店，最后两人又上升到斗殴，男顾客殴伤女顾客后离店，期间其他顾客也纷纷离座出店。女顾客非常气愤，当即要求肯德基餐厅对此事负责，并加以赔偿，但餐厅经理表示"这是顾客之间的事情，肯德基不应该负责"，拒绝了女顾客的要求。女顾客马上打电话向当地《南昌晚报》和《江西都市报》投诉，两报立即派出记者到场采访并很快对此事进行了报道，引起众多市民的议论和有关法律专家的关注。事后，根据《消费者权益保护法》，肯德基被认为对此事负有部分责任，此事除给自己的生意造成不利影响外，还须向女顾客公开道歉和赔偿部分医药费。

问题：

1. 案例中涉及的微观环境主要有哪些？

2. 作为营销人员，若遇到上述事件你该如何处理？

任务三 综合分析市场营销环境——SWOT

学习目标 ✍

- 掌握市场营销环境分析的方法——SWOT 分析法及其对策
- 能用 SWOT 分析法分析市场环境及捕捉市场机会

案例导入

海清啤酒成功地在中国西部一个拥有 300 万人口的 C 市收购了一家啤酒厂，不仅在该市取得了 95% 以上市场占有率的绝对垄断，而且在全省的市场占有率也达到了 60% 以上，成为该省啤酒业界名副其实的龙头老大。

C 市 100 千米内有一个金杯啤酒公司，该公司三年前也是该省啤酒业界的老大。然而，最近金杯啤酒因经营不善全资卖给了一家境外公司。

金杯啤酒在被收购后，立刻花近亿元的资金开始技术改造，还聘请了世界第四大啤酒厂的专家坐镇狠抓质量。但是新老板非常清楚，金杯啤酒公司最短的那块板就是营销。为一举获得 C 市的市场，金杯啤酒不惜代价从外企挖了三个营销精英，高薪招聘了 20 多名大学生，花大力气进行培训。

省内啤酒市场的特点是季节性强，主要在春末和夏季及初秋的半年多时间，一年的大战在 4～6 三个月基本决定胜负。作为快速消费品，啤酒的分销网络相对稳定，主要被大的一级批发商控制。金杯啤酒没有选择正面强攻，主要依靠直销作为市场导入的铺货手段，销售队伍遍布 C 市的数以万计的零售终端。

金杯啤酒的攻势在春节前的 1 月份开始，并且成功地推出了 1 月 18 号 C 市要下雪的悬念广告，还有礼品附送。其覆盖率和重复购买率都大大超出预期目标。但是，金杯啤酒在取得第一轮胜利的同时，也遇到了内部的管理问题。该公司过度强调销售，以致不太关注结算流程、财务制度和监控机制。因此，销售团队产生了骄傲轻敌的浮躁情绪。金杯啤酒让部分城区经理自任经销商，免费用公司的运货车，赊公司的货，既做生意赚钱，又当经理拿工资。因此，库房出现了无头账，查无所查，连去哪儿了都不知道。

面对竞争，海清啤酒在检讨失利的同时，依然对前景充满信心。他们认为对手在淡季争得的市场份额，如果没有充足的产量作为保障，肯定要跌下来；而且海清啤酒的分销渠道并没有受到冲击，金杯啤酒强入零售网点不过是地面阵地的穿插。

如今，正是啤酒销售的旺季，也就是一决胜负的时候快到了，您认为海清啤酒应该怎样把对手击退，巩固自己的市场领导地位呢？

◤ 任务描述与分析

通过相关知识点的学习，同学们使用 SWOT 分析法对导入案例进行分析，找出海清啤酒的优势、劣势、机会和威胁。

◤ 相关知识与任务实施

在对企业宏观环境和微观环境研究与分析的基础上，还应对企业市场营销环境进行综合分析，以便为营销决策的制订提供可靠的依据。我们可以通过 SWOT 理论对环境进行综合分析评价。

一、SWOT 理论

SWOT 分析法又称态势分析法或内外情况对照分析法，是对企业的优势(Strengths)、劣势(Weakness)、机会(Opportunities)和威胁(Threats)进行综合评估与分析，从而将公司的战略与公司内部资源、外部环境有机结合起来的一种科学分析方法。

二、SWOT 分析步骤

(一) 企业优势和劣势分析

企业优势和劣势分析实质上是对企业内部环境的分析，或称企业实力分析。

企业优势是指企业相对于竞争对手而言所具有的优势，如充沛的资金来源、熟练的竞争技巧、良好的企业形象、先进的工艺设备、融洽的雇员关系等，这些优势都是有利于企业盈利的因素。

企业劣势是指影响企业经营效率和效果的不利因素和特征，是与竞争对手相比所存在的缺点和不足之处，如每况愈下的竞争地位、设备陈旧、销售渠道不畅通、营销工作不得力、成本过高等，这些因素会影响企业的成功。

(二) 环境的机会和威胁分析

企业的机会和威胁存在于市场环境中，因此机会与威胁分析实质上就是对企业外部环境因素变化的分析。

环境机会是对企业市场营销管理富有吸引力、享有差别礼仪的领域或范围。在该领域内，企业将拥有竞争优势，如新增加的消费群体、相关产品多样化等。但实际上要看这些机会是否与企业目标、资源与任务一致，企业利用这些机会能否带来比其他竞争者更大的利益。

环境威胁是指环境中不利的发展趋势所形成的挑战和干扰，若不采取果断的营销行动将会损害企业的市场地位，如新的竞争对手进入、替代产品销售的增长、不利于企业发展的政策等都会给企业带来威胁，能否有效化解取决于企业对市场变化的反映的灵敏程度和企业实力。

(三) 企业内外情况对照分析

结合企业优势、劣势和市场机会、威胁，对企业内外情况进行对照分析，常用矩阵分析法。

现以邮政快递为例说明这种方法，如表 1.1 所示。

表 1.1 邮政快递内外情况分析

	机会(Opportunities)	威胁(Threats)
外部环境	(1) 随着电子商务的普及，对寄件需求增加（年平均增加 38%）； (2) 能够确保应对市场开放的事业自由度； (3) 物流及 IT 等关键技术的飞跃性发展	(1) 通信技术发展后，对邮政的需求可能减少； (2) 现有快递企业的设备投资及代理增多； (3) WTO 邮政服务市场开放的压力； (4) 国外快递企业进入国内市场
	优势(Strengths)	劣势(Weakness)
内部条件	(1) 作为国家机关，拥有公众的信任； (2) 顾客对邮政服务的高度亲近感与信任感； (3) 具有众多的人力资源； (4) 具有创造邮政金融(Synergy)的可能性	(1) 上门取件相关人力及车辆不足； (2) 市场及物流专家不足； (3) 组织、预算、费用等方面的灵活性不足； (4) 包裹破损的可能性很大； (5) 追踪查询服务不够完善

三、提出对策

优势机会(SO)战略是一种发展企业内部优势与利用外部机会的战略，是一种理想的战略模式。当企业具有特定方面的优势，而外部环境又为发挥这种优势提供有利机会时，可以采取该战略。例如，良好的产品市场前景、供应商规模扩大和竞争对手有财务危机等外部条件，配以企业市场份额提高等内在优势可成为企业收购竞争对手、扩大生产规模的有利条件。

劣势机会(WO)战略是利用外部机会来弥补内部劣势，使企业改变劣势而获取优势的战略。虽然存在外部机会，但由于企业存在一些内部劣势而妨碍其利用机会，因此可采取措施先克服这些劣势。例如，若企业劣势是原材料供应不足和生产能力不够，从成本角度看，前者会导致开工不足、生产能力闲置、单位成本上升，而加班加点会导致一些附加费用。在产品市场前景看好的前提下，企业可利用供应商扩大规模、新技术设备降价、竞争对手财务危机等机会，实现纵向整合战略，重构企业价值链，以保证原材料供应，同时可考虑购置生产线来克服生产能力不足及设备老化等缺点。通过克服这些劣势，企业可进一步利用各种外部机会，降低成本，取得成本优势，最终赢得竞争优势。

优势威胁(ST)战略是指企业利用自身优势，回避或减轻外部威胁所造成的影响，如竞争对手利用新技术大幅度降低成本，增加了企业的成本压力；材料供应紧张，其价格可能上涨；消费者要求大幅度提高产品质量；企业还要支付高额环保成本等，这些都会导致企业成本状况进一步恶化，使之在竞争中处于非常不利的地位。但若企业拥有充足的现金、熟练的技术工人和较强的产品开发能力，便可利用这些优势开发新工艺，简化生产工艺过程，提高原材料利用率，从而降低材料消耗和生产成本。另外，开发新技术产品也是企业可选择的战略。新技术、新材料和新工艺的开发与应用是最具潜力的成本降低措施，同时它可提高产品质量，从而回避外部威胁影响。

劣势威胁(WT)战略是一种旨在减少内部劣势，回避外部威胁的防御性技术。当企业处于内忧外患的状况时，往往面临生存危机，降低成本也许成为改变劣势的主要措施。若企业成本状况恶化，原材料供应不足，生产能力不够，无法实现规模效益，且设备老化，使企业在成本方面难以有大作为，这将迫使企业采取目标聚集战略或差异化战略，以回避成本方面的劣势，并回避因成本带来的威胁。

下面以邮政快递为例进行展示，如表 1.2 所示。

表 1.2　邮政快递市场优劣势分析

	优势(Strengths)	劣势(Weakness)
	SO	WO
机会 (Opportunities)	(1) 以邮政网络为基础，积极进入快递市场； (2) 开发能灵活运用关键技术的多样化的邮政服务	(1) 构成邮寄包专门组织； (2) 通过实物与信息的统一化进行实时的追踪(Rack& Trace)及物流控制(Command & Control)； (3) 将增值服务及一般服务差别化的价格体系的制定及服务内容进行再整理

续表

	优势(Strengths)	劣势(Weakness)
	ST	WT
威胁 (Threats)	(1) 灵活运用范围宽广的邮政物流网络，树立积极的市场战略； (2) 与全球性的物流企业进行战略联盟； (3) 提高国外邮件的收益性及服务； (4) 为确保企业顾客满意，树立积极的市场战略	(1) 根据服务的特性，分别运营包裹详情单与包裹运送网； (2) 提高已经确定的邮政物流运营效率(BPR)，由此提高市场竞争力

四、环境分析报告

在进行机会与威胁分析之后，需要整理、归纳以上对企业环境进行调查、分析和预测的结果，编写环境分析报告。该报告将作为企业营销管理者构想营销战略方案和进行战略决策的基本依据。

编写环境分析报告的过程是对未来环境变化做进一步调查分析、明确问题、深化认识的过程，因而是环境分析的一个重要步骤，必须予以充分的重视。环境分析报告的主要内容如下：

(1) 企业未来将面临什么样的环境？

(2) 各个环境因素会如何变化？对企业将造成怎样的影响？

(3) 未来环境会使企业面临哪些机会和威胁？它们出现的概率有多大？

(4) 企业适应未来环境的初步设想和对策要点是什么？

环境分析报告的叙述应力求简明扼要，论证要用事实和数据说明，尽量采用直观醒目的图表。

案例分析

通过本次案例分析，学生可加深对营销的理解。

团购作为一种新兴的电子商务模式，通过消费者自行组团、专业团购网站、商家组织团购等形式，提升用户与商家的议价能力，并极大程度地获得商品让利，引起消费者及业内厂商，甚至是资本市场的关注。

团购网是电子商务发展的一个重要组成部分，前景应该不错，在一些有市场眼光的企业家看来，这当中蕴藏着一系列发展事业的机遇。李子强先在国内某大型购物网站做了几年中层管理者，后又在某团购网做了一年的高层管理者后，终于决定开办一家自己的团购网。

任务：以 4～5 位同学为一小组，搜集资料，运用 SWOT 分析法，为李子强提交一份团购网的环境综合分析报告，以助其规划发展方向。

知识拓展

海尔公司 SWOT 分析

一、海尔公司简介

海尔是全球大型家电品牌，1984 年创立于青岛。目前，海尔在全球建立了 21 个工业园、5 大研发中心、19 个海外贸易公司，全球员工超过 8 万人。2011 年，海尔集团全球营业额实现 1509 亿元，品牌价值 962.8 亿元，连续 11 年蝉联中国最有价值品牌榜首。海尔集团援建了 164 所希望小学和 1 所希望中学，制作了 212 集科教动画片《海尔兄弟》，是 2008 年北京奥运会全球唯一白色家电赞助商。海尔有 9 种产品在中国市场位居行业之首，3 种产品在世界市场占有率居行业前三位，在智能家居集成、网络家电、数字化、大规模集成电路、新材料等技术领域处于世界领先水平。

二、SWOT 分析

鉴于海尔在家电行业的重要地位，以下对其进行 SWOT 分析。

(一) 优势

海尔的优势有很多，简要阐述为以下几点：

(1) 海尔本身拥有市场占有率很高的产品，而且各种新技术都处于世界领先水平。

(2) 在自主知识产权基础上，海尔主持或参与了近百项国家标准的制、修订工作。其中，海尔热水器防电墙技术、海尔洗衣机双动力技术还被纳入 IEC(International Electrotechnical Commission，国际电工委员会)国际标准提案，这证明海尔的创新能力已达世界级水平，在国际市场上彰显了其发展实力。

(3) 海尔优秀的管理模式，如 OEC 管理模式、"市场链"管理及"人单合一"发展模式均引起国际管理界高度关注，已有众多世界顶级大学的商学院专门对此进行案例研究，海尔"市场链"管理还被纳入欧盟案例库。海尔"人单合一"发展模式为解决全球商业的库存和逾期应收提供了创新思维，被国际管理界誉为"号准全球商业脉搏"的管理模式。

(4) 另外，良好的企业文化、较高的员工素质、规范化管理、把信息化作为一把手工程，以及先转变观念，再进行流程再造等，无一不是海尔的必胜法宝。当与国外企业相比时，海尔的信息化具有强劲的后发优势。在全球 Internet 的大范围普及和国际化大企业信息化的全面扩张局势下，海尔在国外企业的成功经验基础上也就更容易取得成绩。

(二) 劣势

海尔在传播和公关技巧方面十分欠缺；外部信息化上的问题，近年来海尔发展太快，导致供应商和分销商的信息化水平不能跟上，这使信息化变得徒劳无功；外部环境的不配套、不同步，这同时也是导致海尔外部信息化不成功的重要原因，这也许是海尔始料未及的。

(三) 机会

海尔之所以能取得很大的成就，大部分原因在于海尔的企业文化。而海尔的发展机会在于要把握住时代脉搏，与时俱进，不断创新。海尔未来的发展方向主要依靠三个转移：一是内部组织结构的转移；二是国内市场转向国际市场；三是要从制造业转向服务业，做到前端设计，后端服务。在这种情况下，海尔还应抓住机会，迎接挑战，创世界名牌。

（四）威胁

目前，海尔仍然面临着很多威胁，伴随着家电企业的不断兴起，技术的不断完善，海尔必须不断提高科学技术创新水平，进而提高自己的优势。此外，海尔还应该向多产业方向发展，以提高自己的竞争力。海尔的威胁在于它自身的外部信息化存在很大的问题，而国内同行们已经在进行内部信息化的推进工作，可以预见，一旦外部信息化的时机成熟，从技术角度上来说，谁也不会比谁慢多少。倘若撇开这些年来的海尔品牌宣传效应不谈，海尔竞争对手们外部信息化的成长也只是旦夕之间。

三、思考与建议

经过以上对海尔进行的 SWOT 分析，我们了解了海尔的现状，包括其发展机会以及威胁等。接下来针对海尔的优势、劣势、机会和威胁提出以下几点建议：首先，在产品上，海尔要优于其他公司很多，那么他就要发挥这个优势，在产品的质量、新技术的研发等方面再接再厉。其次，海尔在传播和公关技巧方面的欠缺很大一部分原因在于海尔在聘任机制上存在一定的问题，只注重对技术、知识的考察而忽略了对个人能力的考察，所以调整聘任机制就是海尔首先要做的。解决外部环境的不配套导致的外部信息化上出现的问题则是重中之重。最后，海尔在未来的时间里要想取得长足的发展，必须继续以海尔的企业文化为基准，同时要注重科技创新，实现企业信息化。任何一个企业在发展过程中总会面临着这样或者那样的问题，而我们要做的就是防微杜渐。面对新的全球化竞争条件，海尔确立全球化品牌战略、启动"创造资源、美誉全球"的企业精神和"人单合一、速决速胜"的工作作风，挑战自我、挑战明天的态度值得每个企业学习！

 **思考练习**

一、简答题

1. 什么是 SWOT？
2. 通过 SWOT 分析提出的对策有哪些？

二、实践题

对个人求职进行 SWOT 分析。

提示： 评估自己的长处和短处，找出职业机会和威胁，列出今后五年内的职业目标，列出一份今后五年的职业行动计划。

项目三　市　场　分　析

　　通过对市场营销观念的把握和对市场环境进行学习，小强对营销专业的好感增加了不少，但是老爸告诉他，市场营销是一门很有意思的学问，尤其在研究市场的时候。小强的爸爸说市场是一个十分庞大而复杂的系统，我国的消费市场由十多亿人口组成，从呱呱坠地的婴儿到古稀老人，都是消费市场的一员，他们每年要消费上千亿元的产品和服务设施。然而，由于受年龄、性别、文化程度、收入、职业、兴趣、居住地点、环境等因素的影响，各类消费者的购买习惯、动机、方式和水平都有显著的差异，从而形成不同类型的需求市场，每一个市场分片就表示一个有意义的购买群体。听了爸爸的话，小强觉得自己还是得多多学习。

任务一　对市场进行分析

学习目标 ✍

- 掌握消费者市场、生产者市场、政府市场的含义及其基本特征
- 分析中国组织市场购买行为的特殊性

◗ 案例导入

全球快速餐饮龙头——麦当劳

　　麦当劳进驻中国前进行了连续五年市场调查和分析，内容包括中国消费者的经济收入情况和消费方式特点，并提前四年在中国东北和北京市郊试种马铃薯，根据中国人的身高体形确定了最佳柜台、桌椅尺寸，还从中国香港麦当劳空运成品到北京，进行品味试验及分析。开首家分店时，在北京选了五个地点反复论证、比较。最后麦当劳进军中国，一炮打响。

　　问题： 麦当劳在中国开到哪里，火到哪里，令所有中国餐饮界人士既羡慕又嫉妒。可是有谁看到了它前期艰苦细致的市场调研和分析工作呢？

　　麦当劳能雄霸世界快速餐饮龙头地位几十年，可以说它在全球的成功要点就是做任何事情都要先进行调查和分析。

任务描述与分析

市场分析作为经营者的基本技能，日益成为商战不可或缺的利器，无数成功的案例无不透射出细致的调研和科学的分析。反观我们目前的工作，有多少促销活动和陈列宣传是经过详细分析后开展的？盲目和随意成为我们进一步成功的绊脚石。

相关知识与任务实施

一、消费者市场

普通消费者的购买行为有其自身独特之处，要了解普通消费者的购买行为，必须首先明确消费者市场的含义及其特征。

(一) 消费者市场的含义

消费者市场指的是消费资料市场或者消费品市场等。所谓消费者，在这里单指普通的、以个人或家庭为基本单位的终端产品或服务的购买者，他们购买商品是为了满足自身未能满足的实际需要，解决个人或家庭实际存在的问题。在现实社会中，个人或家庭购买占据了整个市场购买行为的绝大多数，而以个人或家庭的需要形成的商品购买市场就是典型意义的消费者市场(消费资料市场)。

(二) 消费者市场的特征

与其他市场相比，消费者市场的特征主要表现为以下几个方面：

(1) 消费者数量众多。每一个人或家庭就是一个购买单位，由此形成了一个无限广阔的市场。

(2) 购买量少而频繁。由于个体消费者单位成员数量少并且购买用途在于自身实际需要，受收入和实际需要的影响，消费者市场的购买表现是购买的数量较少并且购买频繁，重复性比较强。

(3) 商品品种多而杂。消费者市场是终端产品市场，需要满足的是消费者从工作、学习到生活的所有方面的需要，既有耐用品又有非耐用品，既有便利品又有选购品，既有普通消费品又有奢侈品。因此，消费者市场商品品种涉及各种门类，包罗万象。

(4) 消费者市场是最终市场。消费者购买的商品直接进入消费过程，对消费者个人及其家庭的基本生活、身心健康等方面产生直接影响。

❖ **案例：俞敏洪的"空城计"**

1991 年秋天，俞敏洪离开北大，在中关村第二小学租了间平房教室，外面支一张桌子，放一把椅子，正式成立"新东方大学英语培训部"。第一天，来了两个学生，看见破旧的设备、干干净净的花名册，满脸狐疑，虽然经老俞劝说交了钱，但马上又退钱而去。随后两天，来人不少，可只有三个学生报名交钱。俞敏洪疑惑：为什么好多人来，看看花名册就走人了呢？于是，老俞心生一计，第二天，他在托福、GRE 所有花名册上各填了 30 个假名字，像是从第 31 名开始的架势。这一招果真灵验，俞敏洪统计过，搞了这种"空诚计"后，每四个学生中会有两三个交钱报名，而在这之前，四个学生中最多有一个交钱。

问题：请从消费者市场的角度分析前后报名差异的原因。

二、生产者市场

生产与消费是相互联系的概念，也是相对的概念。生产同时也意味着消费，从广义的角度说，生产者同时也是消费者，同样要进行市场购买。但是生产者的市场购买行为与普通消费者不同，其购买过程、特征和影响因素也有所不同。

(一) 生产者市场的含义

生产者市场就是前面提到的生产资料市场或者工业品市场等。生产者是指通过组织生产，将原材料或半成品组合形成有效商品，创造出新的价值的群体。生产者需要购买产品和服务，并用于生产其他产品或服务以供销售或出租，这种需要构成了生产者市场(生产资料市场)。生产者市场通常由所涉及的农业、林业、牧业、渔业、采矿业、制造业、建筑业、运输业、公用事业、通信业、银行金融业、保险业和服务业等产业构成。

(二) 生产者市场的特点

生产者市场具有其自身的特点，概括起来有以下几个方面：

(1) 购买者数量较少，购买规模较大，购买次数少。生产者本身属于群体，其购买属于群体消费，生产者的数量较普通消费者市场的消费者要少许多，中国有几百万家生产企业，却有着超过 13 亿的普通消费者。但是，生产者的购买规模却远比消费者大。例如，购买汽车轮胎，普通消费者只购买一两个，而生产者则购买成千上万，而且生产者购买相对更有计划性，每次的采购量都十分巨大，减少了购买次数。

(2) 购买者地域上相对集中。普通消费者是遍布各地的，而生产者则相对集中，由于各地对某些产业的支持，往往形成特定的产业基地，因此也形成具有特色的生产者市场。

(3) 直接销售和密切的客户关系。生产者的购买量比较大，除了自用的终端消费品外，一般不通过中间商进行购买，而是直接向所需购买产品或服务的供应商购买。这样一方面能够降低成本，增强竞争力；另一方面能够享受供应商更为周到的售前和售后服务。同时，直接销售加强了供需双方的密切沟通和联系，使供应商能够服务到位，为建立长期的供求关系奠定良好的基础。

(4) 专业化购买。生产者购买量大，而且购买的大部分为生产资料，对品种、规格要求更为严格。因此，生产者市场购买更为专业化，采购过程一般由经过专门知识培训的专业人员或采购代理商负责，他们有规范的采购标准，不受宣传等因素影响，这就避免了普通消费者购买过程中凭喜好购买的随意性。

(5) 派生性需求和需求波动。生产者市场购买行为本质上是第二位的购买行为，生产者购买生产资料归根到底是为了生产消费产品，最终出售给消费者以获利。因此，生产者的需求是由消费者需求派生的，没有消费需求就没有生产需求，也就没有生产者市场及其购买行为。消费需求制约着生产需求，消费的变化直接影响着生产的变化。消费者市场的波动必然引起生产者市场的波动，而且依据经济学上的"加速原理"，生产者市场的需求波动远比消费者市场波动大，这是由生产者抢占市场份额、获取利益最大化的本质所决定的。

(6) 市场需求缺乏弹性。生产者市场的需求受价格变化的影响不大，也不受宣传等的影响，因此其需求缺乏弹性。这是因为生产者市场的购买行为属于理性购买，购买决策过程复杂，诸多因素均在考虑之列，而且生产者市场购买量大且生产者通常具有一定的存量储备，短期内的价格变化影响不像消费者的刚性需求那么明显，生产者可以在价格上扬时动用储备，在价格下跌时补货，以达成动态平衡。

(7) 租赁现象。生产者市场还具有其特有的租赁现象，对于价格昂贵又不是每日所需的大型设备等，生产资料生产者还可以通过支付一定的使用费进行租赁。租赁可以使生产者节省大量资金，同时也提高了设备的使用频率，这是一般消费者市场所没有的。

📖 **知识窗**：消费者市场与生产者市场的比较(表 3.1)。

表 3.1　消费者市场与生产者市场的比较

项　　目	消费者市场	生产者市场
购买者	个人或家庭	组织中的专业人员
购买目的	生活消费，不追求赢利	生产消费，追求赢利
购买的数量	零星	大宗
市场分布	分散	集中
所处环节	最终消费	中间环节——生产性消费
需求弹性	富有弹性	缺乏弹性
购买行为	非专业性购买	专业性购买
购买决策	简单、多变	复杂、理性
主要分销方式	间接分销	直接分销
主要促销方式	广告、营业推广	人员推销

三、中间商市场

普通消费者和生产者是市场购买行为典型意义的主体，但中间商、政府和社团同样是市场购买行为的主体。与生产者一样，中间商、政府和社团本质上属于组织型购买者，分析其市场购买行为是研究整个市场购买行为的重要组成部分。

中间商是生产者与终端消费者之间的桥梁，它通过转售商品的方式将生产者与消费者联系起来，中间商的市场购买行为同时具有生产者和消费者的部分购买属性。

(一) 中间商市场的含义及分类

中间商是商品流通领域中承担各种不同商业职能的商业企业及个体商人的总称。中间商是以营利为目标的社会组织机构，其营利方式是售卖生产者的商品。为了达成目标，中间商需要批量购买商品，其购买及行为就构成了中间商市场。

中间商一般可以分为两大类：一类是将所购产品或服务转售给零售企业或组织型购买者的批发商，包括经销批发商、代理批发商或销售办事处等；另一类是将产品或服务售给终端消费者的零售商，包括专业商店、传统百货商店、综合性购物中心、连锁经营超市和个体经营商店等。

批发商与零售商购买行为的共同特征有以下几个方面：① 两者都以转售商品来获取利润，他们的购买需求是派生的；② 两者贴近消费者，市场需求的灵敏度比较高，善于发现商机，购买转移较快，在一定程度上也能够引导生产者的生产和购买；③ 购买产品或服务确定性不强，购买品种繁多，购买程序复杂；④ 比较注重风险的规避。

批发商与零售商购买行为也有几点不同：① 批发商购买规模较大，购买对象比较稳定，购买频率较均衡，也较注重购买时机；② 批发商购买经验相对丰富，专业知识强，也比较理性；③ 零售商购买次数多、品种多、数量小，注重商品的季节性，比较关注商品的特色，对商品的包装尤其重视，对生产者提供的促销、广告等手段也比较关注。

(二) 中间商的购买行为及影响因素

中间商的购买行为与生产者的购买行为比较类似，但又有自身特色，而且中间商的购买行为也会受到各种因素的影响。

(1) 中间商购买行为的参与者。中间商购买属于组织型购买，一般由不同的人参与购买决策，参与人数的多寡取决于中间商的性质。如果是小型商店，店主一人就可以决定；而批发商、大型商店或连锁商店则会组成专门的采购部门，人员包括企业领导者、商品经理、分店经理和购买委员会等。

(2) 中间商购买行为过程。中间商购买行为过程与生产者购买行为过程类似，也是一个由识别需要到物色供应商再到购买决策及绩效评估的过程。中间商购买行为概括起来可以简化为四个阶段：

第一，市场定位阶段。中间商与生产者不同，它是属地化的企业，居于一定的区域之内，需要根据商场特点和所在地消费者需要确定自己售卖什么层次、品位的商品和什么品种、规格的商品。

第二，供应商物色阶段。中间商售卖的商品门类众多，即使同类产品也可以同时售卖多种品牌，这个阶段的任务是收集各种资料及供应商信息，发出多种供货建议书，挖掘有市场潜力的商品及其供应商。

第三，谈判购买阶段。由于需购商品繁多，艰苦的谈判不可避免，而且中间商由于通过渠道而带来地位提升，在购买价格及支付方式上越来越具有主动权，售后、滞期付款方式风行，也增加了谈判的难度。

第四，购买绩效评估阶段。这是中间商非常重视的阶段，它能够根据售卖状况评估商品购买的效用，对以后的购买及供应商的筛选有重要影响。

(3) 影响中间商购买的因素。与生产者购买行为一样，中间商购买行为也受到人际关系、个人、环境和组织因素的影响。其中，人际关系与个人因素的影响相对较小，一般只对个别品种或规格产生影响，而环境与组织因素则影响较大。环境因素的影响是因为中间商购买受消费者需求驱动，而消费者需求又受区域经济发展的影响比较大，如果某地的经济不振，消费者购买力较弱，中间商的购买行为必然也会缩减。组织因素指中间商组织结构、管理体制方面，组织结构越复杂、越分散，则越会影响购买数量和效率；而管理体制越严谨乃至僵化，同样会影响购买质量和效率。

知识窗：中间商市场的主体

中间商市场的主体包括各种批发商和零售商。

批发商是指以进一步转卖或加工生产为目的的整批买卖产品和劳务的个人和组织，它不将商品大量卖给最终消费者。

零售商是指将产品和劳务直接卖给最终消费者。

四、政府市场

政府的市场购买不以赢利为目的，也不像普通消费者那样用于个人或家庭的生活，它属于群体消费者，其市场购买行为具有自身的特色。

(一) 政府市场的含义及购买特点

政府是指各个级别的，管理一般社会的经济、文化及公共行政事务的权力机关及其职能部门。政府为了达成目标，需要购买一定的消费资料和生产资料，由此就构成了政府市场。

政府市场是指那些为执行政府的主要职能而采购或租用商品的各级政府单位。

政府市场的购买特点如下：① 购买性质属于非营利性质，一般用于终端消费，即使用于建设需要，也是公共性质的；② 购买商品的类别包括常规用品(如办公用品)、公共物品(如免费发放品、公共设施)、特定物品(特定组织专用物品)和政府或特定组织独有的特殊用品(如救灾物资)等四类；③ 购买方式除了常规购买外，还采取招标的方式进行，尤其是政府市场的购买，招标的购买形式逐渐成为主流购买形式，而且政府采购对象不仅限于中间商，也更多地趋向通过生产者直接购买；④ 购买的计划性比较强，一般要事先做出计划，经批准后才能执行，购买效率较其他购买者低；⑤ 购买价格受总额资金控制较强，一般超额购买情况较少，但是对于购买商品单体价格的敏感度不如普通消费者和营利性组织。

(二) 政府市场购买过程的参与者、购买行为过程及影响因素

政府的购买资金主要是财政性资金，为提高财政性资金的使用效益，政府的市场购买行为越来越受到法律的约束和社会各界的关注，这可以从其参与者、行为过程和影响因素等几个方面看到。

1. 政府市场购买过程的参与者

政府市场购买过程的参与者包括五类：① 采购人，即货物或服务的需要单位，由其提供资金并进行购买和使用；② 采购代理机构，即政府专门设立的采购机构，特别是集中采购一般都由其执行；③ 供应商，即参与政府采购投标、谈判，并在中标后提供货物或服务的企业；④ 采购相关人员，包括采购过程的中介、信息服务提供者等；⑤ 政府采购监督管

理部门,即依法对政府采购行为进行监督管理的政府职能部门。由这五个方面人员联动,就构成了政府市场购买行为的约束机制。

2. 政府市场购买行为过程

政府市场购买行为过程大致可以分为确定需要、信息资料收集及专家咨询、制订采购计划向上级部门报批、资金筹措、征求供应商及供应意见书、筛选供应商、招标确定中标单位、商讨购买细节(如规格、服务要求、付款方式、期限等)、签订合同、购买后绩效评估等一系列阶段。其中,确定需要、制订采购计划向上级部门报批、资金筹措、招标确定中标单位、签订合同、购买后绩效评估等是政府市场购买行为过程的关键性环节。

3. 政府市场购买行为的影响因素

影响政府市场购买行为的因素与其他市场购买者的因素相类似,也包括环境、组织、人际关系和个人因素,但其也有自身特点:政府主要运用财政性资金,其市场购买能力受社会经济发展因素的制约相对较大,而且对于政府来说,往往还会受到国际国内经济、政治方面变化的影响;政府市场购买行为需要遵循公开、公平、公正的原则,要受到社会各界的监督,以防止腐败行为的发生,其决策更具客观性和严谨性;政府的市场购买行为还会受到自然灾害和公共社会危机等突发事件的影响,有时也可能显示出无序化倾向。

总之,无论是普通消费者、组织消费者、生产者的购买行为,还是中间商、政府的市场购买行为都各具特点,在市场营销中应该对其进行深入的分析,只有这样才能制订出与其购买行为相适应的营销计划和策略。

案例分析

通过本案例分析,学生可加深对营销市场的理解。

斯沃琪令时间变得奢华

斯沃琪的产品线从低端的塑料手表一直延伸到高端的白金手表。这家集趣味、时尚为一体的装饰腕表生产商专注于营造地位的象征。1983年,当斯沃琪在瑞士成立的时候,市场上流行的是定价低廉的日本产石英表,它们已经从传统的瑞士手表厂商中夺走了很大的市场份额,斯沃琪制订的夺回市场的计划是将色彩鲜艳的表盘、表带和外壳结合起来,生产出高功能、价格适度而又时尚且能够吸引眼球的手表。收集手表的做法开始流行起来。消费者很快开始习惯于像购买其他时尚产品一样购买斯沃琪。他们会出于冲动购买,也会为了配合不同的打扮而购买。斯沃琪的成功很快引起了竞争对手的注意,纷纷加入平价日用手表市场。

为了避免过度竞争带来的利润下降,斯沃琪做出了一个大胆的决策:在不放弃基本的价值35美元款式手表的前提下,开始收购著名的品牌生产商,如欧米茄和汉密尔顿,还有超级豪华品牌如宝,有些表的定价甚至高达50万美元。现在,斯沃琪的高端产品既可以满足富有顾客的需求,也可以满足那些为自己寻找特殊珠宝或特殊礼物的顾客——对于这些人，价格是第二位的。由于升级战略的成功，无论世界经济状况如何，斯沃琪的销量持续上升。事实上，豪华表给斯沃琪贡献了一半以上的利润。

斯沃琪的成功在很大程度上源于对消费者行为的深入理解。它的价格适度，让消费者接受了新的理念：手表不仅是计时工具，同时也是时尚饰品，佩戴手表可以表达个性和心情。通过降低价格，稳定地上市大量新设计的品种，斯沃琪鼓励消费者反复购买，跟上时尚的潮流；与此相反，它的高端品牌则强调顾客渴望传达的地位和独特形象。理解消费者的行为对于任何产品和服务的成功都是至关重要的——斯沃琪的成功就是最好的证明。

(资料来源：韦恩·D.霍依尔. 消费者行为学[M]. 刘伟，译. 北京：中国市场出版社，2008.)

试析：

1. 斯沃琪手表持续成功的根源是什么？
2. 消费者的购买行为有哪些特征？
3. 企业应该如何运用消费者购买行为的心理和特征为企业的市场营销助力？

知识拓展

宝洁公司产品市场营销策略

一、培育和引导消费

产品不仅要满足需求，更要引导和培育需求，如"你洗头了吗？"——"我来帮你洗。""你会洗头吗？"——"我来教你洗。""你洗得好吗？"——"我告诉你怎样洗得更好。"宝洁，就像一位温柔的妻子，依附在丈夫的身边，不仅好言相劝，而且身体力行；不仅耳提面命，而且从善如流。宝洁不仅教人们洗头，还教中国一代又一代人刷牙。宝洁在获得经济效益的同时，获得的社会效益也是空前的，更是长远的，从倡导洗发新观念到引导多洗发，从合理刷牙到科学选择牙膏，从勤洗手到杀菌等，引导中国消费者生活观念、生活习惯的改变，将健康的生活方式、全新的健康理念和可信的健康用品一齐送给消费者，消费者先是怀着几分敬意接受，继而是十分真诚的欢迎了。

二、科学命名与品牌形象

宝洁公司对品牌的命名非常讲究，他们深谙一个贴切而绝妙的品牌命名能大大地减小产品被消费者认知的阻力，能激发顾客美好的联想，增进顾客对产品的亲和力和信赖感，并可大大节省产品推广费用。宝洁公司通过对英文名字(单词)的精确选择或组合来给产品品牌命名，使中文名字与英文能在意义和发音上很协调贴切地配合，准确地体现了产品的特点和要塑造的品牌形象及消费定位，提升了品牌的形象，如帮宝适、舒肤佳等无一不是非常贴切。

当然，广告宣传也是必不可少的。宝洁公司每年的广告宣传费用占全年销售总额的1/8，一方面，通过在电视、网络、杂志上做广告；另一方面，通过在全国范围内聘请形象代言人、在高校设立奖学金、与国家相关部门做公益活动等来提高品牌的认知度。与此同时，为了占领终端消费市场，在农村，宝洁公司推出了全国性的路演活动；在城市，宝洁公司的产品在超市、商场中的陈列非常讲究，占据很大的货架空间，很容易吸引消费者的注意力。通过广告宣传，宝洁有效地提高了其品牌的知名度和美誉度。

三、知识营销

知识营销是指企业在营销过程中注入知识含量，帮助广大消费者增加商品知识，提高消费者素质，从而达到销售商品、开拓市场的目的。宝洁的知识营销非常典型，在营销过程中打造了一系列的概念。在洗发、护发类产品中，这一营销理念被应用到了极致，每个品牌都赋予了一定的知识，打造了一个概念，从而给每个品牌赋予了个性。例如，"海飞丝"的个性在于去头屑，"潘婷"的个性在于对头发的营养保健，而"飘柔"的个性则是使头发光滑柔顺，"沙宣"则定位于调节水分与营养，"润妍"定位于更黑、更有生命力。在广告宣传上，宝洁对知识、概念的运用也表现得淋漓尽致。

看看海飞丝的广告：海飞丝洗发水，海蓝色的包装，首先让人联想到蔚蓝色的大海，给人带来清新凉爽的视觉效果；"头屑去无踪，秀发更干净"的广告语，更进一步在消费者心目中树立起"海飞丝"去头屑的概念。

看看潘婷的广告："含丰富的维他命原 B5，能由发根渗透至发梢，补充养份，使头发健康、亮泽"，突出了"潘婷"的营养型个性。

看看飘柔的广告："含丝质润发，洗发护发一次完成，令头发飘逸柔顺"的广告语配以少女甩动如丝般头发的画面深化了消费者对"飘柔"飘逸柔顺效果的印象。宝洁通过准确的市场细分与定位，有效地阻击了竞争对手的进入；而实施知识营销，则使品牌具有了鲜明的个性，增强了品牌的核心价值。

四、利益诉求与情感诉求

利益诉求就是从品牌的功效来演绎概念，情感诉求则从与消费者的情感联系中来演绎概念。宝洁的广告诉求很注重利益，如"佳洁士"与全国牙防组推广"根部防蛀"的防牙、护牙理念，"舒肤佳"与中华医学会推广"健康、杀菌、护肤"的理念，洗发水的"去屑、健康、柔顺"理念等，这无一不是品牌的利益诉求。除此之外，宝洁的品牌还加强了情感诉求，如最近两年，飘柔打出自信的概念大旗，从"飘柔吵架篇""飘柔老师篇"到现在的"飘柔指挥家篇"，飘柔广告无不以自信作为品牌的诉求点。此外，飘柔还相继推出"飘柔自信学院""多重挑战""同样自信""职场新人""说出你的自信"等系列活动，将"自信"概念演绎得炉火纯青。

在广告传播方面，特别是电视广告，宝洁有一套成功的公式。首先，宝洁会先指出消费者所面临的一个问题来吸引其注意；接着，广告会迅速告诉消费者一个解决方案，就是使用宝洁的产品，这个产品通常会在整段广告中重复出现好几次，广告重点是在清楚地强调宝洁可以为消费者带来什么好处。通过利益诉求与情感诉求的有机结合，大大地提高了品牌的文化内涵。

五、品牌经理

宝洁公司的品牌战略不仅使得该公司在社会上有着良好的形象、较高的声誉，而且还培育了一大批忠诚的顾客，获得了较高的顾客满意度，为该公司的可持续发展赢得了竞争优势。宝洁公司在全球率先推出品牌经理制，即"一个人负责一个品牌"，品牌经理对自己所负责的品牌必须比公司里的任何人都要了解。通过实行一品多牌、类别经营的经营策略，宝洁在自身产品内部形成竞争，使宝洁产品在日用消费品市场中占有了绝对的领导地位。

六、企业公民

19年来，宝洁一直在中国扮演一个合格企业公民的角色，向中国各项公益事业捐款的总额已超过六千多万元人民币，用于教育、卫生及救灾等各个方面。例如，宝洁在1996～2005年期间向希望工程累计捐款2400万元人民币，在全国27个省、自治区兴建了100所希望小学，是在华跨国公司中建设希望小学数目最多的公司。1998年4月，宝洁前任董事长来华访问期间，宝洁向清华大学捐款1070万元人民币，引进目前世界上最先进的实验仪器，帮助完善学校的教学实验设施及承担宝洁与清华大学共同合作的科研项目；同时，宝洁向教育部捐款700万元人民币，用于支持中、小学青春期健康教育。宝洁公司向野生动物保护基金会捐款150万元人民币，用于保护国宝大熊猫。通过系列公益活动、事件营销等，宝洁在不断努力提高企业经济效益的同时履行相应的社会责任，关注利益相关者的满意度，进而获得了更高的美誉度和知名度。

总之，成功的企业都有自己的核心竞争力。作为日化用品的著名企业，宝洁通过创新本土化营销策略，塑造卓越的形象和引导培育市场需求，在中国获得了快速的发展。随着外部环境竞争的日趋激烈，宝洁正在与时与市俱进，赢取更大的市场与发展空间。

 思考练习

一、简答题

1. 零售商和代理商同样作为中间商，两者的市场购买行为特征有何不同？
2. 试分析政府、社团等组织型市场购买行为的影响因素。

二、案例分析题

问题：从图3.1中你能总结出什么是生产者市场吗？

把布变成漂亮的衣服

把面粉变成面包

图3.1 分析用图

任务二　对消费者行为进行分析

学习目标 ✍

- 掌握影响消费者行为的相关因素
- 掌握消费者购买决策过程

▶ 案例导入

人们为什么购买瓶装水/桶装水？为什么成百上千的人花数倍甚至数百倍于自来水的价钱去买瓶装水？其主要原因有以下三点：一是安全动机，许多消费者关注地下水的污染以及关于水质恶化的报道；二是对于营养和健康的关注，某些消费者想要喝天然未加工的"纯"水；三是"赶时髦"或称地位动机，认为喝瓶装水显得更别致、地位更高。

▶ 任务描述与分析

通过本任务的学习，学生应了解消费者市场的含义、特点及影响消费者购买的主要因素，掌握消费者购买决策过程，应用消费者购买行为理论分析中国消费者的购买行为类型及其特征。

▶ 相关知识与任务实施

一、消费者行为研究

在现代市场中，普通消费者的购买行为有其自身的含义和特征，并且具有不同的类型。

(一) 消费者购买行为的含义

消费者购买行为是指人们为了满足个人或家庭的生活需要，在购买产品或服务时所表现出来的包括购买选择、决策等在内的各种行为。消费者购买行为的形成是一个饱含着感性和理性因素复杂交织的过程，是人类社会活动基本的行为方式之一。

(二) 消费者购买行为的特征

消费者购买行为的特征很多，概括起来表现在以下几个方面：

(1) 消费者购买行为与其心理现象相联系。消费者购买行为是其消费心理的外在表现，消费者的心理特征和心理活动过程在一定程度上决定了购买行为及其具体购买方式。

(2) 消费者购买行为具有非营利性。消费者购买商品属于自用性质，没有转售获利方面的考虑，对购买选择的评价着重商品本身与实际需要间的契合度。

(3) 消费者购买行为具有复杂性和多变性。由于消费者个体差异及收入水平等客观因素的差异，在一定的外界环境和发展阶段中，消费者购买行为会显出层次、偏好等的不同，即使是同一境况下，由于消费者的购买是一个动态过程，因此也会产生明显的变化。同时，作为个体消费者，其购买行为中的非理性因素作用导致了大量冲动性购买现象，因此，消费者的购买行为显得复杂和多变。

(4) 消费者购买行为具有可诱导性。消费者往往没有与所购商品对应的专业知识，大多数消费者对商品缺乏认识，对商品各方面信息的掌握也不够全面，通常只停留在商品外观方面的认识上，容易受到商家广告、促销等活动的影响。通过诱导性的宣传手段，普通消费者的购买热情往往可以在瞬间得到极大提升。

(5) 消费者购买行为具有流行性和便捷性。由于生活节奏的加快和媒体推广、引导的作用，消费者购买商品普遍缺乏深思熟虑，也不愿意在选购上花时间。为使自己不至于落伍，喜欢跟着社会潮流走，选择商品时强调流行和便捷。

(三) 消费者购买行为的类型

一个成功的营销，首先需要了解消费者的购买行为——6W+1H。6W 包括：who——市场由谁构成；what——市场消费什么；why——市场为何购买；when——市场何时购买；where——市场何地购买；who——购买过程中有谁参与。1H 是指 how——怎样购买。消费者行为模式如图 3.2 所示。

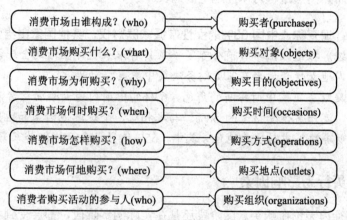

消费市场由谁构成？(who)	→	购买者(purchaser)
消费市场购买什么？(what)	→	购买对象(objects)
消费市场为何购买？(why)	→	购买目的(objectives)
消费市场何时购买？(when)	→	购买时间(occasions)
消费市场怎样购买？(how)	→	购买方式(operations)
消费市场何地购买？(where)	→	购买地点(outlets)
消费者购买活动的参与人(who)	→	购买组织(organizations)

图 3.2　消费者行为模式

在购买过程中，每个消费者的购买行为都有所不同，但是按照不同的角度，消费者的购买行为还是可以归纳为几个不同的类型。

1. 根据消费者购买目标的选定程度划分

根据消费者购买目标的选定程度，可以将消费者购买行为分为确定型购买、半确定型购买和不确定型购买。确定型购买是指消费者已经有明确的购买目标，对商品各参考要素了然于心，不需要他人参谋就能够完成购买；半确定型购买是指消费者有了大致目标，但具体要求不甚明确，需要向他人询问方能实现购买；不确定型购买是指消费者只是逛逛商店，并没有明确的需求和购买目标，是否购买需要看购物气氛和当下的心态。

2．根据消费者购买态度和要求划分

根据消费者购买态度和要求，可以将消费者购买行为分为习惯型购买、理智型购买、经济型购买、冲动型购买、感情型购买、疑虑型购买和随意型购买。习惯型购买是指消费者依据以往的消费经验和消费习惯采取的购买行为，是他们长期购买某一品牌商品或光顾某一商场形成的消费定势所造成的；理智型购买是指消费者比较谨慎，购买商品时广泛收集信息，不被外界信息左右，反复观察、比较、分析，权衡利弊；经济型购买是指消费者对价格比较敏感的购买行为，这类消费者走两个极端，要么价格越便宜越好，要么价格越贵越好；冲动型购买是指消费者对商品了解不够，自我判断能力又较差，容易受商品外观、广告、推销人员的影响而产生的购买行为，并且容易反悔；感情型购买是指消费者情感丰富，喜欢联想，易受商品某一特性诱惑而产生购买行为；疑虑型购买是指消费者优柔寡断，犹豫不决，即使购买后还会疑心上当的购买行为；随意型购买则是指消费者缺乏主见，希望别人帮助拿主意，或者随大流购买自己需要或不甚需要的商品。

3．根据消费者行为的复杂程度和商品本身的差异划分

根据购买行为的复杂程度及商品本身的差异，可以将消费者购买行为分为复杂型购买、选择型购买、简单型购买和习惯型购买。复杂型购买是指对于价格较昂贵、技术含量高的大件耐用消费品，消费者需要了解更多信息，谨慎地做出购买选择；选择型购买是指消费者了解了商品的情况，只需挑选合适的品牌、价格等要素的购买；简单型购买是指尽管消费者对商品不了解，但鉴于商品本身低值易耗，抱着试用心态购买；习惯型购买是指消费者对某些低值商品熟门熟路、习惯性地重复购买。

知识窗：调查称，中国 63% 的女性掌握家庭财权，其他国家由男性主导

据《天下财经》报道，汇丰日前公布了一项针对未来退休生活的全球调查报告。根据这份报告，中国内地女性受访者在家庭财务决策中更具主动性。

被问及在家庭财务决策中所扮演的角色，63% 的中国内地女性受访者表示自己担任家庭财务的决策者，高出男性受访者的 58%；与之相对，全球其他国家和地区的调研结果显示，男性在家庭财务决策中居主导地位，其中，65% 的男性表示他们是家庭财务的决策者。

二、消费者购买行为影响因素

消费者购买行为无论在购买意图阶段还是在实际购买阶段，都会受到各种因素的强烈影响和干扰，各种影响因素按照菲利普·科特勒等的分类，可以概括为文化、社会、个人和心理四个因素，如图 3.3 所示。

图 3.3　影响消费者行为的诸因素

（一）文化因素

消费者购买行为受文化、亚文化和社会阶层等因素的影响。

文化是一个人需要和行为的根本动因，每个人的行为都是从学习中得来的，其成长过程中必然受不同文化中的价值观和行为方式的影响，这就决定了其文化背景不同，必然影响其购买行为的选择。

亚文化是包含于文化之内的较小的文化。具有共同生活状态和价值体系的人，因持有共同的价值观念、生活习俗和行为方式，构成了一个相对稳定的群体。亚文化包括国籍、宗教、种族和地理区域等几种，可对消费者购买行为产生影响。例如，不同宗教对着装就有不同的评价，不同的区域对饮食口味有不同的选择。

社会阶层是指根据职业、收入、教育和居住区域等对人们的社会身份进行的一种分类，类型相同的消费者往往在价值观念、兴趣爱好及对事物的看法等方面趋于一致，在购买行为中也体现出相类似的偏好；而不同的社会阶层，其购物选择则会明显不同。

（二）社会因素

消费者的购买行为还会受到群体、家庭、角色和地位的影响。现实生活中，每一个人都身处一定的群体之中，由于每一个消费者都希望被自己生活中的群体所认同，在购买选择时不免受到相关群体的影响，如亲戚朋友、同行同事、邻居乡亲等的看法或多或少会影响到消费者的购买态度、购买心情、购买方式等。

家庭是影响购买行为的重要因素，从纵向说，父母的购买行为及态度会影响子女，子女长大后又会将这种影响力传承下去；从横向说，配偶间的购买行为和态度也会相互影响。例如，夫妻俩一个节约、一个奢侈，除非婚姻走向解体，一般购买行为会向对方靠拢。

社会角色和地位也会影响购买选择。每一个消费者在社会上扮演着不同的角色，处于不同的地位，这会使其在购买选择上倾向于符合自己的角色和地位。例如，作为一个单位的领导者，为了注意自己的形象，就不能衣着过于寒酸或出挑。

（三）个人因素

影响消费者购买行为的因素还包括年龄和性别、职业、经济状况、生活方式、个性、自我观念等个人因素。不同年龄层次的消费者的购买观念不同，年轻人所喜爱的商品和购买方式未必为老年人接受，反之亦然。不同的生命周期阶段，消费者的购买特征也有所不同。例如，已结婚和未结婚的消费者在购物取向上就不同，前者只需考虑自己，后者还要照顾家庭。不同的职业以及职业稳定性也影响消费者的购买抉择，工人和管理人员在衣着选购上就会不同，而对职业稳定性的忧虑则会使消费者做出是否收紧腰包的选择。居住区域(住在乡村还是城市)也影响人们的购买行为，居住在城市的人，为使自己保持体面，有时必须做出不必要的购买行为。对生活方式的追求和个性的彰显同样影响消费者的购买行为，积极与消极、紧张与率性的不同，生活方式的不同以及个性张扬与否，都会导致不同的消费观念和消费选择，会使消费者即使在面对同一商品时也会产生不同的购买感受。

(四) 心理因素

心理因素是影响消费者购买行为的内在要素，包括动机、感知、学习、信念和态度等方面，如图 3.3 所示。动机是购买行为发生的基础，不同的动机会对购买需求的紧迫感、购买行为的方式产生重要影响。感知是人们为了形成对对象有意义的认识而选择、整理和理解信息的过程。感知有三个过程：选择性注意、选择性曲解和选择性保留，这种选择性使消费者在购买过程中体现出明显的区别。学习提升了个人的经验，会使购买者的行为发生改变。信念是人们对某事物所持的描述性想法。态度是对其在认识上的评价和行为上的意向，消费者一旦对某种商品或服务形成信念和态度，就会在购买行为中表现出来，尽管这种信念和态度所支持的行为可能并不具有相对应的价值。

知识窗：市场需求分析

无需求——刺激性营销；

潜在需求——开发性营销；

衰退性需求——恢复性营销；

不规则需求——协调性营销；

负需求——扭转性营销；

充分需求——维持性营销；

过量需求——限制性营销；

有害需求——抵制性营销。

随堂思考：您如何评价"明星"在营销中的影响力及号召力？

三、消费者购买决策过程

消费者的购买行为是一个过程，在购买行为方式上表现出一定的行为模式，而购买决策则是消费者购买行为的核心内容。

(一) 消费者购买行为模式

由于购买动机、消费观念和方式的不同，消费者的购买行为也各有差异，但仍然存在着某种规律性的特征，表现为相类似的购买行为模式。消费者购买行为模式有各种说法，比较常见的是霍华德-谢思模式，即刺激—反应模式。

刺激—反应模式表明，所有购买行为均由刺激引起，这种刺激既可能来自社会经济、政治、文化、科技及市场营销策略等外界因素，也可能来自消费者内部生理或心理因素。消费者在各种刺激的共同作用下，经过复杂的心理过程，产生购买动机，并进一步演化为购买决策和购买行为。而复杂的心理过程是消费者内部自我完成的，因此称为消费者的"暗箱"，即购买行为本质上是消费者暗箱操作(指决策过程)的结果。

消费者购买行为模式为企业或商家的市场营销计划和策略提供了依据，市场营销和其他刺激因素能够推动或改变消费者做出购买决策和购买行为，营销人员应该寻找适当的刺激因素，促使消费者做出有利于本企业的购买行为。

（二）消费者购买行为过程

消费者购买行为过程表现为两个方面：一方面是心理行为过程，主要表现为三个阶段，即对商品由感性到理性的认知过程、由喜欢到偏好的情绪过程和由做出购买决定到努力实现购买的意志过程；另一方面，购买心理行为过程就是现实的购买行为过程，也称为购买程序。消费者购买行为过程可以分为五个阶段：确定需要、收集信息、评价方案、购买决策和购后评价，如图3.4所示。

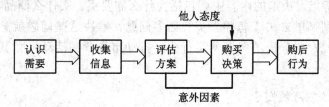

图3.4 消费者购买行为过程

1. 确定需要

确定需要是消费者购买决策的起点，消费者受到某种刺激而产生了消费的需要，这种刺激源于消费者现实与理想状态的不平衡或差异性。消费需要可以由内部生理或心理的缺乏所引发，也可以由外部环境所刺激。

2. 收集信息

消费者一旦产生了消费需要，就会着手收集有关产品或服务的信息，信息可以通过实地观察、广告宣传、别人介绍等途径获得，消费者要知道的是如何评价商品、选择什么品牌、以什么样的方式购买商品、风险如何控制等一系列问题。

3. 评价方案

收集了足够的信息后，消费者就要根据自身喜好、购买能力和商品效用，对所能够提供的商品进行分析、评估和筛选，筛除某些不信任或不适宜的商品类型或品牌，缩小选择范围，然后进一步对余下的备选商品进行质量、价格方面的比较，从而确定适合自己购买能力又最能令人满意的商品。

4. 购买决策

消费者进行了评价和选择后就形成了购买意愿，如果没有其他因素影响，就会操作购买事宜。消费者在这一步要确定：到哪里购买？购买多少？何时购买？购买什么品种、款式？怎样支付？当然，购买意图不等于实际购买，如果消费者本身出现意外事件或者受到别人评价的影响，也会使购买决策中断。

5. 购后评价

消费者购买商品后的评价也是购买行为过程的组成部分，消费者对商品满意和不满意的评价涉及是否重复购买、是否向他人推荐或阻止他人购买、是否采取投诉行为等一系列问题，这一点对企业或商家尤为重要，

(三) 消费者购买决策

消费者购买决策，从狭义角度来说是整个消费者购买行为过程的一个环节；从广义角度来说，由于消费者的购买行为必须经过评价、选择、判断和确定等一系列过程，每一个过程都需要做出决定，因此，消费者的决策及过程就涵盖了整个购买行为过程。消费者购买决策在消费者购买行为中居于核心地位，购买决策的进行决定了购买行为是否发生，购买决策的内容决定了购买行为的方式方法，购买决策的质量决定了购买行为的效用。

消费者购买决策与其他决策活动不同，具有决策主体单一性、决策范围有限性和影响因素复杂性等特点。决策的内容主要包括为什么需要买、买什么商品、买多还是买少、什么时候去买、到哪里去买、怎样去买等诸多问题，解决这些问题就意味着消费者购买行为的达成。因此，要分析消费者购买行为，推动市场营销活动，尤其要关注消费者购买决策。

❖ **案例**：卖给乞丐的帽子

中华人民共和国成立前，北京有两家帽子厂，都是老字号，竞争非常激烈。处于下风的那个商人想出了一条计策，他先是到对方的店里买了 100 顶最贵的帽子，正是当时北京达官贵人喜欢的样式。然后他又从全城找来 100 名乞丐，发给每人一顶帽子，要他们三天内必须戴着这个帽子在北京最繁华的地段来回转悠，三天后来店里领一块大洋，帽子就归他们了。结果，这种帽子就臭名远扬。

这种竞争方式为我们所不齿，但却说明了消费者购买行为方面的一些道理。

■ 案例分析

通过本案例分析，学生可加深对消费者购买行为影响因素的理解。

雷克萨斯关怀哲学

在雷克萨斯经销店里，我们会发现有一个专门为车主们提供的独享空间——车主廊(VIP 廊)以供他们休憩放松。车主廊紧邻维修厂，车主可以一边轻松地喝着香醇浓厚的咖啡，一边透过一览无余的大玻璃观看爱车的维修进度和维修人员的工作情形。令人惊讶的是，雷克萨斯车主廊只为顾客提供单人沙发，这样是为了保护顾客的隐私和独有的空间感，让他们在这里更加放松和舒适，仿佛回到自己家中。此外，雷克萨斯还为顾客提供了独立的销售和售后服务顾问办公室，每一位尊贵车主都可以在这里享受到雷克萨斯的个性化服务。总之，一切设计细节都人性细致且舒适宜人，无不体现了其以顾客为中心的运营模式，并传达出雷克萨斯顾客哲学中贯彻始终的"雷克萨斯关怀"。

回顾第一辆雷克萨斯 LS400 的诞生历程，以及雷克萨斯作为领先的豪华轿车品牌在美国及世界市场中传奇般的发展史，其制胜秘诀之一，也是最关键的决胜条件，就是为顾客提供竞争对手所无法比拟的卓越顾客服务——雷克萨斯关怀。

试析：

1. "雷克萨斯关怀"意味着什么呢？
2. 雷克萨斯成功的奥秘是什么？

肯德基速成鸡事件

肯德基源于美国，是世界著名的炸鸡快餐连锁企业，在全球拥有 10000 多家餐厅，属于全球极大的餐饮连锁企业之———百胜餐饮集团。

2012 年 11 月 23 日，有媒体报道了肯德基(中国)的鸡肉供应商——粟海集团——用有毒化学品饲养肉鸡，以便将生长周期从 100 天压缩到短短 45 天的消息。有爆料称，其所使用的饲料把周边的苍蝇都毒死了，这则消息让人们不寒而栗。

肯德基(中国)在当天做出回应，否认所有指责，并称 45 天是行业标准。同时，肯德基(中国)强调，粟海集团供应的肉鸡仅占其鸡肉供应的不到 1%。

山西粟海集团也回应表示，"速成鸡"即白羽鸡，45 天属于正常生长期。该企业承诺，严格执行国家相关标准，肉鸡养殖全过程实行标准化管理等。山西省农业厅也介入调查此事，称目前已从粟海集团抽取饲料、饲料原料和鸡肉产品样品进行检验。

但随着媒体对此事报道的不断深入，网友的质疑依然不断。仅仅 45 天时间，一只 40 克重的小鸡就能长到三四斤重。速成肉鸡怎么长得这么快？是不是用激素催大的？肯德基所用"速成鸡"不到其采购量的 1%？

11 月 29 日，肯德基在新浪官方微博发布关于"山西粟海事件"的说明，称目前没有任何依据显示山西粟海集团在白羽鸡的养殖过程中有违规操作现象；白羽鸡 45 天的生长周期是正常现象，这是选育优良鸡种和科学养殖的结果；肯德基要求所有鸡肉原料供应商都严格实施完整的食品安全管理措施，并对其产品进行抽检等。

随后，山西省农业厅在其官方网站发布《专家解读肉鸡 45 天出栏的问题》，山西省农科院畜牧研究所张李俊研究员认为，白羽鸡具有生长速度快、饲料报酬高、对疫病防控要求高等特点。但有媒体实地采访后认为，"抗生鸡"比"速成鸡"更让人担忧。

12 月 7 日，肯德基再次在新浪官方微博发布关于鸡肉原料安全风险把控的声明，表示进入肯德基的所有鸡肉原料都需经历政府、供应商及肯德基等多道检测防线。

12 月 18 日，央视曝光了山东一些养鸡场违规使用抗生素和激素来养殖肉鸡，并提供给肯德基、麦当劳等快餐企业。当日 16 时许，肯德基通过其官方网站(http://www.kfc.com.cn)发出七点声明，要求供应商对养殖、屠宰环节实施严格的管理和自检措施，配合当地政府的检验检疫。但同时肯德基也在声明中表示，国内个别肉鸡企业的把关环节可能有所缺失。

12 月 19 日，百胜集团在接受采访时表示，尽管六和速生鸡被曝光滥用了抗生素及激素等违禁药物，但是百胜集团根据今年来自上海食品药品监督管理局的检测报告认为，今年以来，六和集团以及其他供货商的产品质量都没有问题。相关表述不仅将矛头指向上海食药监部门，还让人感觉其对问题鸡肉的认可态度。

12 月 21 日，有媒体曝出百胜集团和肯德基在过去几年中数次隐瞒了送检产品抗生素残留不达标的检测结果。

12 月 29 日，肯德基官网发布"说明"，称 12 月 19 日百胜集团相关部门负责人接受采访时的不妥当言论引发了社会误解，百胜集团在此澄清并诚挚道歉。百胜集团方面表示，

2005 年 8 月，百胜集团选择了上海市食品药品检验所(原上海市药品检验所)作为公共检测服务单位，对其原料、半成品检测提供第三方服务。"说明"称，"速成鸡"事件中，百胜集团没有"瞒报"的意图，原因是"目前中国相关法律、法规没有规定要求企业向政府呈报自检结果和向社会披露自检结果"。

问题：肯德基面对危机应如何应对？

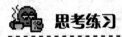 **思考练习**

一、简答题

1. 个体性消费者与群体性消费者在市场购买行为特征上有何区别？

2. 消费者的个体心理、群体心理对市场购买的影响分别体现在什么地方？

3. 何为"消费者暗箱"？营销人员应该如何依据该理论刺激消费者需求，促进消费者市场购买？

4. 为什么说购买决策是生产者市场购买行为过程中的决定性因素？

二、实践题

一个三口之家，丈夫是某零部件厂的老板，专注于事业发展；妻子是某服装品牌的代理商，兴趣广泛，爱好旅游。他们已有一辆商务车，请为他们推荐合适的家用车型。

项目四　市场调研与预测

在学习了一段时间的市场营销课程后，老师给大家布置了一项市场调研任务。初次听到市场调研，小强感到很陌生，不知道要怎样才能完成老师的任务，于是他决定对市场调研展开深入学习。

任务一　进行市场调研

学习目标

- 掌握市场调研的含义与方法，理解市场调研的特点、类型
- 能够开展市场调研活动，撰写调研报告

案例导入

　　男性长胡子，因而要刮胡子；女性不长胡子，自然也就不必刮胡子。然而，美国的吉列公司却把"刮胡刀"推销给女性，居然大获成功。吉列公司创建于1901年，其产品因使男性刮胡子变得方便、舒适、安全而大受欢迎。进入20世纪70年代，吉列公司的销售额已达20亿美元，成为世界著名的跨国公司。然而吉列公司的领导者并不就此满足，而是想方设法继续拓展市场，争取更多用户。1974年，公司提出了面向妇女的专用"刮胡刀"。这一决策看似荒谬，却是建立在坚实可靠的市场调研的基础之上的。吉列公司先用一年的时间进行了周密的市场调研，发现在美国30岁以上的妇女中，有65%的人为保持美好形象，要定期刮除腿毛和腋毛。在这些妇女之中，除使用电动刮胡刀和脱毛剂之外，主要靠购买各种男用刮胡刀来满足此项需要，一年在这方面的花费高达7500万美元。相比之下，美国妇女一年花在眉笔和眼影上的钱仅有6300万美元，染发剂为5500万美元。毫无疑问，这是一个极有潜力的市场。根据市场调研结果，吉列公司精心设计了新产品，新产品的刀头部分和男用刮胡刀并无两样，采用一次性使用的双层刀片，刀架则选用了色彩鲜艳的塑料，并将握柄改为弧形以利于妇女使用，握柄上还印压了一朵雏菊图案。这样一来，新产品立

即显示了女性的特点。为了使维菊刮毛刀迅速占领市场,吉列公司还拟定了几种不同的"定位观念"在消费者之中征求意见。这些定位观念包括突出刮毛刀的"双刀刮毛"、突出其创造性的"完全适合女性需求"、强调价格的"不到 50 美分"以及表明产品使用安全的"不伤玉腿"等。最后,吉列公司根据多数妇女的意见,选择了"不伤玉腿"作为推销时突出的重点,并刊登广告进行刻意宣传。结果,维菊刮毛刀一炮打响,迅速畅销全球。

■■■■ 任务描述与分析

著名营销大师科特勒说过,营销环境一直不断地创造新的机会并涌现新的威胁,持续地监视和适应环境对企业的命运至关重要。许多公司并没有把环境变化作为机会或由于长期忽视宏观的变化而遭受挫折。为了在瞬息万变的市场上求生存、求发展,寻找新的市场机会,避开风险,企业必须具有较强的应变能力,及时做出正确的决策。然而,正确的决策来自全面、可靠的市场营销信息。企业必须重视对市场营销信息的收集、处理及分析,为企业决策提供依据。本任务旨在通过让学生完成指定项目任务,从而较为全面地认识市场调研,并且能够掌握市场调研的含义、方法,理解市场调研的特点、类型,在完成项目任务的过程中培养职业素质。

■■■■ 相关知识与任务实施

一、市场调研的含义及特点

(一) 市场调研的含义

美国市场营销协会对市场调研所下的定义为:市场调研是一种将信息通过消费者、顾客和公众与营销者连接起来的职能。这些信息用于识别和确定营销机会及问题,产生和评估营销活动,监督营销绩效,增进人们对营销过程的理解。市场调研规定,要解决这些所需信息的问题,应设计收集信息的方法,管理并实施收集信息的过程,分析结果,最后沟通可行的结论及其意义。简单地说,市场调研是指对营销决策相关的数据进行计划、收集和分析并把分析结果向管理者汇报的过程。一方面,市场调研是市场信息反馈的一部分,即要向决策者提供有关当前市场营销组合的有效性以及需进行必要改进的信息;另一方面,它也是企业探索、发现新的市场机会的基本工具和手段。

在商品经济社会初期,商品生产的规模小,产量和品种有限,市场交易范围狭小,供求变化较稳定,竞争不太激烈,商品生产经营者较易掌握市场变化。因此,市场调研仅处在原始的、自发的、低级的状态。而在现代相对发达的市场经济条件下,商品生产的规模日益扩大,生产量巨大,品种、规格、花色繁多;消费需求不但量大,而且层次多、复杂多变,供求关系变化迅速,市场规模突破了地区甚至国家的界限,竞争日益激烈。面对如此状况,企业只有通过市场调研来充分掌握市场信息,才能做出正确的营销决策,立于不败之地。

市场调研主要解决的问题有:现有顾客由哪些人或组织构成?潜在顾客由哪些人或组织构成?这些顾客需要购买哪些产品或服务?为什么购买?何时何地以及如何购买?

❖ **案例**：早学公司的邮购销售

20世纪80年代，早学公司(The Early Company)通过邮购销售教育玩具和其他产品。为了扩大经营，该公司研究了它在一些特定镇上的消费者数据——消费者的邮政编码，结果发现了足够多的消费群。早学公司相信建立一个实际的零售店将是一个很好的机会，于是该公司选择了合适的地区，并在那里建立了商店。该公司鼓励已存在的目标邮购顾客到新的商店购物，并采取激励手段鼓励他们带新朋友来购买商品。

的确，在那些早学公司品牌影响非常大的地区，该公司会有更好的发展前景。这个战略是极其成功的，该公司也成为这个地区的领导者。

问题：在本任务案例导入中，为什么雏菊刮毛刀能一炮打响，迅速畅销全球？

(二) 市场调研的特点

以服务于企业预测和决策的需求为目的、系统收集和分析信息的现代市场调研是一项专业性很强的工作，从本质上看它是一种市场行为的科学研究工作。现代市场调研的基本特点主要包括以下几方面。

1. 目的性

市场调研是有关部门和企业针对市场的科研活动，它有明确的目的性。这一目的性不仅是设计市场调研方案的前提，也是衡量市场调研是否有价值的基础。现代市场调研以提供有关部门和企业进行市场预测和决策的信息为目的，这种明确的目的性表现在收集、整理和分析市场信息和各个阶段都具有严密计划的特征。

2. 系统性

现代市场调研过程是一项系统工程，它有规范的运作程序。市场调研人员应系统、全面地收集有关市场活动的信息，要求做到对影响市场运行的各种经济、社会、政治、文化等因素进行理论与实践分析相结合、分门别类研究与综合分析相结合、定性分析与定量分析相结合、现状分析与趋势分析相结合的系统性综合研究。如果单纯就事论事，不考虑周围环境等相关因素的影响，就难以有效把握市场发展及变化的本质，无法得到准确的调研结果。

3. 真实性

现代市场调研的真实性具体表现为两方面：

第一，调研资料的数据必须真实地来源于客观实际，而非主观臆造。任何有意提供虚假信息的行为，从性质上说都不属于市场调研行为。例如，有的国家在医疗卫生保健的调研中，有意把霍乱、禽流感等传染性疾病的发病率报得很低，怕有损该国的形象，吓跑外国旅客。

第二，调研结果应该具有时效性，即调研所得结论能够反映市场运行的现实状况，否则不仅会增加费用开支，而且会使有关部门和企业的决策滞后，导致决策失败。市场调研的时效性应表现为及时捕捉和抓住市场上任何有用的信息资料，及时进行分析和反馈，为有关部门和企业的活动提供决策依据。总之，现代市场调研的真实性要求从业人员提高职业道德和专业素养，充分利用现代科技手段与方法收集和分析市场信息，做到准确、高效地反映现代市场运行的状况。

二、市场调研的类型与内容

(一) 市场调研的类型

市场调研按其要完成的任务一般分为以下四类。

1. 探测性市场调研

探测性市场调研是企业对市场情况不清楚或者对调研的问题不知从何处着手时所采用的方法。这种调研的任务主要是发现问题和提出问题，以便确定调研重点。

2. 描述性市场调研

描述性市场调研的任务为客观反映市场各个要素及其相互关系的现状。它通过详细的调研和分析，对市场营销活动的某个方面进行客观的描述，对已经找出的问题做如实的反映和进行具体回答。多数市场营销调研都为描述性调研，如调研消费者购买力、竞争对手状况、产品市场占有率等。在调研中，收集与市场有关的各种资料，并对这些资料进行分析研究，揭示市场发展变化的趋势，其特点是回答市场现状是什么，其意义是为企业的市场营销决策提供科学依据。

3. 解释性市场调研

解释性市场调研的目的在于检验某种理论假设，或者解释某类客观现象，寻求现象之间关系存在的条件。由于因果关系是建立理论解释的主要方式之一，因此解释性市场调研也常常被称为"因果性市场调研"。在市场调研中凡是要回答"为什么"，都属于解释性市场调研。例如，某公司尽管降低了产品的销售价格，但产品销售量仍然下降，公司不能确定究竟是广告支出费用减少所致，还是大量竞争对手加入市场所致，或者是公司的产品质量满足不了顾客的要求所致。要解决这一问题，就需要进行解释性市场调研。解释性市场调研的特点为在一定的理论指导下，全面收集有关因素的实际资料，在此基础上通过对资料的科学分析、检验原有的理论或假设，从而对客观现象给予理论解释和证明。这种调研的意义在于，调研人员可以向决策部门提供较完整的市场信息，并提出有科学依据的具体建议。

4. 预测性市场调研

预测性市场调研的目的是对市场的发展趋势及变动幅度做出科学的估计。它的特征是在科学理论的指导下，运用科学的方法对过去、当前市场信息进行综合分析研究，预测未来市场的走势。预测性市场调研是企业制订市场营销决策和方案的重要依据与基础，它对企业制订有效的营销计划、避免较大的风险和损失有着特殊的意义。

上述四类市场调研是相互联系的，尽管在特定时期为解决某个特定问题会强调或突出某一种市场调研，但是从市场调研的基本目的看，回答市场现状"是什么""为什么""将来是什么"是现代市场调研的基本职能和任务。

❖ **案例：反应迟钝的吉列公司**

美国吉列公司是一个名牌公司，然而，在 1963～1964 年期间，由于在推出新产品时动作迟缓，结果让对手钻了空子，使吉列公司马失前蹄。

1962 年，吉列公司的高级蓝色刀片受到许多消费者的青睐，于是该公司便把注意力集中到提升质量和降低成本上，这种表面覆盖一层硅的刀片能防止头皮屑黏附刀片，提高剃须效率。所以，即使它的价格比一般的刀片高 40%，也被消费者看好，成为吉列公司刀片生产中主要的利润来源。

这时，英国有家名为威尔金森的小公司，其开发出了一种不锈钢剃须刀片。这种高级剑刃刀片制造工艺合理，刀刃锋利，不易被腐蚀且使用寿命长，可重复使用 15 次，而一般的碳素刀片只能使用 3~5 次。但威尔金森公司的生产能力有限，主要在英国销售，故一直没有引起吉列公司的注意。

然而，美国的利特尔埃弗夏普公司注意到了这种新产品，并立即从英国引进。1963 年，这种不锈钢刀片以低价高质开始赢得客户的好感。吉列公司还错误地认为，虽然不锈钢刀片的使用寿命是蓝色刀片的 4 倍，但不如蓝色刀片好使，刮同样的胡子，不锈钢刀片需要 1.5 磅(1 磅 = 0.454 千克)的压力，而高级蓝色刀片只需要 1 磅的压力，所以吉列公司认为顾客还会看好蓝色刀片，迟迟不愿进行不锈钢刀片的研究和开发。

直到 1963 年秋天，在利特尔埃弗夏普公司大片大片地侵占吉列公司的市场份额以后，吉列公司才转向制造不锈钢刀片。但这时的不锈钢刀片市场早已被美国、英国的领先者瓜分完毕，吉列公司每夺回 1%的市场占有率都必须付出巨大的代价。

问题：吉列公司的做法给我们带来什么启示？

(二) 市场调研的内容

1. 宏观市场调研的内容

从现代市场基本要素构成分析上看，宏观市场调研是从整个经济社会的角度对社会总需求与供给的现状及其平衡关系的调研，其具体内容包括以下几方面：

(1) 社会购买总量及其影响因素调研。社会购买力是指在一定时期内，全社会在市场上用于购买商品或服务的货币支付能力。社会购买力包括三个部分，即居民购买力、社会集团购买力和生产资料购买力。其中，居民购买力尤其是居民用于购买生活消费品的货币支付能力(居民消费购买力)为调研的重点。居民购买力的计算公式为

居民购买力 = 居民货币收入总额 − 居民非商品性支出 ± 居民储蓄存款增减额

± 居民手存现金增减额

(2) 社会购买力投向及其影响因素调研。其主要调研社会商品零售额的情况，并分析其构成。这类调研还可以采用统计调研的方式，从买方角度分析购买力投向的变动。调研影响购买力投向变化因素的主要内容包括消费品购买力水平及变动速度、消费构成变化、商品价格变动、消费者心理变化和社会集团购买力控制程度变动等。

(3) 消费者人口状况调研。其调研的主要内容有人口总量、人口地理分布状况、家庭总数和家庭平均人数、民族构成、年龄构成、性别构成、职业构成、教育程度等。这种调研有着长期的历史传统，如 20 世纪 50 年代中期形成的"市场细分"概念仍是目前流行的消费者调研参考框架之一。

以上三项可以看成对构成市场要素之一的消费系统总体状况及变动因素的调研。

(4) 商品供给来源及影响因素调研。商品供给来源的调研内容包括国内工农业生产部门的总供给量、进口商品量、国家储备拨付量、物资回收量和期初结余量等。

(5) 商品供应能力调研。商品供应能力调研是对工商企业的商品生产能力和商品流转能力的调研，主要内容包括企业现有商品生产能力和结构，企业经营设施、设备的状况，科技成果转化速度，企业资金总量，企业盈利和效益情况，企业技术水平和职工素质，交通运输能力，生产力布局等。

2. 微观(企业)市场调研的内容

微观(企业)市场调研则是从微观经济实体(企业)的角度出发对市场要素进行调研分析，它是现代市场调研的主体内容。由于导致市场变化的因素很多，微观(企业)市场调研的内容也十分广泛，因此一般来说，涉及企业市场营销活动的方方面面都应进行调研。微观(企业)市场调研的主要内容包括以下几方面：

(1) 市场需求调研。从市场营销的理念来说，顾客的需求和欲望是企业营销活动的中心和出发点，因此，对市场需求的调研应成为市场调研的主要内容之一。市场需求调研包括现有顾客需求情况调研(包括需求什么、需求多少和需求时间等)、现有顾客对本企业产品(包括服务)满意程度调研、现有顾客对本企业产品信赖程度调研、影响需求的各种因素变化情况调研、顾客的购买动机和购买行为调研和潜在顾客需求情况调研(包括需求什么、需求多少和需求时间等)。

❖ **案例**：世纪城市医院的豪华病房

当美国绝大多数医院积极削减经营成本的时候，位于洛杉矶的世纪城市医院却开办了豪华病房来提供高档次的私人膳宿服务。该举动是建立在广泛的市场调研基础上的，调研方法包括分析公开出版的数据资料和举行大规模的调研活动。调研结果表明，50%的高收入的当地居民不仅习惯于享受好的膳宿条件，而且非常看重个人隐私和个人空间，因此，世纪城市医院的这项决策使它获得了高收益的市场份额。

(2) 产品调研。产品是企业赖以生存的物质基础，一个企业要想在竞争中求得生存和发展，就必须始终如一地生产出顾客需要的产品。产品调研的内容包括产品设计调研(包括功能设计、用途设计、使用方便和操作安全设计、产品的品牌和商标设计以及产品的外观和包装设计等)、产品系列和产品组合调研、产品生命周期调研、老产品改进调研、新产品开发调研和如何做好销售技术服务调研等。

(3) 价格调研。价格对产品的销售和企业的获利情况有着重要的影响，积极开展产品价格调研，对企业制订正确的价格策略有着重要的作用。价格调研的内容包括市场供求情况及其变化趋势调研、影响价格变化因素调研、产品需求价格弹性调研、替代产品价格调研、新产品定价策略调研以及目标市场对本企业品牌价格水平反应调研等。

(4) 促销调研。促销调研主要包括企业的各种促销手段调研和促销政策可行性调研。其中，一般企业较为重视广告和人员推销调研，如广告调研(广告媒体、广告效果、广告时间、广告预算等调研)、人员推销调研(销售力量大小、销售人员素质、销售人员分派是否合理、销售人员报酬、有效的人员促销策略调研)、各种营业推广调研以及公共关系与企业形象调研。

(5) 销售渠道调研。销售渠道的选择是否合理、产品的存储和运输安排是否恰当，对提高销售效率、缩短交货期和降低销售费用有着重要的作用，因此，销售渠道调研也是市场调研的一项重要内容。销售渠道调研的内容包括各类中间商(包括批发商、零售商、代理商、经销商)应如何选择调研；仓库地址应如何选择调研；各种运输工具应如何安排调研；如何既满足交货期的需要，又降低销售费用调研等。

(6) 竞争调研。竞争的存在对企业的市场营销有着重要的影响。因此，企业在制订各种市场营销策略之前，必须认真调研市场竞争的动向。竞争调研的内容包括竞争对手的数量(包括国内外)及其分布、市场营销能力调研，竞争产品的特性、市场占有率、覆盖率调研，竞争对手的优势与劣势、长处与短处调研，竞争对手的市场营销组合策略调研，竞争对手的实力、市场营销战略及其实际效果调研，竞争发展的趋势调研等。

以上各项内容，是从市场调研的一般情况来讲的，各个企业市场环境不同，所遇到的问题不同，因而所要调研的问题也就不同，企业应根据自己的具体情况来确定调研内容。

三、市场调研的方法

市场调研的方法有间接资料调研方法和直接资料调研方法两种，本任务就直接资料调研方法进行介绍。直接资料是指通过实地调研收集的资料，也称第一手资料。直接资料调研方法有多种，归纳起来可分为以下三类。

(一) 访问法

访问法是指通过询问的方式向被调研者了解市场资料的一种方法。访问既可在备有正式问卷的情况下进行，也可在没有问卷的情况下进行。访问法有面谈调研、邮寄调研、电话调研和留置调研四种。

1. 面谈调研

面谈调研是调研人员直接访问被调研对象有关问题以获取信息资料的方法。通常，调研人员既可根据事先拟好的问卷或调研提纲上问题的顺序依次进行提问，也可采用自由交谈的方式进行。使用面谈法进行调研时，可以一个人面谈，也可以几个人集体面谈，其分别称为个人访问和集体访问。

采用这种方法时，调研人员能直接与被调研对象见面，听取其意见，观察其反应。因此，面谈调研的灵活性较大，没有固定的格式，可以一般地谈，也可以深入详细地谈；所涉及的问题范围可以很广，也可以较窄。同时，这种方法的问卷或调研表回收率较高且质量易于控制。其缺点是调研成本比较高，调研结果受调研人员业务水平和被调研者回答问题真实与否的影响很大。

2. 邮寄调研

邮寄调研是将事先设计好的问卷或调研表通过邮件的形式寄给被调研对象，由他们填好以后按规定的时间邮寄回来的方法。邮寄调研的最大优点是选择调研的范围不受任何限制，可以在很广的范围内选取样本；被调研者有比较充裕的时间来考虑答复的问题，使问题回答得更为准确；不受调研人员在现场的影响，得到的信息资料较为客观、真实。其缺点是邮件回收率很低，各地区寄回来的比例也不一样，因此会影响调研的代表性。也就是说，邮寄调研无法判断寄回信件的人与不寄回信件的人的态度到底有什么区别。如果简单地用邮寄回信件的人的意见代表全体被调研者的意见，就会有很大风险。

3．电话调研

电话调研是由调研人员根据采样的要求以及预先拟定的内容，通过电话访问的形式向被调研对象获取信息资料的方法。电话调研的优点在于可以短时期内调研较多的对象，成本也比较低，并能以统一的格式进行访问，所得的信息资料便于统计处理。其缺点是调研范围受到限制，目前我国有些地区电话的普及率不高；不易得到被调研者的理解，不能访问较复杂的问题，调研难以深入。

4．留置调研

留置调研就是由调研人员将事先设计好的问卷或调研表当面交给被调研对象，并说明回答问题的要求，留给被调研对象自行填写，然后由调研人员在规定的时间收回的方法。这种方法介于面谈调研和邮寄调研之间。其优点是调研问卷回收率高，被调研者可以当面了解填写问卷的要求，避免由于误解调研内容而产生的误差。同时，采用留置调研时，被调研者的意见可以不受调研人员意见的影响，填写问卷的时间较充裕，便于思考回忆。其主要缺点是调研地域范围有限，调研费用较高，也不利于对调研人员的活动进行有效监督。

（二）观察法

1．观察法的类型

观察法是指通过跟踪、记录被调研对象的行为特征来取得第一手资料的调研方法。在观察过程中，可以通过耳听、眼看或借助摄影设备和仪器等手段来获得某些主要信息。观察法通常有以下几种具体的形式。

(1) 实验观察和非实验观察。从调研人员是否对观察实行控制划分，观察法可分为实验观察和非实验观察两类。实验观察是在人为设计的环境中进行的观察。例如，如果要了解商场售货员对挑剔顾客的态度反应情况，调研人员可以以顾客的身份购物，并有意识地做一些事或说一些话以刺激售货员，观察售货员将会做出什么样的反应，从而了解情况。非实验观察在自然状况下进行观察，所有参与的人和物都不受控制，与往常一样。例如，调研人员在自然状况下观察商场售货员接待顾客、提供服务的过程。

(2) 结构观察和无结构观察。根据调研人员观察方式的不同，观察法可分为结构观察和无结构观察两类。结构观察是事先根据调研目的，对观察的内容、步骤做出规定，以此来实施观察的方法。无结构观察通常只规定调研目的和任务，调研人员可以按照调研目的和任务的要求来确定观察的内容。采用结构观察时，可事先列出观察的内容，调研结果容易进行统计分析，但由于调研人员的意见有时会不知不觉地参与进去，因此会不可避免地对调研结果产生影响。无结构观察一般常用在调研人员对被调研对象缺乏足够了解的情况下，实施观察时较为灵活，可作为进行更深一步调研的基础。

(3) 直接观察和间接观察。从调研人员对所调研情境的介入程度划分，观察法可分为直接观察和间接观察两类。直接观察是调研人员直接加入调研的情境之中进行的观察。采用直接观察时，调研人员可以根据调研目的的要求，对需要了解的现象进行直接观察，观察结果准确性较高。间接观察是调研人员不直接介入所调研的情况，通过观察与被调研对象直接关联的事物来推断被调研对象的情况的方法，如通过观察对象的广告形式、内容、重复频率等来了解被调研对象的竞争策略和产品优势。

(4) 公开观察和非公开观察。从调研人员在观察过程中是否公开身份划分，观察法划分可分为公开观察和非公开观察两类。公开观察是在被调研者知道调研人员身份的情况下进行的，目标要求明确，可以有针对性地为调研人员提供所需的资料。但采用公开观察时，被观察者意识到自己受人观察，可能表现得不自然，或者有意识地改变自己的惯常态度和做法，这种不真实的表现往往导致观察结果失真。为了减少公开观察的偏差，调研人员可以进行非公开观察，即调研人员在观察过程中不暴露自己的身份，使被观察者在不受干扰的情况下真实地表现自己，这样观察的结果会更加真实可靠。

(5) 人工观察和仪器观察。根据观察中记录的主体，观察法可分为人工观察和仪器观察两类。人工观察是由调研人员直接在观察现场记录有关内容，由调研人员根据实际情况对观察到的现象做出合理的推断的方法。但是，人工观察容易受调研人员自身人为因素的影响，如主观偏差、情绪反应等都会影响调研结果。仪器观察是随着科学技术的进步，一些先进的设备、手段，如录音、摄像等进入调研领域而出现的一种新的观察方法。例如，通过在商场的不同部位安装摄像系统，可以较好地记录售货人员和顾客的行为表现，借助仪器设备进行现场观察记录效率较高，也比较客观。但仪器观察所记录的内容还需要调研人员做进一步的分析，这就要求调研人员具有丰富的分析经验和较高的专业技术水平。

2. 观察法的应用

观察法在实践中运用得比较广泛，经常用来判断以下情况：

(1) 对商品购买者特征进行调研，主要了解各种商品购买者的年龄、性别、外在形象、人数等，这种研究可以为市场细分、广告目标的确定提供依据。

(2) 对家庭商品存储进行调研。通过观察消费者家庭中存储的商品品牌、数量等情况，了解消费者对不同品牌商品的喜好程度。

(3) 对商店的人流量进行调研，可以了解不同时间、不同位置的人流分布情况，为企业调整劳动组织、合理安排营业时间、开展有针对性的服务提供依据。

(4) 对营业现场布局进行调研。观察营业现场的商品陈列、货位分布、橱窗布置、现场广告、顾客留言等内容，可以判断企业的管理水平，及时提出相应的修改意见。

(5) 对营业人员服务水平进行调研。观察售货员接待顾客的服务方式、接待频率、成交率等，可以掌握吸引顾客的最佳服务方式。

除此之外，还可以运用观察法观察城市的人口流量、车辆流量，为预测地区市场发展提供依据；还可以运用观察法监督、检查市场活动。

案例：观察法的应用一

在西方国家，观察法已成为企业提供的一种特殊服务，而且收费很高。美国《读者文摘》曾经报道，专门从事观察业务的商业密探在美国非常受欢迎。帕科·安德希尔(Paco-Underhill)成立了一家名为伊维德罗森希尔(Envirosell)的公司，多年来该公司一直追踪、观察购物者。其客户包括麦当劳、星巴克、雅诗兰黛和百视达。该公司研究不同的零售点，并且利用独特的方法记录下购物者的行为；该公司还应用剪报板、跟踪单、视像设备以及敏锐的眼睛来描述购物者行为的每个细微差别。

该公司的调研结果给很多商店提出了许多实际的改进措施。例如，使用一卷胶片拍摄了一家主要是青少年光顾的音像商店，发现这家商店把磁带放在了孩子们拿不着的、很高的货架上。安德希尔指出应把商品放低 18 英寸，结果商品销售量大大增加。

案例：观察法的应用二

一家名为伍尔沃思的公司发现商店后半区域的销售额远远低于其他区域，其原因在于销售高峰期结款机前长长的队伍一直延伸到商店的另一端，妨碍了顾客从商店的前面走到后面。后来商店在后半区域专门安排了结账区，结果商店后半部分的销售额增加很快。

该公司还出过很多点子。例如，建议商店增加椅子，放一台电视机让丈夫观看，耐心等待妻子逛商店(仟仟百货)；建议增加结款机以减少顾客排长队的烦恼等。

(三) 实验法

实验法是指在市场调研中通过实验对比来取得市场第一手资料的调研方法。它是由市场调研人员在给定的条件下，对市场经济活动的某些内容及其变化加以实际验证，以此衡量其影响效果的方法。

虽然实验法是从自然科学的实验求证理论移植到市场调研中来的，但是对市场上的各种发展因素进行实验，不可能像自然科学中的实验一样准确。这是因为市场上的实验对象要受到多种不可控因素的影响。例如，在实验期间，新的替代产品上市、竞争对手营销策略改变、消费者迁移等任何因素的变化都会不同程度地反映到市场上来，从而影响到实验效果。尽管如此，通过实验法取得的市场第一手资料对预测未来市场的发展还是有很大帮助的。例如，为了提高商品包装的经济效果，可以运用实验法，在选择的特定地区和时间内进行小规模实验性改革，试探性了解市场反应，然后根据实验的初步结果考虑是否需要大规模推广，或者决定推广的规模。这样做有利于提高工作的预见性，减少盲目性。同时，通过实验对比，还可以比较清楚地了解事物发展的因果联系，这是访问法和观察法不易做到的。因此，当条件允许时，采用实验法进行市场调研还是大有益处的。一般来说，改变商品品质、交换商品包装、调整商品价格、推出新产品、变动广告形式内容、变动商品陈列等都可以采用实验法测试其效果。

四、市场调研的步骤

现代市场调研是一项科学研究活动，在长期的实践中形成了一套严格的工作程序，保证了市场调研的质量和效率。一般来说，市场调研活动由图 4.1 所示的九个步骤构成。

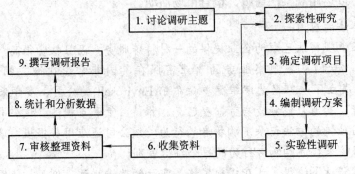

图 4.1　市场调研的步骤

1．讨论调研主题

讨论调研主题是市场调研的第一步，在这里要明确该调研项目属于何种性质、具体涉及哪些范围、要达到什么目标、工作量多大和调研人员如何配备。

2．探索性研究

探索性研究是对承接调研项目进行初步认识。该环节的主要工作有四个方面：① 查找有关文献资料；② 访问有关方面的专家；③ 研究几个有启发性的事例；④ 调研人员开讨论会。

3．确定调研项目

该环节的主要工作是将调研题目、范围具体化，即明确要调研的具体指标或因素。

4．编制调研方案

调研方案一般包括调研目的、内容、对象、方式、步骤、进度、质量要求、经费、物资保证等项目的具体说明和规定。

5．实验性调研

该环节的主要任务是在正式调研前用小样本全面检查调研方案的可行性及各种调研工具的有效性，以避免正式实施时才发现问题，造成浪费和巨大损失。

6．收集资料

该环节依据调研方案选定的方法和时间安排访问被调研对象，现场收集资料。

7．审核整理资料

该环节的目的在于鉴定收集到的资料的有效性以及编码、登录等，最终建立数据文件库。

8．统计和分析数据

根据调研方案的规定，按统计清单处理数据，把复杂的原始数据变成易于理解的资料，并对其给予全面系统的统计和理论分析。

9．撰写调研报告

这是市场调研的最后一个环节，是形成调研结论的环节，调研报告是整个调研工作的结晶，提交市场调研报告是完成调研的标志。其详细内容见下文。

五、撰写调研报告

市场调查的最后一个环节是撰写调研报告。概括地评价调查过程、总结成果、提出对策思路与建议以及需要进一步调查研究的问题，是撰写调研报告的核心内容。

(一) 市场调研报告的格式

市场调研报告作为一种特殊的应用文，其格式总的特点是开门见山，准确简练。从一般结构上看，一篇完整的调研报告由题目、目录、摘要、关键词、正文和附件等几部分组成。

1．题目

调研报告题目应简明准确地表达报告的主要内容，一般是通过扼要地突出本次市场调研全过程中最有特色的环节，揭示本报告所要论述的内容。其格式可以只有正标题，也可以采用正副标题，如《关于××城市居民汽车消费状况与趋势的调查报告》或《手机不再是身份的象征——××市居民手机消费状况抽样调查报告》。习惯上，调研报告题目的下方紧接着注明报告人或单位、报告日期，然后另起一行注明报告呈交的对象。这些内容编排在调研报告的第1页上。

2．目录与摘要

当市场调研报告的页数较多时，应使用目录或索引列出主要纲目及页码，编排在报告题目的后面。

调研报告应提供"报告摘要"，主要包括以下四方面的内容：

(1) 明确指出本次调研的目标。

(2) 简要指出调研时间、地点、对象、范围以及调研的主要项目。

(3) 简要介绍调研实施的方法、手段以及对调研结果的影响。

(4) 明确指出调研中的主要发现或结论性内容。

摘要以精炼的方式说明本次调查的基本情况和主要分析结论，并将重点放在主要调查发现和建议的对策措施上。

❖ **案例**：下面是关于酒类消费研究的调研报告摘要，通过阅读本调研报告摘要，读者可以基本了解整个调研报告的内容。

报告摘要：

本次调研的目标是了解和分析城市居民酒类消费的习惯与水平。按照随机抽样的方法，从成都、武汉、福州、长春和大连等五个城市中各抽取200名年龄为20～60岁的男性居民，组成调研样本，由访问员按调查问卷进行调研。收集资料的开始时间为2000年6月15日，结束时间为7月10日，问卷回收率为98%，经统一汇总、检查，其样本代表性较高。

调研发现，南北方居民饮酒习惯有较大的差别，南方居民以果酒和洋酒为主，北方则以中低档白酒为主；但两者共同的特点是礼品酒的消费量占了很大比例，在公共场合与其他人一起喝酒的比例约为1/5。

其他主要的调研结果包括城市居民平均每两周喝一次酒，果酒与白酒混合饮用，平均每次喝酒量为110克，价格为2.6元。自己喝的酒平均价格为5元一瓶，而与朋友一起饮用的酒平均价格为7.2元一瓶。

在对调研资料的分析中，还发现年龄、职业、受教育水平对饮酒种类和习惯有一定的影响，尽管差别不大，但是效果显著。

3．关键词

调查报告中的关键词是从文章的题名、摘要、正文中抽取出的，并能表达全文内容主题，具有实在意义的单词或术语。

4．正文

正文是指完整的市场调研报告，应依据调研内容充分展开。一般来说，一份调研报告应包括四个主要部分：

第一部分是调研方案，包括整体方案和技术方案的执行结果评价，特别是对调研对象选择、问题的设计与依据、收集资料方式及调研时间等给予评价。

第二部分需要指出分析问题的角度或出发点，包括对一些测量方式的解释以及调研误差的估计。

第三部分根据调研资料统计计算得出相关数据，并进行分析解释。

第四部分提出对策建议，或依据资料对发展趋势进行估计等。

正文的写作要求言之有据，简练准确。每层意思可以另起一段，不需刻意注意文字的华丽与承接关系，但逻辑性要强，要把整个报告作为一个整体来处理。

5. 附件

市场调研报告的附件往往是大量的，可能包括一系列附件，用以专门说明某一个技术性问题，或与正文结论不尽相同的、可供选择的解释等。附件是调研报告正文包含不了的补充，或对正文结论的说明，或更为详细的专题性说明。例如，数据的汇总表、统计公式或统计参数选择的依据，与本调研题目相关的整体环境资料或有直接对比意义的完整数据等，均可单独成为调研报告的附件。

(二) 撰写市场调研报告需注意的问题

一份高质量的调研报告，除了符合调研报告的一般格式以及具有很强的逻辑性结构外，写作也是十分重要的，其中必须注意以下两个问题。

1. 调研报告不是流水账或数据的堆积

调研报告需要概括评价整个调研活动的过程，但绝不是调研方案、质量控制方案等原始的文件复制件，而是要说明这些方案执行落实的情况，特别是要认真分析实际完成的情况对于调研结果的影响，这样才有利于阅读者分析调研报告的真实性与可信程度。

在市场调研报告中，资料数据很重要，占有很大比例。用准确的数据证明事实的真相往往比长篇大论更能令人信服。但是运用数据要适当，过多地堆砌数字常会使人感到眼花缭乱，不得要领。数据本身并不能说明什么，其意义在于为理论分析提供客观依据。因此，市场调研报告必须以明确的观点统领资料数据，通过定性与定量分析的结合，达到透过现象看本质、认识市场发展变化的目的。

2. 市场调研报告必须真实、准确

以实事求是的科学态度，准确而又全面地总结和反映研究结果，是写好市场调研报告的最重要的原则。真实性首先表现在一切结论来自客观的事实。从事实出发，而不是从某人观点出发先入为主地做出主观判断。调研前所设计的理论模型或先行的工作假设都应毫无例外地接受调研资料的检验。凡是与事实不符的观点，都应该坚决舍弃；凡是暂时还拿不准的，应如实写明，或放在附录中加以讨论。

市场调研报告的真实性还表现在所采用的数据准确，只有建立在精确数据上的论点才真实可信。因此，调研报告所提供的事实材料必须经过认真核实，数据应当经过反复检验。

市场调研报告的真实性还表现在如实地指出本次调研结果的局限性，指明调研结果的适用范围，以及在调研过程中曾出现的失误或可能存在的各种误差，如抽样误差、调研误差等。承认调研中存在误差并不会降低报告研质量，相反，坚持实事求是的态度可以提高报告的可信度，增强读者的信任感，并且最重要的是可为调研结果的应用提供可比

的参考依据。

总之，市场调研报告是一次调研活动的最终产品，是全部调研人员劳动的结晶，理应认真完成。市场调研报告应该真实，易于理解和阅读，文字精练，文风朴实，再现调研现象在市场运行中的真实状态和客观规律性。

随堂任务：自行设计一份调研问卷，分析调研结果，并撰写调研报告。

▰ 案例分析

通过本案例分析，学生可加深对市场调研的理解。

20 世纪 80 年代初，虽然可口可乐在美国软饮料市场上仍处于领先地位，但由于百事可乐公司通过多年的促销攻势，以口味试饮来表明消费者更喜欢较甜口味的百事可乐饮料，不断侵吞着可口可乐的市场。为此，可口可乐公司以改变可口可乐的口味来应对百事可乐对其市场的侵吞。

可口可乐公司花费了两年多的时间对新口味可口可乐饮料进行研究开发，投入了 400 多万美元资金，最终开发出了新可乐的配方。在新可乐配方开发过程中，可口可乐公司进行了近 20 万人的口味试验，仅最终配方只进行了 3 万人的试验。在试验中，研究人员在不加任何标识的情况下，对新老口味可乐、新口味可乐和百事可乐进行了比较试验，试验结果是：在新老口味可乐之间，60%的人选择了新口味可乐；在新口味可乐和百事可乐之间，52%的人选择了新口味可乐。从这个试验研究结果看，新口味可乐应该是一个成功的产品。

到 1985 年 5 月，可口可乐公司将口味较甜的新可乐投放市场，同时放弃了原配方的可乐。在新可乐上市初期，市场销售不错，但不久就销售平平，并且公司开始每天从愤怒的消费者那里接到 1500 多个电话和很多信件。一个自称原口味可乐饮用者的组织举行了抗议活动，并威胁除非恢复原口味的可乐或将配方公诸予众，否则将提出集体诉讼。迫于原口味可乐消费者的压力，在 1985 年 7 月中旬，即在新可乐推出两个月后，可口可乐公司恢复了原口味的可乐，从而市场上新口味可乐与原口味可乐共存，但原口味可乐的销售量远大于新口味可乐的销售量。

试析：
1. 新口味可乐配方的市场营销调研中存在的主要问题是什么？
2. 新口味可乐配方的市场调研内容应包括哪些方面？

▰ 知识拓展

常德卷烟厂的成功之路

常德卷烟厂始建于 1951 年，从一个手工作坊式的小企业发展成为目前的大型一级企业。然而到 20 世纪 90 年代中期，该厂的产品品牌还是没有什么特色和优势，严重制约了该厂的发展。当时，国内烟草行业品牌竞争风起云涌，知名的产品品牌较多。为此，公司准备实施名牌战略。

首先，常德卷烟厂委托专业性的市场调查机构对常烟的品牌知晓度，卷烟的香型、口感、产品包装、广告宣传、质量、成本、价格，购买者的类型、行为、嗜好等诸多要素进行了广泛的市场调查研究。根据市场调研结果，常德卷烟厂找准了市场定位和消费者的需求空间，把目标市场锁定在高档卷烟市场上，回避中低档产品的激烈竞争，从而做出了实施名牌经营战略的决策，并制订了长期规划。常德卷烟厂在品牌产品的研制、生产及营销中实施优势资源整合，先后从英国、德国、美国请来烟草专家和配方大师进行沟通交流，为提升产品质量集中了国内外优选方案，长期选购津巴布韦、巴西、加拿大等优质烟叶，使用国际名牌配料和辅料，形成和突出品牌特有的口味设计。常德卷烟厂引进了国外先进设备，与本企业集团自行开发的设备配套，组建了制丝、卷接包等工艺的封闭车间，保证了产品的独特质量要求，并加大产品广告的宣传力度，创新企业的营销体系，重视客户关系管理。到 20 世纪 90 年代后期，该厂先后推出了"芙蓉王""精品芙蓉""芙蓉后""金芙蓉"等系列产品，并不断进行改进。其中，"芙蓉王"以较强的竞争力站稳了名牌精品的地位，其诞生成长的短短几年时间就创造了名牌营销成功的奇迹。

进入 21 世纪以来，常德卷烟厂根据做优品牌、做实管理、做大规模的目标，及时调整发展战略、管理模式，确定了加强技术储备与研发、推进人才队伍建设、完善企业品牌结构、推动企业联合重组、全力打造企业核心竞争力的发展思路，企业连续三年增速达到 20%以上，主要经营指标三年跨了三大步，2003 年全年完成经营总利润 10.3 亿元，实现税费 50.02 亿元，完成卷烟出口创汇 480 万美元。其中多种经营产业实现收入(含税)10.09 亿元、税利 2 亿元、利润 1.3 亿元。2003 年，常德卷烟厂的主要效益指标再创历史新高，企业经济势力更加走强，并已跻身中国纳税十强。

随堂思考：分析常德卷烟厂成功的原因。

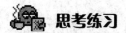 **思考练习**

一、单选题

1. 价值观念、信仰、兴趣、行为方式、生活习惯等属于(　　)。
    A. 经济环境　　　　　　　　B. 法律环境
    C. 政治环境　　　　　　　　D. 社会文化环境

2. 市场调查是进行(　　)的基础。
    A. 市场分析　　　　　　　　B. 市场预测
    C. 市场开发　　　　　　　　D. 市场结构安排

3. 简单随机抽样又称为(　　)。
    A. 抽签抽样　　　　　　　　B. 随机数表抽样
    C. 纯随机抽样　　　　　　　D. 等距随机抽样

4. 问卷调查法的应用程序中，首先要(　　)。
    A. 设计调查问卷　　　　　　B. 选择、确定调查对象
    C. 发放调查问卷　　　　　　D. 回收、审查调查问卷

5. 在访问法中，获得信息量最大的方法是(　　)。
    A. 面谈调查　　　　　　　　B. 邮寄调查
    C. 电话调查　　　　　　　　D. 留置调查

6. 抽样调查的最终目的是( )。
   A. 用样本指标推断总体相应指标　　B. 样本客观性
   C. 概率的可计算性　　　　　　　　D. 抽样误差的最合理化
7. 市场调查中，明确调查目的是市场调查的( )。
   A. 第一步骤　　　　　　　　　　　B. 第二步骤
   C. 第三步骤　　　　　　　　　　　D. 第四步骤
8. 市场调查首先要解决的问题是( )。
   A. 确定调查方法　　　　　　　　　B. 选定调查对象
   C. 明确调查目的　　　　　　　　　D. 解决调查费用

二、简答题

1. 市场调研的内容有哪些？
2. 简述观察法的类型。
3. 简述市场调研的步骤。

任务二　进行市场预测

学习目标 ✎

- 掌握市场预测的含义与方法，理解市场预测的作用、步骤
- 能够根据实际情况对市场进行预测

案例导入

美国汽车制造一度在世界上处于霸主地位，而日本汽车工业则是 20 世纪 50 年代学习美国发展而来的，但是时隔 30 年，日本汽车制造业突飞猛进，充斥欧美市场及世界各地，为此美国与日本之间出现了摩擦。

20 世纪 60 年代，当时有两个因素影响汽车工业：一是第三世界的石油生产被工业发达国家所控制，石油价格低廉；二是轿车制造业发展很快，豪华车、大型车盛行。但是擅长市场调查和预测的日本汽车制造商，首先通过表面经济繁荣看到产油国与跨国公司之间暗中正酝酿和发展着的争斗，以及发达国家消耗能量的增加，预见到石油价格会很快上涨。因此，必须改产耗油小的轿车来适应能源短缺的环境。其次，随着汽车数量的增加，马路车流量增多，停车场的收费会提高。因此，只有造小型车才能适应拥挤的马路和停车场。再次，日本制造商分析了发达国家家庭成员的用车情况。主妇上超级市场，男人上班，孩子上学，一个家庭只有一辆汽车显然不能满足需要。这样，小巧玲珑的轿车得到了消费者的喜爱。于是日本在调研的基础之上做出了正确的决策。在 20 世纪 70 年代世界石油危机中，日本物美价廉的小型节油轿车横扫欧美市场，市场占有率不断提高，而欧美各国生产的传统豪华车因耗油大、成本高，使销路大受影响。

▍任务描述与分析

一个企业要做出正确的经营决策，市场预测和分析起着重要的作用。通过预测和分析，将市场中的未知状态转变为科学预测的期望值状态，可使企业在一定程度上规避市场风险。本任务旨在通过让学生完成指定项目任务，从而较为全面地认识市场预测，并且能够掌握市场预测的含义、方法，理解市场预测的作用、步骤，在完成项目任务的过程中培养职业素质。

▍相关知识与任务实施

一、市场预测的内容

(一) 市场预测的含义

所谓预测，就是根据过去和现在的实际资料，运用科学的理论和方法，探索人们所关心的事物在今后可能的发展趋势，并做出估计和评价，以调节自己的行动方向，减少对未来事件的不肯定性的过程。简言之，预测就是根据过去和现在推断未来，根据已知推断未知的过程。

市场预测，简单来说就是对市场商品供需未来发展的预计。研究市场预测，首先要了解什么是市场。市场是商品经济的产物，是商品生产者和消费者进行商品交换的场所，它反映了生产与消费的状况和经济联系。

随着商品经济的发展，市场不断地扩大，商品生产者和消费者之间存在一个流通过程，以及时间上和空间上的矛盾。社会分工越明确，商品生产越发达，市场也就越大，市场预测就显得越重要。

> **知识窗：市场预测的发展历史**
>
> 市场预测产生的历史悠久。根据《史记》记载，公元前6~5世纪，范蠡在辅佐勾践灭吴复国以后，即弃官经商，19年之中三致千金，成为天下富翁。他的商场建树取决于他懂得市场预测。例如，"论其存余不足，则知贵贱，贵上极则反贱，贱下极则反贵"。这是他根据市场上商品的供求情况来预测商品的价格变化。
>
> 严格地说，市场预测是从19世纪下半叶开始的。一方面，资本主义经济中的市场变化极其复杂，只要想获取利润，减少经营风险，就要把握经济周期的变化规律；另一方面，数理经济学对现象数量关系的研究已经逐步深入，各国统计资料的积累也日益丰富，适用于处理经济问题，包括市场预测的统计方法也逐步完善。学术界关于市场预测的里程碑是从奥地利经济学家兼统计学家斯帕拉特·尼曼开始建立的。他运用指数分析方法研究了金、银、煤、铁、咖啡和棉花的生产情况，有关铁路、航运、电信和国际贸易方面的问题，以及1866~1873年的进出口价值数据。
>
> **随堂思考**：在本案例导入中，为什么日本汽车制造商能取得成功？

(二) 市场预测的作用

随着社会化大生产的商品经济的迅速发展，市场不断扩大，商品的供求和价格变化多端，经济关系日趋复杂。企业为了在激烈的市场竞争中取得生存和发展，迫切需要及时了解市场信息，掌握市场供求矛盾的变化趋势，作为经营决策的依据。市场预测在宏观经济调控和微观经济管理中具有十分重要的作用。

1. 市场预测在宏观经济调控中的作用

(1) 预见未来一定时期内国内市场总供给与总需求的变动趋势，为调整国民收入的积累和消费的比例、控制货币发行、调整利率和汇率提供决策依据。

(2) 可以掌握未来一定时期内各部门主要商品的供求变化趋势，为国家制订产业政策，有针对性地调整税收、信贷等经济杠杆提供决策依据，以求实现国民经济各部门之间按比例协调发展。

(3) 掌握未来一定时间内的社会分配状况，国家据此制订相应的政策，调整社会的利益格局，建立社会保障机制，防止贫富两极分化，实现社会的基本公平。

2. 市场预测在微观经营管理中的作用

(1) 为企业确定经营方向和制订经营计划提供客观依据。在科学技术日新月异，市场供求变化多端，竞争日趋激烈的情况下，企业只有依据市场调查和市场预测提供的数据和方案才能做出正确的决策，制订出切实可行的经营计划。

(2) 可以摸清消费者的潜在需求，有利于企业开发社会所需要的产品，提高竞争力。

(3) 有利于企业根据市场的变化，改善经营管理，提高企业适应市场环境的能力，提高经济效益。预测的关键是精确性，可以说，预测的精确度越高，成功的概率也就越高。

❖ **案例：** 万豪酒店的经营决策

万豪酒店旗下的 Courtyard(万怡酒店，世界上共 616 家，高中价酒店，四星)每年都要寄回至少 75000 只熊公仔(落在酒店里)给世界各地的顾客，于是他们决心一查究竟。

调查结果让人大吃一惊，这项在英国进行的调查发现，受访的 6000 名男顾客中有 25% 会在公干旅途中带上他们的毛公仔；而在美国进行的调查发现，有 7% 的商务旅行者说，他们旅行时带玩具熊或其他玩具。所以，酒店方不无感叹，有些商人可以不带信用卡，但是如果不带上玩具熊，他们是不会离开家的。

有泰迪熊的男人大多会带着它们出门。经过调查，公司找到以下原因：首先，这些旅行中的"吉祥物"提醒他们的主人要想家；其次，抱着它们可以补偿没有家人在身边的空虚感觉。酒店方的调查还显示，10% 的未婚男士会在女友面前把泰迪熊藏起来，15% 的已婚男士会在亲朋好友到访时把泰迪熊藏在衣柜或者床底下。

酒店还了解了旅行者在旅行期间是怎样和家人及办公室进行联系的；为了使旅行生活有在家的感觉，旅行者会怎样做或随身携带些什么等情况。

万豪酒店在对其顾客进行调查时还发现了一个令人吃惊的事实：58% 的商务旅行者携带笔记本电脑。

基于以上调查结果，Courtyard 对营销方式进行了调整。例如，由于很多旅行者都携带笔记本电脑并可以上网，因此，Marriott 在网上为商务旅行者提供了很多信息，其中包括标出酒店位置的地图及 Courtyard 进行的促销活动。

二、市场预测的步骤

市场预测包含以下五个步骤，如图 4.2 所示。

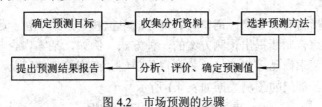

图 4.2　市场预测的步骤

（一）确定预测目标

明确目标，是开展市场预测工作的第一步，因为预测的目标不同，预测的内容和项目、所需要的资料和所运用的方法都会有所不同。确定预测目标，就是根据经营活动存在的问题，拟定预测的项目，制订预测工作计划，编制预算，调配力量，组织实施，以保证市场预测工作有计划、有节奏地进行。

（二）收集分析资料

进行市场预测必须拥有充分的资料。有了充分的资料，才能为市场预测提供进行分析、判断的可靠依据。在市场预测计划的指导下，调查和搜集预测有关资料是进行市场预测的重要一环，也是预测的基础性工作。

（三）选择预测方法

根据预测目标以及各种预测方法的适用条件和性能，选择合适的预测方法。有时可以运用多种预测方法来预测同一目标。预测方法的选择是否恰当，将直接影响到预测的精确性和可靠性。运用预测方法的核心是建立描述、概括研究对象特征和变化规律的模型，根据模型进行计算或者处理，即可得到预测结果。

（四）分析、评价、确定预测值

分析判断是对调查搜集的资料进行综合分析，并通过判断、推理，使感性认识上升为理性认识，从事物的现象深入事物的本质，从而预计市场未来的发展变化趋势。在分析评判的基础上，通常还要根据最新信息对原预测结果进行评估和修正。

（五）提出预测结果报告

预测结果报告应该概括预测研究的主要活动过程，包括预测目标、预测对象及有关因素的分析结论、主要资料和数据，预测方法的选择和模型的建立，以及对预测结果的评估、分析和修正等。

三、市场预测的方法

市场预测的方法一般可以分为定性预测和定量预测两大类，本任务着重介绍定性预测方法。定性预测方法是指预测人员根据所掌握的调研资料和自身的经验、判断能力对预测对象未来的发展变化情况进行预测和推测的技术。

(一) 集合意见法

集合意见法是指将有关生产、销售、咨询等的单位和个人集中在一起共同讨论市场的发展变化，并经过综合判断提出预测方案的一种方法。例如，某零售企业为确定明年化妆品的销售预测值，要求商品零售部门、公共宣传部门、商店管理部门及财会控制部门对年度销售进行预测，各部门的预测数据如表 4.1 所示。

表 4.1 各部门的预测数据

预测部门	三点估计项目	销售量最高值	销售量最可能值	销售量最低值	期望值合计
商品零售部门	销售量/万元	1200	850	600	875
	概率	0.25	0.50	0.25	
	预测期望值/万元	300	425	150	
公共宣传部门	销售量/万元	1300	900	700	980
	概率	0.30	0.50	0.20	
	预测期望值/万元	390	450	140	
商店管理部门	销售量/万元	1100	750	500	770
	概率	0.20	0.60	0.20	
	预测期望值/万元	220	450	100	
财会控制部门	销售量/万元	1200	800	600	880
	概率	0.30	0.50	0.20	
	预测期望值/万元	360	400	120	

根据表 4.1 中的数据，假定商品零售部门的重要性较大，权数定为 2，其他部门的权数均为 1，采用加权平均法计算的预测值为

$$\frac{875 \times 2 + 980 \times 1 + 770 \times 1 + 880 \times 1}{2 + 1 + 1 + 1} = 876 (万元)$$

(二) 专家意见法

专家意见法是指企业利用经销商、分销商、供应商以及其他一些专家的意见进行预测的方法。专家意见法的使用有多种方式，如组织一个专家小组进行某项预测，这些专家提出各自的估计，然后交换意见，最后经过综合，提出专家小组的预测。

目前，应用较普遍的是德尔菲法，它是由美国兰德公司率先提出并推广使用的一种方法。德尔菲法有以下三个明显的特点：一是匿名，不公开预测专家的姓名与职务；二是采用函询的方式，专家们不必集中到一起讨论，通过函件往来发表自己的意见和了解别人的

意见；三是反馈，将各位专家的意见加以集中整理后，反馈给各位专家，让专家们参照别人的意见不断修正自己的判断，经过数次反馈后，再次收集专家们的意见进行统计分析，计算综合预测值，一般以平均数或中位数来表示专家们的意见倾向性。

(三) 市场试销法

市场试销法是指选择某一特定的地区或对象，采用试销手段向该实验市场投放新产品或改进的老产品，在新的分销途径中取得销售情况的资料，用其进行销售预测的方法。其预测模型为

$$Y_t = Q \times N \times D$$

式中：Y_t 为下期的预测销售量；Q 为每单位用户平均消费量；N 为总用户数；D 为重复购买的比例(%)。

在对购买并没有认真细致地计划，或其意向变化不定，或专家的意见不十分可靠的情况下，需要利用市场试销法对市场进行预测。

随堂任务：结合之前撰写的调研报告，进一步搜集相关资料，进行市场分析，提出预测结果报告。

案例分析

20世纪60年代以前，"日本制造"往往是"质量差的劣等货"的代名词，此间首次进军美国市场的丰田车同样难逃美国人的冷眼。丰田公司不得不卧薪尝胆，重新制订市场规划，投入大量人力和资金，有组织地收集市场信息，然后通过市场细分和对消费者行为的深入研究，捕捉打入市场的机会。其具体策略有二：一是钻对手的空子。要进入几乎是通用、福特独霸的美国汽车市场，对初出茅庐的丰田公司来说无疑是以卵击石。但通过调查，丰田公司发现美国的汽车市场并不是铁板一块。随着经济的发展和国民生活水平的提高，美国人的消费观念、消费方式正在发生变化。在汽车的消费上，美国人已经摆脱了那种把车作为身份象征的旧意识，而是逐渐把它视为一种纯交通工具，许多移居郊外的富裕家庭开始考虑购买第二辆车作为辅助。石油危机着实给千千万万个美国家庭上了一堂节能课，美国车的大马力并不能提高其本身的实用价值，再加上交通阻塞、停车困难，从而引发了对低价、节能车型的需求，而美国汽车业继续生产以往的高能耗、宽车体的豪华大型车，无形中给一些潜在的对手制造了机会。二是找对手的缺点。丰田公司定位于美国小型车市场，但即便小型车市场也并非是没有对手的赛场，德国的大众牌小型车在美国就很畅销。丰田公司雇用美国的调查公司对大众牌汽车的用户进行了详细的调查，充分掌握了大众牌汽车的长处与缺点。除了车型可以满足消费者需求之外，大众牌高效、优质的服务网打消了美国人对外国车维修困难的疑虑；而暖气设备不好、后座空间小、内部装饰差是众多用户对大众牌汽车的抱怨。对手的"空子"就是自己的机会，对手的缺点就是自己的目标。于是，丰田公司把市场定位于生产适合美国人需要的小型车，以国民化汽车为目标，吸收其长处而克服其缺点。例如，按"美国车"进行改良的"光冠"小型车，其性能比大众牌汽车高两倍，车内装饰也更加优质，连美国人个子高、手臂长、需要的驾驶室大等因素都考虑进去了。

试析：丰田汽车进入美国市场的切入点是什么？他们是怎么发现的？

■■ 知识拓展

新英格兰汤料公司的市场研究

1987 年 1 月 11 日，美国马萨诸塞州波士顿新英格兰汤料公司总裁威廉姆·科兰德审查了一份来自波士顿基地研究院的研究报告。该报告陈述了对公司科兰德牌杂烩罐装汤料的新结构所做研究的发现。研究报告还同时报送了公司销售经理柯克·乔治和生产经理爱德华·科里。1 月 12 日，科兰德召开了一个由研究机构、新英格兰汤料公司管理人员参加的联席会议。会议的目的便是讨论这一研究发现，并就科兰德牌产品的结果做出决策。

新英格兰汤料公司是一家小型企业，主要为学校和零售市场生产及销售一系列特制罐装汤料产品。在公司 1986 年的销售总量中，约有 62%进入学校市场，销售额达 68526 美元；其余 38%进入零售市场，销售额为 42102 美元。

汤料公司由威廉姆·科兰德于 1957 年创建，科兰德的父亲原是波士顿地区几家饭馆的主人，饭馆以杂烩汤料而出名，经营颇为成功。1956 年，年轻的科兰德看准新英格兰地区的地方性院校，包括饭馆、医院等潜在汤料市场，说服父亲并在其指导下研制成功了一种罐装汤料，取名科兰德牌，并在同一年添置了生产设备。创业初期，生意并不景气，直到 20 世纪 60 年代起才开始盈利。科兰德此时决定将这种牌号的汤料打入零售市场。整个 20世纪 60 年代期间，院校和零售生意迅速增长，公司的利润也越来越多。1968 年，公司又扩建了生产设备，1970 年又引进了两条特制汤料生产线，这两条生产线虽在零售方面只取得了有限的成就，但在院校市场上却盈利不少。

科兰德牌杂烩汤料的销售额在 1983～1986 年期间情况不甚理想，经历了一个从持平到衰降的过程：1983 年共销售 6943 箱，1984 年为 5675 箱，1985 年为 5105 箱，而到 1986年却只销售了 4900 箱。科兰德将这一销售额的下降归因于 1982 年和 1983 年进入市场的两种新的罐装杂烩汤料，这两种产品分别为菲什曼公司的快乐杂烩和科德角杂烩，全都产于当地，且与科兰德牌杂烩汤料有着极为相似的配料。这两种富有竞争力的新产品在市场上的销售价均略低于科兰德牌杂烩汤料的销售价格。这一稍高的边际利润，加上人们在食用科兰德牌杂烩汤料之外抱着换口味的心态，吸引了大批的中间销售商。有几家较大的零售商甚至将菲什曼的快乐杂烩称为"本周特别商品"，并大做广告，以每罐 43 美分的低价广为推销。

科兰德意识到，公司正面临着来自这两种新产品的、极富竞争力的威胁，目前迫切需要解决的是要形成某种竞争性战略，来阻止科兰德牌杂烩汤料销售额的下降。他特别希望能恢复该产品以往所失去的销售网点，并将顾客从竞争对手的产品中再次吸引到科兰德牌产品上来。这一过程必须在一年之内完成。现有市场区域外日益增加的销售网点固然是一种可能，但科兰德当务之急的目标却是要改善科兰德牌杂烩汤料在新英格兰地区零售市场的地位。

1985 年 10 月，科兰德与当地一家研究机构取得了联系。在经过几次商谈后，该研究机构建议对目前食用那两种竞争性杂烩产品的用户进行一系列的采访，以摸清人们食用的原因、对这些产品的反映以及他们所认为的产品之间的区别。通过这些采访，或许就能找到科兰德牌杂烩汤料销售额下降的原因，并能找到解决市场萧条的办法。系列采访结果表明，在竞争性罐装杂烩用户中，其中有相当重要的一部分愿意选用比目前科兰德牌杂烩汤料配料更稠、奶油更多的杂烩。在科兰德牌杂烩汤料以前的用户中，转而食用其他产品的最主要的原因便是他们希望食用某种更多奶油配料的杂烩。很多这些杂烩食品的用户都转而食用起菲什曼的"快乐杂烩"或科德角杂烩。基于这些发现，研究机构建议展开进一步的研究，来评估科兰德牌杂烩改变成更多奶油配料后的情况。作为实验，研究机构建议研制两种分别为"多奶油"和"特多奶油"配料的产品，并在口味试验中将这两种新配料产品与科兰德现有杂烩和那两种竞争对手的产品一并评估。经过几次会议，就所提议的研究方案的特定方面进行讨论后，科兰德决定批准这一方案。评估科兰德牌罐装杂烩两种新配料的研究报告如下：

1. 研究目标

评估人们对两种杂烩新配料和科兰德牌杂烩汤料、科德角杂烩及菲什曼"快乐杂烩"的偏爱情况。

2. 研究方案和研究过程

从新英格兰地区市场具有代表性的四个地理位置中挑选 100 名男性罐装杂烩用户和 100 名女性罐装杂烩用户。试验对象通过概率性取样程序，结合电话施行资格调查表挑选而得。参加这次试验的每个对象可获 5 美元的酬金。试验对象来到四个实验地点(当地教堂)之一，并单独接受 30 分钟的会晤。这些人先是被分别带进试验室并在教堂的长排座椅等候，同时分别取得一纸说明。说明书上的解释为：每位试验对象将评估几种杂烩样品，试验将由三个部分组成，要求他们尝试总数为 15 杯的杂烩汤料等。接着便进行正常的尝试程序：第一部分先尝试五种杂烩样品，并要求他们将这五种样品按"最喜欢"至"最不喜欢"排列。五种杂烩分别为科兰德的一般杂烩、菲什曼的"快乐杂烩"、科兰德的多奶油杂烩、科德角杂烩和科兰德的特多奶油杂烩。第二、第三部分的试验是再次尝试五种样品，这些样品被分别标上不同的编号字母，事先不告诉试验对象这些样品事实上就是先前尝试过的那五种样品。试验对象在尝试了这五种样品后被再次要求按喜爱程度将这些样品列出。每位试验对象在这次试验过程中对这五种杂烩样品排出了三种不同的喜爱次序，将这些次序组合在一起便是每个试验对象对五种样品的合成次序。这一程序为研究人员提供了一种衡量每位试验对象实际喜爱次序的更为可靠的依据。

3. 研究结果

数据组由五种杂烩的 200 种喜爱排列次序组成，男性与女性试验对象对喜爱排列的次序似乎无多大区别。通过计算每一杂烩的平均排列次序，并根据"最喜欢"(得 1 分)到"最不喜欢"(得 5 分)5 分制来排列所有这五种产品，分析所得的数据组，得出分析结果如下：科兰德的"多奶油"得 2.4 分，菲什曼的"快乐杂烩"得 2.8 分，科德角杂烩得 2.9 分；科兰德的一般杂烩和特多奶油杂烩分别得 3.4 分和 3.6 分。

4. 建议与讨论

建议目前科兰德牌杂烩汤料配料改变成"多奶油"配料，并制成新标牌产品，使其在销售时使这种变化增加神秘性。分析结果显示，目前的科兰德牌杂烩汤料的配料和"特多奶油"杂烩配料排列位置远低于两种竞争对手的产品和其本身的"多奶油"配料产品，这表明科兰德牌杂烩汤料的市场地位可得到改善，但要将其配料变成"多奶油"，因为"多奶油"配料杂烩产品的排列要高于两种竞争对手的产品。这样，公司应该能再次获得先前被科德角杂烩及菲什曼的"快乐杂烩"所占去的极大的市场份额。

问题：根据研究结果，科兰德应采取什么行动？

 思考练习

一、单选题

1. 市场未来的规模和状况是由过去发展而来的，这反映了市场预测原则中的(　　)。

　　A. 连续原则　　　　　　　　　　　B. 类推原则

　　C. 相关原则　　　　　　　　　　　D. 概率原则

2. 以年为时间单位对两年以上的市场发展前景进行预测称为(　　)。

　　A. 短期预测　　　　　　　　　　　B. 近期预测

　　C. 中期预测　　　　　　　　　　　D. 长期预测

3. 分析市场信息，使之集中化、有序化，成为可利用的信息，这一过程是(　　)。

　　A. 市场调研　　　　　　　　　　　B. 市场分析

　　C. 市场预测　　　　　　　　　　　D. 整理资料

4. 市场预测程序是(　　)。

　　A. 明确目的、收集资料、分析、预测　　　B. 收集资料、明确目的、分析、预测

　　C. 分析、明确目的、收集资料、预测　　　D. 明确目的、收集资料、预测、分析

5. 不属于定性预测的方法是(　　)。

　　A. 经验判断法　　　　　　　　　　B. 特尔菲法

　　C. 头脑风暴法　　　　　　　　　　D. 移动平均法

6. 企业对所在地市场的需求及其变化趋势进行市场预测称为(　　)。

　　A. 全国市场预测　　　　　　　　　B. 国际市场预测

　　C. 地区市场预测　　　　　　　　　D. 当地市场预测

7. 依据数字资料，运用统计分析和数学方法建立模型并做出预测值的方法称为(　　)。

　　A. 定量预测法　　　　　　　　　　B. 定性预测法

　　C. 长期预测法　　　　　　　　　　D. 短期预测法

8. (　　)一般由资深的专家、学者和有丰富实践经验的人员组成，为企业和一些部门的生产、经营进行诊断，提供指导性的建议。

　　A. 专门的调查与预测公司　　　　　B. 顾问咨询公司

　　C. 综合性市场调查公司　　　　　　D. 广告公司

二、简答题

1. 市场预测的含义与作用是什么？

2. 简述市场预测的工作步骤。

3. 市场预测的方法有哪些？

项目五　市场细分与目标市场

　　小强学习完市场调研与市场预测这两个任务后，再加上此前学习的内容，他觉得市场营销完全不是他以前想象的那样简单，开始打心眼里对爸爸崇拜起来，对营销工作也崇敬起来。爸爸说："做市场调研和预测并不是重点，重点是营销人员通过市场调研，可以得出一些很有价值的结论。再根据这些线索进行市场细分，并选择目标市场。"

任务一　对市场进行细分

学习目标

- 理解市场细分的思想和意义
- 掌握市场细分的方法和依据

案例导入

麦当劳瞄准细分市场需求

　　麦当劳作为一家国际餐饮巨头，创始于 20 世纪 50 年代中期的美国。由于当时创始人及时抓住高速发展的美国经济下的工薪阶层需要方便快捷的饮食的良机，并且瞄准细分市场需求特征，对产品进行准确定位而一举成功。当今麦当劳已经成长为世界上较大的餐饮集团之一，在 109 个国家开设了 2.5 万家连锁店，年营业额超过 34 亿美元。

　　回顾麦当劳公司的发展历程后发现，麦当劳一直非常重视市场细分的重要性，而正是这一点，让其取得了令世人惊美的巨大成功。

　　麦当劳根据消费者的不同需求，按照地理、人口和心理等要素把整个市场划分为不同的消费者群，再选择营销目标并分别实施相应的战略。

　　1. 根据地理要素细分市场

　　麦当劳有美国国内市场和国际市场，不管是在国内还是国外，其都有各自不同的饮食习惯和文化背景。麦当劳通过把市场细分为不同的地理单位进行经营活动，从而做到因地制宜，如美国东西部的人喝的咖啡口味是不一样的。

麦当劳每年都要花费大量资金进行认真严格的市场调研，研究各地消费者的人群组合，文化习俗等，再书写详细的细分报告，以使每个国家甚至每个地区都有一种适合当地消费者生活方式的市场策略。

例如，麦当劳刚进入中国市场时，大量传播美国文化和生活理念，并意图用美国式产品牛肉汉堡来征服中国人。但中国人爱吃鸡，与其他快餐相比，鸡肉产品也更符合中国人的口味，更加容易被中国人所接受。针对这一情况，麦当劳改变了原来的策略，推出了鸡肉产品。这一改变正是针对地理要素所做的，也加快了麦当劳在中国市场的发展步伐。

2．根据人口要素细分市场

麦当劳从所有生命周期阶段对人口市场进行细分，其中将不到开车年龄的儿童定为少年市场，将 20～40 岁之间的年轻人界定为青年市场，此外还划定了老年市场。

人口细分市场化以后，要分析不同市场的特征与定位。例如，麦当劳以儿童为中心，把儿童作为主要消费者，十分注重培养他们的消费忠诚度。在餐厅用餐的小朋友经常会意外获得印有麦当劳标志的气球、折纸等小礼物。在中国还有麦当劳叔叔俱乐部，为 3～12 岁的小朋友定期开展活动，让小朋友更加喜欢麦当劳。这种成功的人口细分，抓住了该市场的特征与定位。

3．根据心理要素细分市场

根据人们生活方式划分，快餐业通常有两个潜在的细分市场，即方便型和休闲型。麦当劳在这两个方面都做得很好。例如，针对方便型市场，麦当劳提出"59 秒快速服务"，既从顾客开始点餐到拿着食品离开柜台，标准时间为 59 秒，不超过一分钟；针对休闲型市场，麦当劳的餐厅店堂布置非常讲究，尽量让顾客觉得舒适自由，麦当劳努力使顾客把麦当劳作为一个具有独特文化的休闲好去处，以吸引休闲型市场的消费者群。

案例点睛：

消费者各不相同，企业不可能以一种产品让全部顾客都满意。

与其在所有市场四面出击，不如把自己的资源集中到若干个细分市场。

与其在整个市场内平庸无奇，不如在若干细分市场具有独特的优势。

任务描述与分析

企业面对着成千上万的消费者，他们的消费心理、购买习惯、收入水平和所处的地理环境和文化环境等都存在着很大的差别。对于这样复杂多变的大市场，任何一个企业，不管它多大，资金实力多雄厚，都不可能满足整个市场上全部顾客的所有需求。在这种情况下，企业只能根据自身的优势，从事某方面的生产营销活动，选择力所能及的、适合自己经营的目标市场，明确自己在市场中的形象地位，开展目标市场营销，这主要包括 S(市场细分)、T(选择目标市场)和 P(市场定位)三部曲。

相关知识与任务实施

一、市场细分的含义

市场细分是指营销者通过市场调研，依据消费者的需求和欲望、购买行为和购买习惯等方面的差异，把某一产品的市场整体划分为若干消费者群的市场分类过程。每一个消费者群就是一个细分市场，每一个细分市场都是由具有类似需求倾向的消费者构成的群体。

市场由购买者组成，在理想的情况下，企业为每个购买者制订一个营销计划，以此来满足每个购买者的需求。但是企业由于受能力和资源所限，在目前的市场竞争中往往不能为整个市场的所有顾客提供有效的服务，因此最有效的办法就是把整体市场分为若干个需求相似的部分，即能有效为之服务的细分市场，并对于每个细分市场都采用同一营销组合。

二、市场细分的作用

市场细分主要有以下四个方面的作用：

(1) 有利于企业发掘和开拓新的市场机会。通过市场细分，企业可以对每一个细分市场的市场容量、满足程度、竞争情况等进行分析对比，探索出有利于本企业的市场机会，使企业及时开拓新市场，以更好地适应市场需求。

(2) 有利于企业集中资源投放到目标市场。企业的资源、人力、物力、资金都是有限的。通过细分市场，选择适合自己的目标市场，企业可以集中人、财、物等资源争取细分市场中的优势，然后占领自己的目标市场。

(3) 有利于制订和调整营销策略。企业将注意力聚焦于细分后的市场，就能更容易了解消费者的需求，便于制订特殊的、具有针对性的营销策略。同时，细分市场的信息容易了解和反馈，一旦消费者的需求发生变化，企业可迅速改变营销策略，制订相应的对策，以适应市场需求的变化，提高企业的应变能力和竞争力。

(4) 有利于企业提高经济效益。以上三个方面的作用都能使企业提高经济效益除此之外，通过市场细分，企业可以面对自己的目标市场，生产出适销对路的产品，既能满足市场需求，又可增加企业收入。产品适销对路，可以加速商品流转，加大生产批量，降低企业的生产销售成本，提高生产工人的劳动熟练程度，提高产品质量，全面提高企业的经济效益。

随堂思考： 在本案例导入中，麦当劳进行市场细分的根本出发点是什么？

三、市场细分的方法

现代企业由于受到自身实力的限制，不可能向市场提供能够满足一切需求的产品和服务。为了有效地进行竞争，企业必须进行市场细分，选择最有利可图的目标细分市场，集中企业的资源，制订有效的竞争策略，以取得并增加竞争优势。例如，消费者市场可依据地理、人口、心理、行为等来进行市场细分。

(一) 地理细分

地理细分是按地理特征细分市场，包括地理位置、城镇大小、地形、地貌、气候、交通状况、人口密集度等因素。例如，室内装饰用品企业按居住环境不同，将市场细分为城市居民市场与农村消费者市场等。

(二) 人口细分

人口可按年龄、性别、收入、家庭规模、社会阶层、家庭人口、职业、教育程度、宗教、种族、国籍等进行细分。例如，服装企业按年龄不同将市场细分为儿童、青年、中年和老年市场，香烟企业按性别不同将市场细分为男性市场和女性市场等。

(三) 心理细分

心理按社会阶层、生活方式、个性特点、购买动机、态度等进行细分。例如，西方一些服装企业按妇女的生活方式不同，将市场细分为"简朴的妇女""时髦的妇女""有男子气的妇女"等。

(四) 行为细分

行为可按购买时间、购买数量、购买频率、购买习惯(品牌忠诚度)、需求特点等进行细分。例如，旅游景点按人们购买高峰时期和非高峰时期制定票价。

(五) 社会文化细分

社会文化细分是指按社会文化特征细分市场，以民族和宗教为主进行细分。

(六) 使用者行为细分

使用者行为细分是指按个人特征细分市场，包括职业、文化、家庭、个性等因素。

以上只是笼统的细分，企业应根据自己的战略目标，选定产品的市场范围，即企业针对哪些地理区域、生产哪些产品、面对哪些顾客群体等。

随堂思考：在本案例导入中，麦当劳是根据哪个因素来进行市场细分的？

四、市场细分的条件

企业进行市场细分是否有效，主要体现在以下四个方面。

(一) 可衡量性

可衡量性指各个细分市场的购买力和规模能够被衡量和评估，细分出的市场要有明显的区别和合理的范围。一般来说，一些带有客观变数的细分市场，如年龄、性别、收入、地理位置和民族等都易于确定，也比较容易区别；而像背着父母抽烟的十几岁青少年的细分市场究竟有多大就不易衡量。

(二) 可进入性

可进入性指可以有效合法进入。有些细分市场即使有很大的吸引力，但根据有关政策法令，企业却不可以生产经营，这种市场细分是没有意义的。同时，所选定的细分市场必须与企业自身状况相匹配，企业有优势占领这一市场。例如，一个老板计划面向一些上晚班者开一家夜宵店，除非这些客户聚集在周围较近的地点，否则要进入这个细分市场是比较困难的。

(三) 效益性

市场细分以后，企业是否在这个细分后的目标市场上生产经营，要看它是否可以给企业带来相应的经济效益。效益性指企业所选定的细分市场的规模要大到足够使企业获利的程度，使企业值得为它设计营销规划方案，并且有可拓展的潜力。例如，汽车制造商不会开发适合于不足 1.2 米的特殊身高人群使用的汽车，因为这样做是没有经济效益的。

(四) 可实施性

可实施性是指企业对自己所选择的细分市场能否制订和实施有效的市场营销计划。企业对自己的市场总体可以细分出众多的分市场，但并不是所有的细分市场都能符合企业经营能力。有的是技术上不能胜任；有的由于人员、资金等方面的限制，尚不足以为细分市场制订和实施有针对性的市场营销计划。例如，一家小型家电制造企业虽然可以区别出七个细分市场，但由于该公司的组织规模有限，不足以为各细分市场制订个别的市场营销计划，因此细分市场无效。

(五) 动态性

动态性指构成一个细分市场的潜在顾客能够得到的好处应该能在相当长时间内保持稳定，但当细分市场很多可变因素发生变化时，企业营销组合也应随之迅速调整变化。

随堂思考： 在本案例导入中，麦当劳具备有效市场细分的特征吗？

五、市场细分的步骤

市场细分作为一个比较、分类选择的过程，应该按照一定的步骤来进行市场细分，如图 5.1 所示。

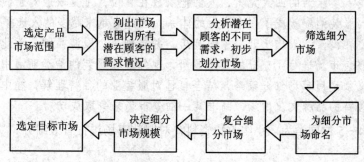

图 5.1　市场细分的步骤

(1) 选定产品市场范围。企业根据自身的经营条件和经营能力确定进入市场的范围，如进入什么行业、生产什么产品、提供什么服务等。例如，某鞋厂对青少年学生鞋市场很感兴趣，其细分标准是顾客的年龄。

(2) 列出市场范围内所有潜在顾客的需求情况。根据细分标准，比较全面地列出潜在顾客的基本需求，作为以后深入研究的基本资料和依据。例如，青少年学生对鞋通常有正式场合(如面试、上课等)、课余个性场合、运动场合以及表演场合四种不同的需求特征。

(3) 分析潜在顾客的不同需求，初步划分市场。企业根据所列出的各种需求，通过抽样调查，进一步收集有关市场信息与顾客背景资料，然后初步分出一些差异较大的细分市场，并至少从中选出三个细分市场。例如，青少年鞋市场可以细分为正装市场、休闲装市场、运动装市场以及表演装市场，其细分标准是使用时机。

(4) 筛选细分市场。根据有效市场细分的条件，对所有细分市场进行分析研究，剔除不合要求且无用的细分市场。例如，某鞋厂根据自己的能力，并结合对青少年鞋各细分市场的评估，初步决定生产运动装。

(5) 为细分市场命名。为便于操作，可结合各细分市场上顾客的特点，用形象化、直观化的方法为细分市场命名。例如，某鞋厂将青少年鞋运动装分为休闲运动型、大众运动型、专业运动型、竞技运动型等。

(6) 复合细分市场。对细分后选择的市场进行进一步的调查研究，充分认识各细分市场的特点，了解本企业所开发的细分市场的规模、潜在需求，还需要对哪些特点进一步分析研究等。例如，某鞋厂聘请运动专家及专业运动员对各细分市场的特点进行深入研究，并评估各细分市场的规模。

(7) 决定细分市场规模，选定目标市场。企业选择与本企业经营优势和特色相一致的细分市场作为目标市场，没有这一步，就不能达到细分市场的目的。例如，某鞋厂深入研究各细分市场后，结合自己的经营和特色，进一步确定目标市场为大众运动型鞋市场。

经过以上七个步骤，企业完成了市场细分的工作，然后就可以根据自身的实际情况，为下一步确定目标市场做好准备。

▌ 案例分析

通过本次案例分析，学生可加深对市场细分的理解。

案例背景资料：

衣食住行是人类生活的四大元素，人们把衣放在首位，可见衣服对于我们的重要性。中国人口众多，服装消费就成了一个庞大的体系，因此有越来越多的人选择做服装生意。

某老板计划在淘宝、天猫上开一家服装店，并自创一个服装品牌。为此该老板已经花费半年时间对服装市场进行了充分的市场调研，他知道在服装的浩瀚商海中想要通吃市场是不可能的，必须运用市场细分策略，结合自己对服装业的独特理解，在中国的服装市场上建立起自己独特的品牌文化内涵，瞄准某一细分市场来争取成功。

任务： 以 4～5 位同学为一小组收集资料，对服装市场进行有效细分。

实践指导：

性别细分：男性、中性、女性服装。

年龄细分：婴儿、儿童、少年、青年、中年、老年服装。

风格细分：牛仔西装、休闲装、户外装、运动装、中山装、唐装、演出服装。

材质细分：棉质、丝质、化纤、绸缎及特殊材质。

做工细分：纯手工、机加工、DIY 等。

款式细分：上衣分为棉袄、夹克、衬衣、T 恤、背心、内衣等，裤子分为棉裤、毛裤、长裤、紧身裤、短裤、内裤等。

季节细分：春装、夏装、秋装、冬装。

心理细分：乞丐装、潮流装、正装、礼服等。

用途细分：职业装、私服、厂服、校服、团队服、亲子装、家庭装等。

知识拓展

海尔进入美国市场的主流产品是什么？答案是冰箱，但不是大冰箱。如果大家到美国或者看美国电影可以看到，美国人的冰箱非常大。这与他们的生活习惯有关，他们每星期只开车购物一次，购物的时候一般会买一星期的食品，回来放在冰箱里面，所以一定要冰箱很大。可是海尔的冰箱不是大冰箱，而是小冰箱，那么小冰箱要如何进入这个市场？那就要市场细分，要找到一个缝隙产品。小冰箱在美国学生群体中有相当多的买家，因为它符合市场需求。

后来海尔推出了定制冰箱。所谓定制冰箱，就是消费者需要的冰箱由消费者自己来设计，企业则根据消费者提出的设计要求来定做一种特制冰箱。例如，消费者可根据自己家具的颜色或是喜好定制自己喜欢的外观色彩或内置设计的冰箱，他可以选择"金王子"的外观、"大王子"的容积、"欧洲型"的内置、"美国型"的线条等，最大限度地满足顾客的不同需求。

对于这一举措，下面的数字为其市场反应提供了有力的说明。2000 年 8 月，海尔推出定制冰箱，只有一个月时间，就从网上接到了多达 100 万余台的订单，这个数字的含义是什么？1995 年海尔冰箱年总产量首次突破 100 万台，不到五年时间，定制冰箱一个月便刷新了这个纪录，相当于当年海尔冰箱全年产销量的 1/3。

另外，海尔根据消费者夏天洗衣次数多、单次量少的特点，推出了省水省电型的"小神童"系列洗衣机。海尔进军日本市场时，经细分市场后即推出小型的、适合单身使用的洗衣机。

问题：海尔是根据哪些变量来进行市场细分的？

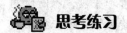

思考练习

简答题

1. 什么是市场细分？进行市场细分有何意义？
2. 市场细分主要包括哪些步骤？

任务二　选择目标市场

学习目标 ✎

- 掌握选择目标市场的标准
- 理解目标市场选择策略的模式

案例导入

方太厨具有限公司

宁波方太厨具有限公司创立于1996年1月,坐落于浙江省慈溪市,专业生产以"方太"牌集成厨房、吸油烟机、家用灶具、消毒碗柜为主导的厨房系列产品,目前已成为中国厨房领域非常成功的生产厂家之一。

作为国内厨房产业的领军企业,方太有什么独到之处呢?

方太是一个把全部身家集中押宝在中高端市场,放言三专(专业、专注、专心)到底,锁定消费者厨房绝不回头的本土企业。自我定位为"厨房专家"的方太决意走价值路线,希冀以产品设计、创新能力和品牌资产为核心,筑高反抗本土大厂和国际竞争的堡垒。如果实施集中策略和中高端品牌战略确实能为这个"厨房专家"在小家电市场"列强"环伺的格局中杀出血路,那么宁波方太走这条路的意义实在非同凡响。

方太一直主打中高端市场、以专业定位的企业,在新的营销策略的调整上,方太表示仍然要坚持这个"专"字。专业,是指方太在这个领域要求自己达到专业级的标准,始终保持在技术上的领先,并确保产品的高品质,使"专业"成为方太的专属特质。

配合方太厨房专家策略的发布,方太还在市面上全方位推出覆盖厨房主要产品系列的三款厨房专家新品,这三款新品分别是"彰显厨房时尚的随心开吸油烟机""为生活加冕的芙蓉灶""绽放洁净之美的厨贝嵌入式消毒柜"。此次推出的所有新品都采用了方太公司的最新关键技术,以及让市场侧目的外观设计方案。方太希望借助新品的推出,让消费者对方太厨房专家有更加深入的了解,从各个角度强化中高端产品的定位,从而再度刮起"方太旋风"。

21世纪,方太核心竞争力直指产品力。秉承"独特、高档、领先"的研发方针,方太充分运用IPD、CAD、CAPP、PDM等先进的设计软件、方法及技术管理手段,不断研制出了厨房领域内一代又一代精品,并在业界掀起了一阵又一阵"方太旋风":率先推出大圆弧流线型吸油烟机、率先推出人工智能型吸油烟机、率先推出飓风型吸油烟机……目前,方太在智能控制技术,核心模块研究,领先的外观设计、厨房集成技术、人体功能学研究等各方面获得国家专利近120项。方太吸油烟机在高端市场的占有率达到三成以上,燃气灶具、消毒碗柜、集成厨房等系列厨房产品在高端市场中的表现也令人刮目。方太,已逐渐发展成为产品门类齐全的中国家庭厨房一体化解决方案的提供者。

任务描述与分析

本任务旨在通过让学生完成指定项目任务,从而较为全面地认识目标市场与市场细分,并且能够掌握目标市场与市场细分的含义、分类,在完成任务的过程中培养学生的职业素质。

■■■■■ **相关知识与任务实施**

一、目标市场的含义及选择目标市场的标准

(一) 目标市场的含义

目标市场是指企业希望占领的细分市场，或者说企业希望为之服务的目标顾客群体。企业的目标市场是在市场细分的基础上才能确定的，企业先对市场进行合理的细分，考虑营销环境的需求与竞争等情况，然后结合本企业的资源、实力、条件，选择适合自己的目标市场。

(二) 选择目标市场的标准

企业在划分好细分市场之后，目的是可以进入既定市场中的一个或多个细分市场。目标市场选择是指企业评估每个细分市场的吸引力程度，结合自身的能力和愿望，选择进入一个或多个细分市场的决策过程。

选择目标市场的标准一般有以下几种。

1. 有一定的规模和发展潜力

企业进入某一市场的期望是有利可图，如果市场规模狭小，或者趋于萎缩状态，企业进入后，在竞争中难以获得发展，此时应慎重考虑，不宜轻易进入。

2. 细分市场结构的吸引力

细分市场可能具备理想的规模和发展特征，然而从盈利的观点来看，其未必有吸引力。波特认为有五种力量决定整个市场或其中任何一个细分市场长期内在吸引力，分别为同行业竞争者、潜在的新参加的竞争者、替代产品、购买者和供应商这五个群体。其具有如下五种威胁性：细分市场内激烈竞争的威胁、新竞争者的威胁、替代产品的威胁、购买者讨价还价能力加强的威胁、供应商讨价还价能力加强的威胁。

3. 符合企业目标和能力

一方面某些细分市场虽然有较大的吸引力，但不能推断企业能否实现发展目标，甚至还会分散企业的精力，使之无法完成其主要目标，这样的市场应考虑放弃；另一方面，还应考虑企业的资源条件是否适合在某一细分市场经营，只有选择那些企业有条件进入，能充分发挥其资源优势的市场作为目标市场，企业才会立于不败之地。

二、目标市场选择策略

根据各细分市场的独特性和企业自身的目标，有三种目标市场策略可供选择。

(一) 无差异营销策略

无差异营销策略是指企业不进行市场细分，把整个市场作为自己的目标市场，生产单一的产品，采用单一的营销组合策略的一种营销策略。

采用此策略的原因：第一，此产品供给小于需求，生产无差异的产品，企业同样可以卖得出去。例如，在我国计划经济时代，很多产品供应不足，企业生产不太考虑产品与营销策略的差异，只要产品合格，就可以卖出去。第二，产品本身没什么差异，没必要实行差异营销策略。例如，食盐、面粉、大多数农产品等，各个企业或单位的生产并无多大差异，只是质量上会有一些不同。

采用此策略的优点：节约成本，取得规模经济效益。因为生产的品种单一，批量大，所以可节省市场调研、产品开发、生产制造、销售、广告、促销等各方面的费用，从而降低成本，提高盈利水平。由于产品差异性小，因此可以将规模做大一些，以降低单位产品的成本，取得规模经济效益。

❖ **案例：美国可口可乐的无差异营销策略**

美国可口可乐采用无差异营销策略十分成功，其在全球销售的可口可乐成分、口味相同，营销策略的指导思想(如广告)也基本一样。

采用此策略的缺点：难以满足消费者的不同需求，导致竞争激烈。消费者的需求是极为复杂的，或多或少存在一些差异，用单一的产品很难满足不同消费者的需求；同时，所有企业都生产无差异产品，会导致竞争激烈。

(二) 差异营销策略

差异营销策略是指企业首先进行市场细分，将大市场划分为若干个小市场；然后根据企业的资源实力，选择几个细分市场作为本企业的目标市场，在不同的细分市场上生产不同的产品，并采用不同的营销组合策略。

采用此策略的优点：较大限度地满足不同消费者的需求，提高产品的竞争力。

❖ **案例：化妆品、奶粉、牙膏的差异营销策略**

生产化妆品的公司针对消费者对化妆品的不同需求，生产不同功能的化妆品，如增白、祛斑、祛痘、保湿、防晒等，品种应有尽有，市场分得很细；奶粉市场也很类似，根据儿童、成年、中老年对营养成分及口味的不同要求，推出适合不同年龄的奶粉；牙膏市场也是这样，牙膏种类有增白、防蛀、口味清爽等。

随着市场竞争进一步激烈化，市场分得越来越细，差异化营销策略是企业选择趋势。

采用此策略的缺点：成本大。因为企业涉及市场调研、产品开发、材料采购、生产制造、销售、广告、促销等各方面、各环节，所以成本会相应增大。由于有这一缺点，因此有人提出反细分的市场营销策略。"反细分"并不是反对市场细分，而是不要将市场划分得过细，以降低成本和扩大需求。

❖ **案例：德国汽车的差异营销与中国彩电模糊的营销目标**

德国的奔驰、宝马、大众汽车公司把整个汽车市场分为若干个不同的市场群体，根据每个小市场需求的差异性，设计不同的产品，实行差异性的市场营销。奔驰、宝马汽车主要服务于中高档市场，大众汽车服务于中低档市场。我国彩电行业没有一家企业愿意将自己局限于某一细分市场，同一厂家、同一型号与尺寸的彩电也恨不得占领所有市场，不能形成市场营销特色，因此难有稳定的市场份额。

❖ **案例：沃尔玛个性化经营**

美国零售巨人——沃尔玛，连续多年被美国《财富》杂志评为全球 500 强企业之首、行业龙头老大。沃尔玛的存在时间并不长，但为什么沃尔玛能走向成功？有人总结出五方面的个性化经营是其成功的法宝。

(1) 薄利多销。沃尔玛创始人山姆·沃尔顿于 1962 年在美国阿肯色州创立第一家连锁店时靠的就是这一条，至今沃尔玛超市每天还是打出"天天平价"的 POP 牌。沃尔玛相对于美国其他商店来说，产品价格确实较低。

(2) 服务至上。沃尔玛对员工有规定：当顾客走到距离员工 10 英尺时，要温和地向顾客打招呼并询问是否需要帮助。对于员工向顾客的微笑也有要求——请对顾客露出八颗牙齿。

(3) 尊重顾客。无论是有钱人还是平民，不同的背景、肤色、信仰的人都应受到同样的尊重与礼遇。

(4) 严格控制进货成本及经营过程中每一环节的成本。沃尔玛强大的规模实力与良好的声誉，使得它在谈判中处于有利地位，进货成本低。另外，沃尔玛的每个经营环节成本都控制得很好。

(5) 管理与技术创新。沃尔玛有完善的管理制度且及时利用经营与管理新技术，其良好的个性化即差异化经营，促使它成为当今的零售巨头。

(三) 集中营销策略

集中营销策略是指企业将整体市场划分为若干个小市场后，只选择其中某一细分市场作为目标市场，并制订一套相应的营销组合策略。采用这种策略的目的是集中企业资源，在这一个细分市场上占有较大的市场份额，而不是在整个大市场上占有较少的市场份额。

这种策略又称弥补空隙策略，适合实力弱小的小型企业。小型企业由于实力所限，不能与大型企业相抗衡，因此只能选择小的环境以求生存。

采用此策略的优点：专业化经营，集中力量打歼灭战，强化产品形象。

❖ **案例：欧洲小企业成功经营**

世界上，很多高质量的产品都来自欧洲，英国、瑞士、法国、德国等国家的一些小型企业为什么能长久生存下来？其秘诀之一就是集中经营。他们的产品精美优良，价格虽高，但经久不衰。

❖ **案例：我国小企业成功经营**

我国也有一些类似这样的企业和产品，如王麻子剪刀、张小泉剪刀都是很小的企业，但很有名气，销量一直不错。

小企业如果看准市场，发挥自己的优势，同样可能取得成功。

采用此策略的缺点：目标市场过分集中，风险很大。如果这一狭小的市场不景气，或者其他强有力的竞争者加入，将对企业构成极大威胁。

三、目标市场选择策略的模式

根据目标市场进行划分，目标市场选择策略的模式一般有五种。

(一) 产品市场集中化策略

产品市场集中化策略是指企业的目标市场，无论是市场、顾客、产品都集中于一个系统市场，这种策略意味着企业只生产一种标准化产品，只供应某一顾客群。

❖ **案例：某橡胶制品厂**

某橡胶制品厂当初是一家生产雨衣、游泳帽、皮裤、凉鞋和布鞋等多种橡胶制品的中型工厂，由于订货不足而面临破产。该橡胶制品厂总经理偶然从一份人口普查表中发现，中国 14 岁以下儿童数量高达 3 亿左右，而城市儿童消费在家庭总支出中所占的比例超过33%。如果每位儿童穿两双皮鞋，一年就需要 6 亿双，于是他决定专注于儿童皮鞋这一细分市场，而放弃其他产品。通过不断研制新材料，开发新品种，该橡胶制品厂很快就主导了儿童皮鞋市场，还远销世界 70 多个国家和地区，而其总经理成为闻名于世的儿童皮鞋大王。

(二) 产品专业化策略

产品专业化策略是指企业面对所有的细分市场只生产经营一种产品。当然，由于面对不同的顾客群，产品在档次、质量和样式等方面会有所不同，如某公司专门向不同的顾客群体销售不同种类的凉鞋，而不生产其他鞋类。

❖ **案例：某生产饮水机的企业**

某生产饮水机的企业生产单一的饮水机产品，但它的销售对象为机关、学校、银行、餐厅、招待所等。

(三) 选择性专业化策略

选择性专业化策略是指企业有选择地经营多个细分市场，并向这些细分市场分别提供不同类型的产品。

❖ **案例：娃哈哈**

饮料市场按照口味或功能不同，可细分为白酒饮料、葡萄酒饮料、果酒饮料、啤酒饮料、茶饮料、凉茶饮料、纯净水、矿泉水、体育饮料、保健饮料、功能性饮料、碳酸饮料、果汁饮料、乳酸饮料、生物饮料等。

娃哈哈有目的地逐步推出不同的产品，以适合不同的饮料细分市场，1987 年推出儿童营养液，1991 年推出果奶，1996 年进军饮用水，2001 年推出茶饮料，2005 年初 "营养快线" 上市，2006 年 3 月 "爽歪歪" 面世，2007 年推出含氧活性矿物质水，2009 年推广啤儿茶爽……娃哈哈，通过运用选择性专业化策略，不断增强企业的实力。

(四) 市场专业化策略

市场专业化策略是指企业向同一细分市场提供不同类型的产品，如某企业专为男性顾客群生产经营各种鞋类用品，冬天生产棉鞋，春秋生产皮鞋，夏天生产凉鞋。

❖ **案例：某机械公司**

某机械公司向建筑业用户提供推土机、打桩机、起重机、水泥搅拌机等建筑中所需要的机械设备。

❖ **案例：金利来——男人的世界**

金利来——男人的世界，声名远扬。金利来(中国)有限公司于1990年在广东省创立，从事以金利来品牌为主的男士服装、服饰的生产、经营和销售。其针对的顾客群体主要是25～45岁、事业有成、追求卓越、具有国际品味且充满都市活力的成功男士，生产的品种主要有正装系列、运动休闲的高尔夫系列、家居系列、内衣系列及皮具、皮鞋、珠宝系列等。

(五) 全面覆盖策略

全面覆盖策略是指企业全方位进入各细分市场，为所有细分市场提供所需要的不同类型的产品，这是大企业为在市场上占据领导地位，抑或垄断全部市场时采取的目标市场策略。

❖ **案例：全球大公司**

美国IBM公司、美国通用电气公司、日本丰田汽车公司、日本松下电器公司、中国海尔等均采用全面覆盖策略，且取得了骄人业绩。

四、影响目标市场策略选择的因素

上述几种策略各有利弊，究竟选择哪种合适，主要考虑以下五个因素。

(一) 企业资源或实力

当企业在生产、技术、营销、财务等方面实力很强时，可以考虑采用差异营销策略或无差异营销策略；而资源有限的企业则宜采用集中营销策略。

(二) 产品同质性

产品同质性是指不同企业生产的产品在消费者眼里的相似程度。对于面粉、大米、食盐、白糖、农产品、钢铁等同质性产品，竞争将主要集中在价格上，这样的产品一般适合采用无差异营销策略；对于服装、家电、风味食品、家具、汽车等新产品，其在型号、式样、规格等方面存在较大差别，产品选择性强，因而更适合采用差异营销策略或集中营销策略。

(三) 产品寿命周期

产品所处生命周期的阶段不同，其营销策略也不同。产品处于投入期，同类竞争品不多，竞争不激烈，企业一般采用无差异营销策略；当产品进入成长期或成熟期，同类产品增多，竞争日益激烈，为了取得竞争优势，企业可考虑采用差异营销策略；当产品步入衰退期，为保持市场地位，延长产品生命周期，全力应对竞争者，可考虑采用集中营销策略。

(四) 市场同质性

市场同质性是指各细分市场在顾客需求、购买行为等方面的相似程度。如果顾客的需求及偏好较为接近，对市场营销刺激的差异反映不大，可采用无差异营销策略，否则采用差异营销策略。

（五）竞争者策略

企业选择目标市场策略时，还要充分考虑竞争者，尤其是主要竞争者的营销策略，如果竞争者采用差异营销策略，企业应采用差异营销策略或集中营销策略与之抗衡；若竞争者采用无差异营销策略，则企业可采用无差异营销策略或差异营销策略与之对抗。

当市场上同类产品的竞争者较少，竞争不激烈时，企业可采用无差异营销策略；当竞争者多且竞争激烈时，企业可采用差异营销策略或集中营销策略。

企业应结合上述五个方面综合考虑，选择相应的目标市场策略，如表 5.1 所示。

表 5.1　选择目标市场策略

考　虑　因　素		营　销　策　略
企业资源	雄厚	无差异、差异
	有限	集中
产品	差异小	无差异
	差异大	差异、集中
产品寿命周期	投入期	无差异、集中
	成长期	差异、集中
	成熟期	差异、集中
	衰退期	集中
市场	同质	无差异
	异质	差异、集中
竞争者	无差异	差异、集中
	差异	差异、集中
	集中	差异、集中

■ 案例分析

通过本次案例分析，学生可加深对目标市场选择的理解。

案例背景资料：

甲公司在泡泡糖市场中处于垄断地位。乙公司在水果糖、酥糖和奶糖等糖果市场取得成功后，凭借雄厚的品牌资金、技术实力和现成的销售渠道优势，欲进入这一市场。因此，乙公司成立市场开发部研究甲公司产品的不足，以寻找市场空间。经过周密分析，终于发现了甲公司产品有以下不足：①以成人为对象的泡泡糖市场正在扩大，而甲公司仍旧把重点放在儿童身上；②该公司产品品种和包装单一，而市场需求多样化；③该公司只生产条装泡泡糖，缺乏新样式；④该公司产品只注重趣味性功能，而市场需要多功能型产品，如防蛀牙、清新口气、有助戒烟等泡泡糖。

任务：针对调查结果，请你帮助乙公司建立自己的目标市场，并制订相关的目标市场策略。

实践指导：

(1) 细分泡泡糖市场。

(2) 分析影响目标市场选择的各要素。

(3) 分析乙公司的经营目标。

(4) 选择乙公司的可能目标市场。

(5) 确定乙公司合适的目标市场策略。

知识拓展

奇瑞汽车股份有限公司在发展之初，经过认真的市场调研和细分，精心选择微型轿车这一市场，将目标客户定位为那些收入不高，但有知识、有品位的年轻人，同时也兼顾有一定事业基础，心态年轻，追求时尚的中年人，推出具有艳丽的颜色、玲珑的身段、俏皮的大眼睛、如邻家小女孩般可人笑脸的"奇瑞QQ"。

在常人的想象中，5万元的轿车充其量不过是一个代步工具而已，但"奇瑞QQ"配置丰富且有档次，电动后视镜、四门电动玻璃窗，特别是以前只在中高档轿车上才有的配置竟然出现在了"奇瑞QQ"上，如遥控中控门锁、真皮座椅等，还可选装多碟CD。"奇瑞QQ"车型紧凑，内部空间十分宽敞，并不比那些10万元级经济型轿车小，甚至比某些车型的乘坐空间还要大，即使五个成年人坐进去也不会拥挤。尤其是前排，即使是1米8的大块头坐下来也不会有局促感。它向人们表明，5万元的轿车不仅可以提供不错的乘坐舒适感，还能让车主觉得很有面子。因此，"奇瑞QQ"一上市就销量非常好，掀起了很大的市场热潮，取得了成功。

问题："奇瑞QQ"的目标市场是什么？该公司采用了何种目标市场选择策略？

 **思考练习**

简答题

1. 什么是目标市场选择？目标市场选择策略一般有哪些模式？

2. 影响目标市场选择策略的因素有哪些？

任务三　市场定位与营销组合

学习目标 ✍

- 理解市场定位的含义和意义
- 掌握市场定位的主要方法和策略

◼ 案例导入

1971 年，三个美国人开始把星巴克变成一家咖啡店的招牌。如今星巴克咖啡已经成为世界连锁咖啡的第一品牌，在全球 38 个国家开设了 13000 家店。虽然传统意义上，根正苗红的咖啡并非起源于美国，但星巴克咖啡目前俨然是最正宗咖啡的代名词。

星巴克在 20 世纪 90 年代中后期登陆中国大陆市场后，由于成功地进行了市场定位，在中国市场获得了前所未有的"高歌猛进"。

1．在中国，星巴克征服的不仅是消费者的胃

在网络社区，博客或是文学作品的随笔中，不少人记下了诸如"星巴克的下午"这样的生活片段，似乎在这些地方每天都发生着可能影响人们生活质量与幸福指数的难忘故事。"我奋斗了五年，今天终于和你一样坐在星巴克里喝咖啡了！"此时的星巴克还是咖啡吗？不，它承载了一个年轻人奋斗的梦想。"如果你是一位白领人士，你所生活的城市有星巴克，而你从来没进入过星巴克，或者已经很久没机会去了，那你就不得不在内心承认，你离成功还很远。"

这种故事的传播，使星巴克在消费者心中树立起一种形象：星巴克与你的奋斗和成功紧密相连。

2．星巴克的"第三空间"

关于人们的生存空间，星巴克是否很有研究？其创始人霍华德•舒尔茨曾这样表达星巴克对面的空间：人们的滞留空间分为家庭、办公室和除此以外的其他场所。第一空间是家，第二空间是办公地点，星巴克位于两者之间，是一种"非家、非办公"的中间状态，是让大家感到放松安全的地方，是让你有归属感的地方。网络浪潮的兴起，也推动了星巴克"第三空间"的成长，星巴克在店内设置了无线上网区域，为旅游者、商务移动办公人士提供服务。

舒尔茨指出，星巴克不是提供服务的咖啡公司，而是提供咖啡的服务公司，因此作为"第三空间"的有机组成部分，音乐在星巴克已经上升到了仅次于咖啡的位置，因为星巴克的音乐已经不单只是咖啡伴侣，它本身已经成为星巴克一个很重要的商品。星巴克播放的大多数是自己开发的，有自主知识产权的音乐，迷上星巴克咖啡的人很多，他们也迷恋星巴克音乐。这些音乐正好迎合了时尚新潮、追求前卫的白领阶层的需要，他们每天面临着巨大的生存压力，十分需要精神安慰，星巴克的音乐正好起到了这种作用，确实让人感受到在消费一种文化，催醒人们内心某种也许已经快要消失的怀旧情感。

3．产品中国化

虽然因为一些限制，星巴克在中国的店铺中并没有像其他全球星巴克连锁店那样销售星巴克音乐碟片，但星巴克利用自己独特的消费环境与目标人群，为顾客提供精美的商品和礼品。商品种类从各种咖啡的冲泡器具到多种式样的咖啡杯，虽然这些副产品的销售在星巴克的整体营业额中所占比例还比较小，但是近年来一直呈上升趋势，如在中秋节会推出"星巴克月饼"等。

所以，"我不在星巴克，就在去星巴克的路上"，传递的是一种令人羡慕的小资生活，而这样的生活也许有人无法天天拥有，但没有人不希望曾经拥有，这就是品牌定位的魅力！

问题：

占领市场的关键不是你对一件产品本身做些什么，而是你能在潜在消费者的心目中是什么。

企业如果能让自己和其他企业区分开来，并使顾客明显感觉和认识到这种差别，就能在顾客心目中占有特殊的位置。

企业只有拥有形象方面的软实力，才能在市场上表现过硬。

任务描述与分析

本任务旨在通过让学生完成指定项目任务，从而较为全面地认识市场定位的含义及作用、市场定位方法，并且能够掌握市场定位的步骤及策略，同时在完成任务的过程中培养学生的职业素质。

相关知识与任务实施

一、市场定位的含义及作用

市场定位是指塑造本企业产品在目标顾客群体心目中的形象和地位。企业根据目标市场上同类产品竞争状况，针对顾客对该类产品某些特征或属性(如性能、构造、成分、包装、形状、质量等)的重视程度，为本企业产品塑造强有力的、与众不同的鲜明个性，并将其形象生动地传递给顾客，使顾客明显感觉和认识到这种差别，从而在顾客心目中占据与众不同的、有价值的位置。

市场定位的作用主要体现在以下两个方面：

第一，市场定位有利于建立企业级产品的市场特色，是参与现代市场竞争的有力武器。在现代社会中，许多市场都存在严重的供大于求的现象，众多生产同类产品的厂家争夺有限的顾客，市场竞争异常激烈。为了使自己生产经营的产品获得稳定销路，防止被其他厂家的产品所替代，企业必须从各方面树立起一定的市场形象，以期在顾客心目中形成一定的偏爱。

第二，市场定位决策是企业制订市场营销组合策略的基础，定位的核心思想是区别市场焦点。经营企业的市场定位决定了企业必须设计和发展与之相适应的市场营销组合；企业的市场营销组合受到企业市场定位的制约，并围绕企业市场定位而进行。

随堂思考： 在本案例导入中，星巴克的市场定位是怎样的？

二、市场定位的步骤

市场定位的关键是企业要设法在自己的产品中找出比竞争者更具有竞争优势的特性，这个过程可以通过以下三个步骤来完成。

(一) 分析谁是本企业的竞争对手及它们的定位状况

对同行业及非同行业进行分析，竞争对手产品定位如何？目标市场上顾客欲望满足程度如何？还需要什么？针对竞争者的市场定位和潜在顾客真正需要的利益要求，企业能够做什么？只有清楚了竞争对手的定位情况，企业才知道该如何做。

(二) 准确选择竞争优势，确立产品的特色

竞争优势指企业能够胜过竞争对手的能力，这种能力既可以是现有的，也可以是潜在的选择。竞争优势实际上就是一个企业与竞争者各方面实力相比较的过程，比较的指标应是一个完整的体系，只有这样才能准确选择相对竞争优势；接下来企业应结合自身的优势以及顾客关注的利益点，初步选择自己的定位，确立产品的特色。

(三) 树立、传播和巩固市场形象

这一步骤的主要任务是企业要通过一系列的宣传促销活动，将其独特的竞争优势准确传播给潜在顾客，并在顾客心目中留下深刻印象，主要包括以下几项工作：

(1) 企业应先与目标顾客沟通，使目标顾客了解、熟悉、认同、喜欢和偏爱本企业的市场定位，在顾客心目中建立与该定位一致的形象。

(2) 企业通过各种努力，强化目标顾客心目中的形象，保持对目标顾客的了解，稳定目标顾客的态度，加深目标顾客的感情，以巩固与市场相一致的形象。

(3) 企业应注意目标顾客对其市场定位理解出现的偏差，或由于企业市场定位宣传上的失误而造成的目标顾客模糊、混乱和误会，及时纠正与市场定位不一致的形象。

对产品定位的认识：① 企业产品定位要对自己的产品和竞争对手的产品形象有深刻的认识，根据企业资源优势，精心选择一个独一无二的定位；② 定位是追求企业的长期竞争优势；③ 定位要尽可能远离其他产品的定位，做到与众不同。

❖ **案例**：中国著名品牌概念的传播

在中国做得成功的品牌，其除了挖掘出其核心概念外，还特别注重品牌概念的传播，从而使其产品家喻户晓。

白加黑：白天吃白片不瞌睡，晚上吃黑片睡得香(治疗感冒，黑白分明)。

舒肤佳：除菌。

农夫山泉：我们不生产水，我们只是大自然的搬运工。

❖ **案例**：大宝品牌定位

大宝原来是北京市三露厂，属于国家二级企业且是福利性企业，后来改制为北京化妆品有限公司。大宝化妆品销售几乎覆盖了整个中国市场，自 2001 年开始，市场销量连续六年保持全国第一。大宝为什么成功？很重要的一点是市场定位明确，其生产的就是针对大众的、面向工薪阶层的高质量的产品，并且有言简意赅、容易上口、具有亲和力的功能诉求。

三、市场定位的方法

各个企业经营的产品不同，面对的顾客也不同，所处的竞争环境也不同，因而市场定位所依据的原则和方法也就不同。总地来说，市场定位的方法有以下几种。

(一) 根据具体的产品特点定位或顾客利益点确定市场定位

构成产品内在特色的许多因素都可以作为市场定位所依据的原则,如所含成分、材料质量、价格等。以多种产品特征来确定市场定位对消费者总是有诱惑力,然而当企业拥有多种好的产品特征而不能向人们清楚而简洁地宣传时,就难以达到一定的市场效果。包含多种产品特征的企业,其广告目标很难实现确定的定位,结果常常是形象模糊混乱,因此应该以更突出的产品特征来确定市场定位。

❖ **案例:** 在麦当劳和肯德基这两大巨头进入中国快餐业市场之后,中高档快餐业、中式快餐倍受挤压,一筹莫展。然而,"真功夫"却凭借"营养,还是真的好"一举成名,在高端快餐业中异军突起,占领一席之地。"真功夫"的成功,靠的就是产品真正鲜明的特点,以及突出的顾客利益点——营养。

(二) 按照质量和价格确定市场定位

由于产品价格与质量非常重要,且关联度高,因此往往没有必要对他们单独区分。一般质量好的商品往往在推出市场时,要有权威部门的证明,然后经过市场实践,形成顾客良好的口碑,就能在市场上成功地树立起自己的高端地位。

❖ **案例:** 昆仑山天然雪山矿泉水是加多宝集团旗下的高档瓶装矿泉水,源自海拔6000米零污染之地——青海省昆仑山玉珠峰,经过五十年以上天然过滤,是世界稀有的小分子团水。昆仑山矿泉水富含锶、钾、钙、钠、镁等多种有益人体健康的元素,符合国家标准规定的矿物质标准,pH值呈弱碱性,有益人体健康。昆仑天然雪山矿泉水在全国上市以来,引领高端水市场快速成长,成为中国高档水的领导者。

(三) 按照产品用途确定市场定位

企业先调查消费者购买产品后主要有哪些用途,然后将这些用途进行有效细分,再将自己企业的产品与某类用途联系起来,以确定市场定位,并努力打造本企业在该类用途上的主导地位。

❖ **案例:** 一家生产曲奇饼干的厂家最初将其产品定位为家庭休闲食品,销路不太理想,后来其在调研中发现很多顾客购买这款产品是拿去馈赠,于是重新将之定位为礼品,并且使用美观大方的包装,结果大获成功。

(四) 按照产品使用者确定市场定位

以产品使用者确定市场定位,就是将产品与使用者或某一类使用者联系起来。通常通过模特、影星、名人代言或者使用把其与产品联系起来,并通过名人的气质和形象来传播产品的形象。

❖ **案例:** "敬业劳模"赵丽颖代言"爱奇艺VIP"。赵丽颖是演艺圈公认的超级敬业劳模,每年大量时间都在剧组,而且不喜欢出席综艺节目,没有时间参加各种宣传。2018中国最佳名人代言商业品牌榜中,赵丽颖代言的"爱奇艺 VIP"排名靠前,在今日头条出现的相关文章数有 4396 篇，阅读数量达到 5917 万次，评论数超过 9 万，无论是出现的文章数、阅读数还是评论数均在首位，遥遥领先，与"爱奇艺 VIP"会员特权的 24 小时在线免广告等相契合。

(五) 按产品类别确定市场定位

根据产品类别建立的品牌联想称为类别定位。类别定位力图在顾客心目中留下该产品等同于某类产品的印象，成为某类产品的代名词，在顾客有了某类特定需求时，就会联想到该产品。例如，快餐，使人想到麦当劳；足球，使人想到巴西等。企业应常利用类别定位，寻求市场的空隙，设想自身正处于与竞争者对立的类别，或者是明显不同于竞争者的类别。

❖ **案例**：人体中的水每 18 天更换一次，水的质量决定生命的质量。"我们不生产水，我们只是大自然的搬运工"，农夫山泉最新广告，与之前一直在播的水源地建厂、水源地灌装进行了完美的结合，并进行了新的阐释。农夫山泉是健康的天然水，不是生产加工出来的，不是后续添加人工矿物质生产出来的，农夫山泉只是把自然精华搬到顾客身边，因此和竞争对手有了明显的区隔。

(六) 以文化象征确定市场定位

将某种文化内涵注入产品之中，形成文化上的差异，称为文化定位。文化定位不仅可以大大提高产品的品位，而且可以使产品形象独具特色，并通过引起消费者联想，使产品深植于消费者的脑海中，以达到稳固和扩大市场的目的。

❖ **案例**：产品和科技上的创新，一直都是李宁公司坚持不懈的追求，而将东方文化融入产品则是该产品的竞争优势，也是企业走向国际的重要战略。凭借兵马俑是武士铠甲的创意，设计出飞甲篮球鞋；游赵州桥的拱形减震原理，推出李宁弓技术平台；由燕子、风筝概念设计的逐风系列跑鞋，无不体现出李宁将东方文化与现代科技完美结合的创新理念。东方特色的产品文化已成为李宁品牌差异化竞争中非常有效的一个方面。

(七) 以竞争产品为比附确定市场定位

在大多数确定市场定位策略中，竞争产品的确定市场定位方法都被直接或间接地作为参考。在某些时候，参考竞争者的产品确定市场定位，可能是确定产品市场定位策略的主要依据。比附定位是以竞争者品牌为参照物来依附竞争者定位，比附定位的目的是通过产品竞争，提升自身产品的价值与知名度。

有时消费者并不在乎其产品究竟如何，他们只关心该产品同某一特定竞争者相比怎么样，因为消费者很难定量感知产品的价值和质量，此时采用比附定位是合适的。

❖ **案例**：美国艾维斯租赁汽车公司的竞争对手赫茨是市场领导者，其实力雄厚，占据了整个汽车租赁市场份额的 55%，多年来已经在消费者心目中确立了汽车租赁市场龙头老大的形象，艾维斯无法与之正面交锋，只能在市场的第二、第三把交椅上徘徊。后来艾维斯聘请美国 dd 广告公司策划创作"老二"宣言，通过自认"老二"，运用比附定位，与市场领导者巧妙地建立了联系，强化了顾客对其市场挑战者地位的印象，结果市场份额上升了28个百分点，并与排行第三的国民公司拉开距离。

(八) 以产品使用的情景确定市场定位

通过定位将品牌与一定环境场合下产品的使用情况联系起来，以唤起消费者在特定情景下对该产品的联想，如马克力薄饼声称是适合八点以后吃的甜点，米开威则声称是可在两餐之间吃的甜点等。

(九) 通过产品的附加值确定市场定位

这种方法是指企业通过公共关系加强服务、提供增值回报等手段来确立企业和产品在市场中的地位，树立和强化产品和品牌形象，形成对消费者的情感体验冲击。

❖ **案例**：京东于2004年正式涉足电商领域，正如它最初的广告词"多、快、好、省"，其在服务上的优异表现令许多消费者印象非常深刻，并因此最终选择了京东服务。时至2017年，京东集团市场交易额接近1.3万亿元。2019年7月，京东再次入榜《财富》全球500强，位列第139位，在全球仅次于亚马逊(第13位)和Alphabet(第37位)，位列互联网企业第三。

(十) 以消费者的情感体验确定市场定位

美国市场营销专家菲利普科·特勒认为，人们的消费行为变化分为三个阶段：一是量的消费阶段，二是质的消费阶段，三是情感消费阶段。在第三个阶段，消费者所看重的已不是产品的数量和质量，而是与自己关系的密切程度，或是为了某种情感上的渴求得到满足，或是追求一种商品与理想自我概念的吻合。显然顺应消费者消费心理的变化，运用产品直接或间接地冲击消费者的情感体验而进行定位和唤起消费者心灵的共鸣，可以充实和加强产品的营销力量。

❖ **案例**：娃哈哈可以说是中国市场上最成功的一个品牌命名，这一命名之所以成功，除了其通俗准确地反映了一个产品的目标对象外，最关键的一点是将一种祝愿、一种希望，结合儿童的天性作为产品和品牌命名的核心，而娃哈哈这一品牌又天衣无缝地传达了上述形象及价值。这种对儿童天性的开发和资源，又恰恰是该品牌形象定位的出发点。

事实上，不同的企业会采用不同的方式进行产品的市场定位，当然有时同一个企业也会运用不同的方式对产品进行市场定位。许多企业进行市场定位时依据的方法往往不止一个，而是多个方法同时使用，但是要保证定位的排他性特征。要体现企业及其产品的形象，市场定位往往是多维度、多侧面的。

随堂思考：在本案例导入中，星巴克按照何种方法进行市场定位？

四、市场定位策略

市场定位策略包括避强定位策略、对抗定位策略、重新定位策略和比附定位策略四种。

(一) 避强定位策略

避强定位策略是指本企业与强大的竞争对手保持不同，如果与强大的竞争企业采取同样的定位方式，那么在通常情况下本企业会以失败告终。避强定位策略常常被多数企业所采用。

❖ **案例：凌志避强定位策略**

凌志车是日本丰田公司的产品。他们经过调查发现，全世界有相当多的消费者希望并有能力购买昂贵的小汽车，在这类消费者群体中，许多人想购买奔驰车，但认为它的价格太高。这激发了丰田公司的构想：开发出与奔驰质量相同、但价格更低的新汽车。

很快，他们就开发出外表漂亮，内部十分舒适豪华的新产品。他们采用多种方式推广销售这种产品，具体方法如下：

第一，丰田公司在美国宣传时，将凌志车的图片和奔驰的图片并列在一起，并加上大标题：用 36 000 美元就可以买到价值 73 000 美元的汽车，这在历史上还是第一次。

第二，挑选最有能力的经销商销售凌志车。凌志车的陈列场地十分宽敞，周围有鲜花和树木，并提供免费的咖啡，配有专业的销售人员。

第三，凡购买凌志车的顾客，都能获得一份精美的礼盒，内装展现凌志车的录像带，录像内容：一个画面是一位工程师将一杯水放在凌志车的发动机盖上，当汽车发动时，凌志车上的水却没有晃动，这说明凌志车很平稳；另一画面是同样将一杯水放在凌志车上，当凌志车做较大幅度的转弯时，杯中的水也没有溢出。

那些早期购买凌志车的顾客对它十分满意，并将这种车介绍给他的亲朋好友。

(二) 对抗定位策略

对抗定位策略是本企业与强大的竞争企业采用相同的定位方式，即"对着干"。这种定位方式危险大，但能激发其奋发上进，一旦成功就能取得巨大的市场优势。例如，百事可乐与可口可乐对着干，汉堡王与麦当劳对着干等，并在某些时候某些方面曾经取得过成功。特别提醒，一些实力弱小的企业要慎用此方式。

(三) 重新定位策略

重新定位策略有以下几种情况：

第一，原来定位的市场需求在减少，消费者需求、兴趣发生转移。

第二，有更强有力的竞争企业抢走了本企业大部分市场。

第三，原来的定位就不成功。

当出现以上情况时，本企业就需要考虑重新定位了。重新定位往往牵涉到重新设计产品及重新选择目标市场、重新考虑营销策略。

❖ **案例：重新定位，再谋发展**

第二次世界大战以后，美国婴儿出生率迅速提高。到 20 世纪 60 年代，第二次世界大战后出生的一代已经成长为青少年，加之美国这个时期经济繁荣，家庭可支配收入增加，所以绝大多数定位于青少年市场的产业及产品获得了巨大的成功。

举世闻名的迪斯尼乐园就是成功的典范。20 世纪 70 年代后期，受美国经济不景气的影响，美国婴儿出生率显著下降。到 20 世纪 80 年代中期，绝大多数原来定位于婴幼儿和儿童市场的产品出现了不同程度的萧条，这必然使那些原来定位于儿童和青少年市场的企业重新定位或扩大经营范围。例如，迪斯尼乐园不得不放下架子，除了以青少年为对象外，还增加了成人游乐项目，并经营酒店、高尔夫等业务，使企业在新市场环境下得以继续发展。

（四）比附定位策略

比附定位策略就是攀附名牌的定位策略，企业通过各种方法与同行中的知名品牌建立一种内在联系，使自己的品牌迅速进入消费者心里，并占据一个牢固的位置。阅读以下案例，我们就可以进一步理解什么是比附定位策略。

❖ **案例：蒙牛甘做伊利第二**

蒙牛奶制品公司成立于 1999 年初，启动资金为 1000 多万元。当年，蒙牛的销售额就达到了 0.44 亿元，到 2019 年 3 月 27 日蒙牛发布 2018 年全年业绩，显示其实现收入 689.77 亿元(人民币，下同)，净利润 30.43 亿元。蒙牛在中国乳制品企业中的排名由第 1116 位上升为第 2 位，也是全球乳业二十强之一。

蒙牛创造的奇迹固然有很多方面的原因，但蒙牛的品牌战略中，其品牌定位策略起了关键的作用，那就是比附定位策略的运用，堪称经典之作。

蒙牛从产品的推广宣传开始就与伊利联系在一起，从蒙牛的广告和宣传册上可以解读出蒙牛的品牌定位是一种比附定位策略。例如，蒙牛的第一块广告牌上写的是"做内蒙古第二品牌"，宣传册上闪耀着"千里草原腾起伊利集团、蒙牛乳业……我们为内蒙古喝彩"；在冰淇淋的包装上，蒙牛打出了"为民族工业争气，向伊利学习"的字样。蒙牛利用伊利的知名度，无形中将蒙牛的品牌打了出去，提高了品牌的知名度。而且，蒙牛这种谦逊的态度、宽广的胸怀，让人尊重、信赖，赢得了口碑。

现今，伊利是蒙牛解不开的心结，抑或蒙牛是伊利解不开的心结，这已经不重要。一个不争的事实是，蒙牛八大创业元老和 90% 的中层干部均来自伊利，而伊利对这 400 多人的出走至今耿耿于怀。但心平气和以后，蒙牛的创业者承认，如果没有伊利的培养，就没有今天的蒙牛。当然，因为蒙牛的存在，伊利不仅没有元气大伤，反而发展得更快。这是一个非常有意思的现象。

在今天的冷饮和乳品市场上，蒙牛已是伊利的强劲对手，两家企业的产品形式、价格、市场定位甚至管理模式都有很大的趋同性，彼此之间的竞争不可避免。

从进入市场开始，蒙牛老总牛根生就将蒙牛定位于乳品市场的建设者，努力做大行业蛋糕，而不是做原有市场份额的掠夺者。他有一句名言："提倡全民喝奶，但你不一定要蒙牛，只要你喝奶就行。"

同时，蒙牛还提出了建设"中国乳都"的概念。呼和浩特的奶源在全国最优，人均拥有量居全国第一，"中国乳都"概念被政府官员和媒体频频引用，得到政府和民众的支持。

蒙牛的销售业绩这几年不断被刷新：2018 年蒙牛业绩排名第二，年营收为 689.77 亿元；但伊利实现营收近八百亿(789.76 亿元)，预计 2019 年可实现千亿目标，二者差距高达 100 亿元。百亿营收的追赶，任重而道远。

五、市场营销组合策略

市场营销组合是现代营销学理论中的一个重要概念，这一概念于 20 世纪 50 年代由美国哈佛大学的鲍敦教授首先提出，此后受到学术界和企业界的普遍重视和广泛运用。市场营销组合即企业的综合营销方案，即企业针对目标市场的需要对自己可控制的各种营销因素(如产品、价格、渠道、促销等)的优化组合和综合运用，使之协调配合，扬长避短，发挥优势，以取得更好的经济效益和社会效益。

关于市场营销组合的构成要素，不同学者的看法不完全一致。目前比较一致的看法为，市场营销组合包括产品、价格、渠道、促销四个方面，简称 4P。任何产品的销售都要解决这四个问题：① 企业先确定生产什么产品；② 该产品制定什么样的价格水平来销售；③ 通过什么样的销售渠道来销售；④ 采用什么促销方式来促进产品的销售。菲利浦·科特勒于 1984 年提出大市场营销理论，该理论在原来 4P 理论的基础上加上了公关策略及政治策略，从而构成 6P。他认为除了传统的 4P 外，企业还必须利用政治权力和公共关系，取得政府官员、立法部门、企业高层决策者以及社会公众的支持和合作，以扫除营销障碍，变封闭性市场为开放性市场。

市场营销组合具有以下三个特点：可控制性、动态性和整体性。可控制性是指市场营销组合的各个组成因素是企业可以控制的，企业可以决定自己的产品结构，自己制定产品的价格，并选择特定的销售渠道和促销方法；动态性是指营销组合的各个因素需要随着营销环境的变化而不断地加以调整；整体性是企业应该将各个组合因素当作一个整体来看待，各个因素是相互联系与相互制约的。

❖ **案例**：市场营销组合的运用

企业的市场营销组合是企业进行市场竞争的有力手段，在很大程度上决定了企业营销活动的效果。因此，企业应加强对市场营销组合的运用，结合营销活动的实际情况，不断地调整优化企业的市场营销组合，增强竞争能力，以便实现企业的营销目标。

现以卫康制药厂的营销实例来说明企业对市场营销组合的运用。

1. 市场分析

随着经济的发展，人民的生活水平不断提高，越来越多的人更重视身体健康问题，注重营养保健，因此给保健食品和保健药品带来了营销机会。然而，近几年保健食品和保健药品如雨后春笋，品种繁多，导致市场竞争激烈，一些假冒产品也滥竽充数，消费者购买使用后达不到预期效果，这无疑给保健食品和保健药品生产企业的存在和发展带来阻碍。目前，我国保健药品市场同样也受到一些进口保健药品的冲击。

2. 目标市场，产品策略

通过调查，我国瘫痪病人(如脑中风后遗症)有 600 多万人，并且每年以 20% 的速度递增，患者痛苦，而且拖累家庭和社会。"卫康灵芝液"虽定位于心脑血管疾病，但对神经官能症的治疗也很显著。因此，扩大目标市场范围，预防和治疗兼用，效果更好。

3. 价格策略

"卫康灵芝液"的包装为瓶装，每瓶出厂价为 41 元，批发价为 50.6 元，零售价为 56 元。由于"卫康灵芝液"是保健药品，消费者必须自费购买，因此公司决定使用简易包装或为经济困难的患者打折，实行优惠价。为方便送礼，四瓶装一盒，用礼品盒包装，既携带方便，又能增加产品价值。

4. 营销渠道策略和促销策略

卫康制药厂下设若干销售公司和办事处，各地设有分公司，实行独立核算，只上缴货款，不上缴利润。各分公司主要把"卫康灵芝液"批发给药店、保健品商店和医院。药厂销售部门同时也运用广告来宣传产品，建立广泛的公共关系，配合销售。

综上所述，卫康制药厂通过运用市场营销组合，很快就占领市场，提高了企业在保健药品市场中的占有率，为企业创造了更多的利润。

六、市场营销组合的意义

市场营销组合在营销活动中是必不可少的，具有十分重要的意义，具体表现如下。

(一) 市场营销组合为企业制订营销策略奠定了基础

任何企业在某一时期都要制订营销目标和营销决策。企业的营销目标和营销决策是企业营销策略的重要组成部分，它是企业最根本的战略，在它的指导下，企业通过调查确定具体的营销目标，制订可行的、科学的营销策略，通过营销组合来实现其营销目标。这里所说的市场营销组合就是要求营销者充分、周密地做好市场调查，做好产品市场定位，了解竞争对手的情况；确定合理的产品价格，选择好具体的销售地点，保证渠道畅通；借助各种促销手段，大力宣传产品，突出产品特点，吸引更多的消费者来购买自己企业的产品。在具体运用过程中，各因素之间相互协调、互相配合，达到整体效益最佳。因此，市场营销组合是企业制订营销策略的基础。

❖ **案例：**雀巢咖啡进入中国市场就是一个成功的例子。雀巢公司先把产品定位在以苦味为主的口味市场上，选择中档以上的商店销售，价格超过同类产品很多(约大于30%)；通过大面积广告覆盖宣传雀巢咖啡，树立良好的品牌形象；同时建立广泛的公共关系，达到实现商品价值的目的，为公司换回新的货币，即实现公司的营销目标。

(二) 市场营销组合是协调企业各职能部门之间关系的纽带

一个企业的市场营销部门不是孤立的，它面对着许多其他职能部门，如高层管理(董事会、总裁)、财务、研究与发展、采购、制造和会计等部门。而这些部门、各管理层之间的分工是否科学，协作是否和谐，能否精神振奋、目标一致、配合默契，都会影响企业的营销管理决策和营销方案的实施。

❖ **案例：**在营销计划的执行过程中，资金的有效运用、资金在制造部门和营销部门之间的合理分配、可能实现的资金回收率都与财务部门有关；新产品和生产方法的设计是研究与发展部门集中考虑的问题；生产所需原材料能否得到充分供应是由采购部门负责的；制造部门负责生产指标的完成；会计部门则通过对收入和支出的计算，协助营销部门了解它的目标达到何种程度。所有这些部门都同营销部门的计划和活动发生着密切的关系，区别只是关系的密切或直接程度不同。

（三）市场营销组合为企业提高竞争力奠定基础

市场的存在必然产生市场竞争，企业之间的竞争主要表现为价格竞争和非价格竞争。随着经济的发展和社会的进步，非价格竞争比价格竞争更重要，越来越引起企业生产经营者的重视。企业要在市场上占有一定的份额，提高市场的占有率，必定要对竞争对手的实际情况了如指掌，只有做到知己知彼才能百战不殆，才能在竞争中取胜。而市场营销组合恰巧能让企业扬长避短，发挥优势，这为企业增强竞争力奠定了坚实的基础。

案例分析

通过本次案例分析，学生可加深对市场营销与营销组合的理解。

案例背景资料：

回望改革开放前，中国人拥有一块上海牌手表并不是一件容易的事，但随着时代的变迁和手机的普及，越来越多的人已经不喜欢或不习惯戴表。近几年，中国的手表年销量虽然达到5000～6000万只的水平，但是中国目前平均每年每百人购买五只手表的消费水平，较发达国家平均每百人年消费23只，较一般发展中国家每百人年消费12只的水平相距甚远，因此应当还有相当大的发展潜力。

随着生活水平的提高，人们对手表的需求已不仅限于计时，而是拥有了更多的内涵，如计时运动、多功能时尚、价值身份等。例如，劳力士表价格高达几万元，是众多手表品牌中的至尊，也是财富与地位的象征，拥有它无异于展示自己是一名成功人士或上流社会的一员；又如智能手表，其核心功能除了手表本身外，还可提供电话短信和日历提醒，所有通知通过手表推送。

中国的手表市场可划分为高档、中档及低档，而中高档手表多为进口品牌。随着人们越来越重视手表的装饰作用，有些消费者宁愿多花钱购买防震防水等性能较好的中高档手表；低档手表，如国产电子表的销售比较稳定，由于价廉物美，受到学生以及低收入者的青睐。

任务：C手表厂过去长期面向学生生产价格为10元左右的电子表，现已转型生产较高档的手表，以4～5位同学为一小组提交一份C手表厂产品重新定位的方案或者概要。

实践指导：

C手表厂过去的定位较低，现在想进行较高的定位。C手表厂应对自身优势进行分析，并对竞争对手进行评估。

C手表厂有丰富的行业经验，但要从过去的定位实现华丽转型，以前的客户资源、品牌资源等均不足以对新的定位提供有力支持，甚至还会拖后腿，故可考虑创新定位策略。

寻找新的顾客需求点和市场空白点切入（如户外多功能手表、白领时尚手表、青少年酷文化手表等），根据自己的行业经验创新产品；宜推出新的品牌名称，与过去相区隔；选择适当的定位方法，树立自己的高端形象，并加以宣传。

知识拓展

中国移动经过反复思量，于2003年年初终于做出了战略抉择，将"动感地带"作为与"全球通"和"神州行"并行的第三大子品牌，并对三个品牌进行了清晰的市场定位，"全球通"为高端品牌，主攻利润；"神州行"为大中华品牌，主攻市场占有率；"动感地带"为新锐品牌，担起培育市场和狙击竞争对手的重任。

"动感地带"推出仅 15 个月就"感动"了 2000 万目标人群，即平均每三秒就有一个"动感地带"新用户诞生。纵观竞争日益激烈的电信市场，具有像"动感地带"这样发展业绩的电信业务屈指可数，可以说"动感地带"的成功完全得益于定位明显。

"动感地带"主要通过客服、使用群、年轻人化等因素来对自己进行定位，"动感地带"围绕自己的定位展开系列营销活动，目标受众为 15～25 岁的年轻时尚族群，针对他们崇尚新科技，追求时尚，对新鲜事物感兴趣，张扬个性，思维活跃，喜欢娱乐休闲、社交，移动性高，最容易互相影响的心理特征，以打造年轻人的通信自治区为己任，倾力营造时尚、好玩、探索的品牌魅力空间；在产品功能、资费附加服务方面充分考虑年轻顾客的利益特征，邀请在 15～25 岁年轻人中极具号召力的周杰伦代言，同世界快餐巨头麦当劳建立合作关系，联合赞助高中篮球联赛，举办大学生街舞比赛，甚至与 MBA 签订合作协议，让目标顾客体验"我的地盘，听我的"的良好感觉，营造动感地带，用不断更新变化的信息服务和更灵活多变的沟通方式演绎移动通信领域的新文化运动。

动感地带将目标市场消费群体的心理情感注入品牌文化内涵，从而一路狂飙，迅速完成了从通信品牌到时尚品牌的升华。

问题：
1．"动感地带"用的是什么样的定位方法？
2．分析"动感地带"定位成功的做法和原因。

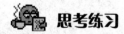 **思考练习**

简答题
1．市场定位的方法有哪些？
2．市场定位的策略有哪些？
3．简述市场定位的步骤？
4．什么是市场营销组合？

项目六 产品策略

　　有一次，小强去爸爸的公司，遇到他们正在研究新产品的推广，他就在一旁静静地听。等会议结束之后，小强问："爸，刚才我听到你们开会讨论怎么推广公司的新产品，厂里新产品推广应该是在企业进行市场细分和确定目标市场之后吧？"爸爸说："你说的对，如果目标市场都不能确定，就盲目地研发新产品，是很难使新产品推广成功的。"

任务一　认识产品与品牌策略

学习目标

- 掌握产品整体的内容和品牌的概念
- 掌握产品和品牌的含义
- 理解产品整体三层次的内涵

案例导入

　　长期适量饮用牛奶不仅可以美容，还可以增强体质，全方位促进人体健康。但专家指出，空腹喝牛奶的习惯弊端较多，因为资料表明，73%的亚洲人都有不同程度的乳糖不耐症，空腹喝牛奶，其中的乳糖不能及时消化，反被肠道内的细菌包围，而产生大量的气体双叶，刺激肠道收缩，易出现腹痛、腹泻等不良反应。

　　那么怎样喝牛奶才是最佳的方式？专家建议，喝牛奶之前最好吃一些含粗纤维的食品。

　　某食品公司迅速发现了其中存在的市场需求，以自己的品牌推出了牛奶搭档——富含粗纤维饼干，因而在激烈的市场竞争中开辟了一块绿洲。

　　某牛奶公司也以自己的品牌为基础，飞快地推出了早餐奶，将小麦粉、麸皮、燕麦等富含粗纤维的原料经现代高科技手段加工后，直接插入牛奶中生产混合系列产品，从而抢占了一块细分市场的高地。

　　某面包店灵机一动，将一盒某品牌鲜奶和一块富含粗纤维的面包进行组合搭配，捆绑销售，销售情况一直不错。

　　现在各大媒介上也在推出应如何正确喝牛奶的系列科普宣传，很快占据市场鳌头。

案例点睛：

竞争激烈的市场是缺少需求，而是缺少发现需求的眼睛和满足需求的产品。

营销层面的竞争，现在已经进入品牌化竞争的阶段。

市场需求成熟，导致产品同质化，企业所有营销组合活动的重心就是建立一个清晰而又值得信赖的品牌印记。

任务描述与分析

本任务旨在通过让学生完成指定项目任务，从而较为全面地认识产品与产品整体、品牌、品牌策略与包装，并且能够掌握品牌策略与包装，同时在完成任务的过程中培养学生的职业素质。

相关知识与任务实施

一、产品与产品整体

（一）产品整体概念

人们通常理解的产品是指具有某种特定物质形状和用途的物品，是看得见、摸得着的东西。这是一种狭义的定义。市场营销学认为，广义的产品是指人们通过购买而获得的能够满足某种需求和欲望的物品的总和，它既包括具有物质形态的产品实体，又包括非物质形态的利益，这就是"产品整体概念"。

（二）产品整体的层次

现代市场营销理论认为，产品整体包括三个层次，即核心产品、形式产品和附加产品。

1. 核心产品

核心产品是满足顾客需要的核心内容，是顾客所需购买的实质性的东西，即产品的最基本的性能与利益。例如，电视机用来收看节目，手表用来知道时间，手机用来传递人与人之间所需的信息等。有时，即使是针对同一产品，不同的消费者所追求的核心利益也不一样。例如，衣服与鞋子，有些是以保暖为主，有些是以美观为主。企业应该从消费者的核心需要来设计产品，如皮鞋，过去主要侧重耐用，现在侧重美观。

2. 形式产品

形式产品指产品外在性的、可以看得见的部分，包括品质、款式、商标、包装等。

3. 附加产品

附加产品指消费者购买产品所得到的各种附加服务与利益，如免费送货、安装、保养、维修、提供各种信贷等。有些产品很注重服务，特别是耐用品、技术较复杂的产品。

❖ **案例：无锡小天鹅的服务**

无锡小天鹅股份有限公司坚持做到上门服务，随叫随到，并且提出了"一、二、三、四、五"服务规划。"一"表示进用户的门必须换一双干净的鞋；"二"表示进门后说两句道歉语,"对不起""给您添麻烦了";"三"表示使用三块抹布,一块用来铺在地上垫机器,一块用来擦机器,一块用来自己擦手;"四"表示维修时做到"四不",即不抽用户烟、不喝用户茶、不吃用户饭、不收用户钱;"五"表示如果按预约晚去一天,厂家罚维修人员 5 元。

产品整体概念告诉我们,企业不仅要注重产品的功能、性能的提升,同时要注重外观、款式,还要提供良好的服务,如果这三个方面都做得好,就是一种好的产品。

二、品牌

品牌是本企业的产品区别于其他竞争产品的一个标志。品牌是一个集合概念,它由以下两个方面组成:

(1) 产品名称指品牌中可以用语言表达的部分。例如,电视机有长虹、王牌、康佳、索尼、海尔等名称,饮料有可口可乐、百事可乐、健力宝等名称,啤酒有万力、漓泉、青岛等名称,汽车有奔驰、宝马、奥迪、桑塔纳、丰田等名称。

(2) 品牌标志指品牌中可以被识别但不能用语言表达的部分,包括符号、图案、色彩等。例如,三星圆环是奔驰的标志,相连的四个环是奥迪的标志。大多数品牌都有其特定的品牌标志,以区别于其他竞争品牌。

品牌是产品品质的保证,是一个复杂的符号,包涵着丰富的市场信息。

下面我们以奔驰为例,说明奔驰这一品牌所包含的含义。

(1) 属性。品牌代表商品的属性,这是品牌最基本的含义。例如,奔驰意味着工艺精湛、制造优良、昂贵、声誉高、速度快等,这些属性是奔驰生产经营者广为宣传的内容。多年来,奔驰的广告一直强调"全世界无可比拟的工艺精良的汽车"。

(2) 利益。消费者购买产品的实质就是为了得到某种利益,利益是由属性转化而来的。例如,奔驰由工艺精湛、制造优良转化为安全和情感利益,由昂贵转化为情感利益,而昂贵是身份和地位的象征。

(3) 价值。品牌体现了产品的某种价值,如奔驰代表着高效、安全、威望。

(4) 文化。品牌还代表着特定的文化,如奔驰品牌代表着"有组织、高效率、高品质"的德国文化。

(5) 个性。品牌反映了一定的个性,不同的品牌使人产生不同的个性联想。

(6) 用户。品牌代表特定的顾客群体。如果我们看到年轻人驾驶奔驰,会感到很吃惊;而看到驾驶奔驰的是有成就的、较年长的企业家或高级管理者,似乎觉得更合适。

上述六个方面中最持久的应是价值、文化和个性特征,其揭示了品牌最实质的方面。如果奔驰推出廉价的小汽车,将会严重削弱奔驰公司苦心经营的品牌价值和个性。

知识窗:商标是商品的生产者、经营者在其生产、制造、加工、拣选或者经销的商品上,或者服务的提供者在其提供的服务上采用的,用于区别商品或服务来源的,由文字、图形、字母、数字、三维标志、颜色组合的,具有显著特征的标志。经国家核准注册的商标为注册商标,受法律保护,用"R"或"注"明示。

三、品牌策略

(一) 品牌有无策略

建立产品品牌需要考虑多方面因素，如这个企业是一个什么样的企业、生产什么样的产品、产品在什么场合销售等。

(二) 品牌归属策略

关于品牌的归属，有以下三种情况可供选择：

(1) 使用制造者品牌。产品由谁制造，就使用谁的品牌。

(2) 使用中间商品牌。生产企业将产品卖给中间商，中间商使用自己的名字。

(3) 一部分使用制造者品牌，一部分使用中间商品牌。

在我国，产品使用制造者的品牌居多，很少使用中间商品牌；在国外，一些零售企业很多使用中间商品牌，并在消费者中享有盛誉。例如，美国大型零售企业西尔斯公司和英国的马斯公司销售的产品都使用自己的品牌。

(4) 授权品牌。某企业经过申请，获得其他企业知名品牌的授权，用经过授权后的品牌进行销售。

❖ **案例：** 从耐克看经销商品牌的经营策略

20 世纪 40 年代，美国有一位叫耐克的推销员，专门推销质量上乘、款式新颖的皮鞋，久而久之，他推销的产品和他本人都成了名牌。于是，他以自己的名字注册了商标，创建了耐克皮鞋公司，并在全美国范围内寻找符合条件的生产厂家，为自己加工、生产皮鞋，然后用耐克商标销售。

耐克注册和使用的商标是典型的经销商商标。它从注册创立至今，没有自己的一间厂房，没有一个生产工人，也没有投入一分钱购置设备和原料，因而不形成资金积淀，只有一支经验丰富的经销商队伍和一支产品设计开发的工程师队伍。

由于成本低，效率高，耐克皮鞋公司的销售额和利润很快就超过了传统经营模式的生产厂家，耐克本人也成为亿万富翁。

耐克的发展给我们提供了一个全新的经营思路，这就是经销商品牌的经营策略。

在我国，商业企业也生产和销售自有品牌的商品，如北京的同仁堂药店、杭州的张小泉剪刀。

(三) 品牌统分策略

品牌统分策略是指某个企业或企业的某种产品在某种市场定位之下，采用一个或多个品牌，从而有助于最大限度地形成品牌的差别化和个性化，企业进而以品牌为单位组织开展营销活动。品牌统分策略一般包括以下几种。

1. 统一品牌策略

企业所生产的一切产品都使用同一品牌名称，这一策略在电器行业运用得相当普遍。

例如，海尔集团生产的产品有海尔彩电、海尔冰箱、海尔空调、海尔计算机等；其他的像长虹、TCL、索尼、康佳、飞利浦、佳能公司等，使用的都是统一品牌策略。

优点：① 推出新产品时可以省去命名的麻烦，节省大量宣传广告费；② 可用本企业出名的产品带动新产品上市；③ 显示企业实力，树立企业形象。

缺点：某种产品的失败会影响到本企业整个品牌的形象。另外，质量不同的产品难以区分。

2．个别品牌策略

个别品牌策略指企业每种产品使用不同的品牌名称和标志。

❖ **案例：宝洁公司的多品牌营销策略**

宝洁公司的经营特点有以下几个方面：一是种类多，从香皂、牙膏、漱口水、洗发精、护发素、柔软剂、洗涤剂，到咖啡、橙汁、烘焙油、蛋糕粉、土豆片，再到卫生纸、化妆纸、卫生棉、感冒药、胃药，横跨了清洁用品、食品、纸制品、药品等多种行业。二是许多产品大都是一种产品多个牌子。以洗衣粉为例，该公司推出的牌子就有汰渍、洗好、欧喜朵、波特、世纪等近十种品牌。在中国市场上，香皂用的是舒肤佳，牙膏用的是佳洁士，卫生巾用的是护舒宝，仅洗发水就有飘柔、潘婷、海飞丝等品牌。要问世界上哪个公司的牌子最多，恐怕非宝洁公司莫属。

优点：① 把个别产品的成败同企业形象分开，不会因为个别产品的失败而破坏整个企业的形象，因为在很多情况下，消费者只能记住某产品的名称，而不一定知道它的生产厂家；② 占领更多的货架面积；③ 有利于企业不同的产品向多个目标市场渗透。

缺点：① 企业要为每一种品牌分别做广告宣传，费用大；② 难以树立整个企业的形象。

3．分类品牌策略

如果企业生产的产品比较复杂，分为许多大类，且各大类的产品用途相差很大，最好使用分类命名的办法。不同类别的产品，名称不一样；同一大类的产品，名称相同。例如，食品与化肥、饮料与农药、化妆品与厨房卫生间的用品等，不宜采用单一的品牌，应分好类。此外，有些大型的零售企业，如西尔斯公司经营的家用电器、妇女服饰、家具、化妆品等，产品类别不一样。例如，健力宝集团，饮料类产品使用的品牌名称为健力宝，运动服装类产品使用的品牌名称是李宁。

4．品牌扩张策略

品牌扩张策略指企业利用成功的品牌声誉来推出改良产品或新产品。品牌扩张是一把双刃剑，若新推出的产品不够好，就会影响到原来产品的形象。

❖ **案例：海尔集团品牌扩张成功**

海尔集团成功地推出海尔冰箱之后，相继成功推出了洗衣机、电视机、空调、手机等相关产品。

❖ **案例：沙市日化公司品牌扩张失误**

沙市日化公司的"活力28"洗衣粉十分有名，该公司为了开发纯净水，投入巨资引进生产设备，虽然没有直接用"活力 28"的品牌，但广告词中却仍加上"活力 28，沙市日化"这句经典的洗衣粉广告词。但这种纯净水并没有赢得消费者的青睐，因为消费者喝了沙市矿泉水后，总感觉有洗衣粉的味道。

5. 品牌的重新定位

品牌的重新定位指品牌全部或部分地改变原来市场定位的做法。由于市场环境的变化，品牌往往需要重新定位。例如，竞争者推出一个强有力的新品牌，对本企业构成威胁；顾客的需求发生了变化，兴趣发生了转移；品牌原先定位不成功等。如果有以上问题，企业就要考虑重新定位。品牌的重新定位涉及改变产品的性能、外观、设计、广告、宣传等。

四、包装

(一) 包装的含义及作用

包装指产品的容器或包装物及设计装潢，它是产品整体中一个不可分割的部分，属于形式产品。产品包装一般有三个层次：内包装、中层包装和外包装。

包装的作用有以下几个方面：

(1) 保护商品的使用价值，使产品在运输及流通过程中完整无损、清洁卫生，不使其功能与性能发生变化。

(2) 便于经营与消费。良好的包装可为产品的买卖、陈列、储存与运输提供方便；同时，为消费者选购和使用提供便利。

(3) 便于识别产品。不同厂家生产的产品其包装设计不一样，都有其特定的标记，区别于竞争产品，通过包装便可知道是什么牌子，是由哪个企业生产的。

(4) 促进销售。好的包装可美化产品，给人以美的视觉享受，提高产品的档次与身份。茅台酒最初在美国市场上销路不畅，固然有很多原因，但一个重要原因是包装很土气，外国人不喜欢；后来，改变茅台酒包装以后，结果大不一样。有人将包装比作"无声的推销员"，商品给人的第一印象不是内在质量，而是外观包装。我国传统生意经也有"货卖一张皮"之说。俗话说"三分人才，七分打扮"，商品的外表也要"打扮"。

(5) 增加盈利。包装成本包含在产品的价值中，甚至包装的价格远远高于包装所付出的成本，特别是一些礼品的包装，非常精美，可以大大提升产品的价值。

(二) 包装策略

包装策略包含统一包装、分档包装、配套包装、再使用包装和附赠品包装。

(1) 统一包装：本企业的产品都采用相同或相似的包装。

优点：便于消费者识别，减少设计与促销费用，节约成本，树立企业整体形象，用老产品带动新产品上市。

缺点：某一产品经营失败，对其他产品会有影响；不同档次的产品，不适合采用同一包装。

(2) 分档包装：对于同一种产品，应采用不同档次的包装。例如，茶叶、糖果、饼干、月饼等可分为散装、袋装、盒装等，分档包装以适合不同购买力的消费者群体。

(3) 配套包装：把几种相关联的产品放在统一的包装中销售。例如，化妆品的系列套装、礼品套装，既便于消费，也可扩大销售，但要注意防止拉郎配式的销售，以免引起消费者反感。

(4) 再使用包装：有些产品的包装物在用完以后，其外包装还可以继续使用，如罐头瓶、酒瓶、果酱瓶等，可用来插花、养鱼、喝水等，还可以起到延续宣传的作用。

(5) 附赠品包装：在包装物中附送小礼品，如买空调送手机、买电冰箱或买微波炉送餐具，买彩色电视机或买 DVD 机送歌碟等。

另外，还有系列式、分量式、开窗式、密封式、名贵式、异常式、特殊式、通常式、情趣式、年龄式、性别式等包装策略。

案例分析

通过本次案例分析，学生可加深对产品与品牌的认识与理解。

案例背景资料：

纵观世界一流企业的经营实践，不难发现，这其中既有像索尼公司那样一贯奉行统一品牌策略，也有像宝洁公司这样实行个别品牌策略，其都能在国际市场竞争中纵横捭阖。

宝洁是目前全世界品牌最多的公司。宝洁有八种洗衣粉品牌、六种肥皂品牌、四种洗发精品牌和三种牙膏品牌，每种品牌的诉求都不一样。以中国市场的洗发水为例，宝洁就拥有潘婷、飘柔、海飞丝、沙宣、伊卡璐这五个品牌。据国家有关部门统计数据显示，这五个品牌的洗发水占中国市场总额的 60% 以上，而单一品牌是无法达到这一成绩的。

宝洁的多品牌策略并不是把一种产品简单地贴上几种商标，而是追求同类产品、不同品牌的差异，追求每个品牌的鲜明个性，这样每个品牌都有自己的发展空间，市场也就不会重叠。宝洁公司在推出每一件产品时，都使用代表公司形象的 P&G 标志，并借助 P&G 推出众多个性鲜明的新产品，如果没有飘柔、潘婷、汰渍、护舒宝、舒肤佳等创新品牌的产品，就不会有勇于创新、精益求精生产世界一流产品的宝洁公司。正是由于树立了这样的形象，保洁公司才能够长期稳定地发展。

任务：

以 4～5 位同学为一小组分析以上案例，并可查阅相关资料，讨论以下问题：

1. 索尼和宝洁各自的品牌策略是什么？
2. 采用个别品牌策略的机遇和风险是什么？
3. 采用个别品牌策略应注意什么问题？

实践指导：

索尼和宝洁分别采用统一品牌策略和个别品牌策略，采用个别品牌策略的好处是可以为每种产品寻求不同的市场定位，使企业为每个产品寻求最适当的名称以吸引消费者，有利于增加销售额；产品各自发展还可以分散风险，即使个别产品声誉不佳，也不会影响其他产品及整个企业的品牌声誉。但实行这种策略，企业市场推广费用很高，管理难度很大，对企业综合实力要求很高。

每一个品牌必须面对明确的细分市场，并具备适应该细分市场的独特个性，品牌之间尽量不要形成自相残杀的局面。如果各种品牌只有很低的市场占有率，企业必须放弃影响力较弱的品牌，而集中精力于少数较强的品牌上，最好先做响企业品牌，以企业品牌带动个别品牌。

知识拓展

案例： 香港丰泽电器集团多家分店都经营丰泽牌电器，但经仔细辨认后却发现，这些电器产品无论从式样到内部装置都同日立、乐声等名牌产品一模一样，原来丰泽专卖牌子，产品全是人家的产品。

问题： 香港丰泽电器集团采用何种品牌策略？采用此策略对企业有哪些好处？

案例： 泰国东方饭店堪称亚洲之最，几乎天天客满，不提前一个月预订是很难有入住机会的，而且客人大多来自西方发达国家。泰国为什么会有如此诱人的饭店呢？大家都知道泰国是一个旅游国家，但是他们却在客户服务和客户关系管理上下了很大的工夫。

一位姓于的商务人员因公务经常去泰国出差，并下榻东方饭店。第一次入住时，良好的饭店环境和服务就给他留下了深刻的印象，当第二次入住时的几个细节更使他对饭店的好感迅速升级。

那天早上，在他走出房门准备去餐厅的时候，楼层服务生恭敬地问道："于先生是要用早餐吗？"他很奇怪，问道："你怎么知道我姓于？"服务生说："我们饭店规定，晚上要背熟所有客人的姓名。"这令于先生大吃一惊，因为他频繁往返于世界各地，入住过无数高级酒店，这种情况还是第一次碰到。

于先生高兴地乘电梯到餐厅所在的楼层，刚刚走出电梯门，餐厅的服务生就说："于先生，里面请。"于先生更加疑惑，因为服务生并没有看到他的房卡，就问："你怎么知道我姓于？"服务生答："上面的电话刚刚下来，说您已经下楼了。"如此高的效率让于先生再次大吃一惊。

刚走进餐厅，服务小姐便微笑着问："于先生还要老位子吗？"于先生再次惊讶，心想：尽管我不是第一次在这里吃饭，但最近的一次也有一年多了，难道这里的服务员记忆力那么好？看到于先生惊讶的目光，服务小姐主动解释说："我刚刚查过电脑记录，您去年的6月8日在靠近第二个窗口的位子上用过早餐。"于先生听后兴奋地说："老位子！老位子！"小姐接着问："老菜单？一个三明治，一杯咖啡，一个鸡蛋？""老菜单，就要老菜单！"于先生兴奋到了极点。

上餐时，餐厅赠送了于先生一碟小菜，由于这种小菜于先生第一次看到，就问："这是什么？"服务生后退两步说："这是我们特有的某某小菜。"服务生为什么要向后退两步呢，因为他怕自己说话时口水不小心落在客人的食品上。这种细致的服务不要说在一般的酒店，就是美国最好的饭店都没有见过。这次吃早餐给于先生留下了终生难忘的印象。

后来，因为业务调整的原因，于先生有三年没有去泰国。然而在于先生生日的时候，突然收到了东方饭店发来的生日贺卡，里面还附有一封信，内容是：

> 亲爱的于先生，您已经有三年没来过我们这里了，我们全体人员都想念您，希望能再次见到您。今天是您的生日，祝您生日愉快。

于先生当时激动得热泪盈眶，发誓如果再去泰国，绝不到其他的饭店，一定要住在东方饭店，而且说服所有的朋友也像他一样选择东方饭店。于先生看了一下信封上面贴着一枚 6 元的邮票。6 元就这样买到一颗心，这就是客户关系管理的魅力。

东方饭店非常重视培养忠实的客户，并建立了一套完善的客户关系管理体系，使客户入住后可以得到无微不至的人性化服务。迄今为止，世界各国约有 20 万人曾经住过那里，用东方饭店的话说，只要每年有 1/10 的老顾客光顾就永远客满。这是东方饭店成功的秘诀。

问题：产品整体概念告诉我们什么道理？

 思考练习

简答题

1. 什么是产品？产品有哪些层次？
2. 什么是品牌？
3. 有哪些品牌策略？
4. 包装的概念是什么？
5. 有哪些包装策略？

任务二　理解产品生命周期

学习目标 ✎

- 了解产品生命周期的概念
- 掌握产品不同生命周期的特点和营销策略

案例导入

下面是一些在中国手机市场上里程碑式的产品：

第一台进入中国市场的手机——摩托罗拉 3200。

第一款内置天线，折叠机型手机——诺基亚 3210。

第一款登陆中国大陆的 GSM 手机——爱立信 gh337。

第一款双显示屏的手机——三星 s 系 h-a288。

第一款内置摄像头的手机——夏普 J-SH04。

第一款内置游戏的手机——诺基亚变色龙 6100。

第一款整合 MP3、音乐功能、带有移动存储器的手机——西门子 6688。

第一款采用 iOS 操作系统的手机——苹果 iPhone。

不知不觉，手机进入人们的生活已经有 20 多个年头。中国手机发展历程也经历了模拟手机时代、GSM 时代、2G 时代、3G 时代和正在进行的 4G 时代。随着人们生活水平的提高，手机已经逐渐从奢侈品发展成为现在十分普及的消费产品。

回顾手机的发展过程，每款有代表性的手机刚上市时都曾经风光无限，但很快便被超越，直至消失。

从摩托罗拉到诺基亚，再到苹果公司的异军突起，发展到当今的苹果、华为领跑，其他默默跟随，抑或转移战场。

案例点睛：

企业不能期望自己的产品永远畅销，就像生物的生命历程一样，产品也有生命周期。没有制订正确的产品生命周期管理策略的企业，就不能做到基业长青。

对不同生命周期阶段的产品，企业应给予不同的资源配置。

任务描述与分析

本任务旨在通过让学生完成指定项目任务，从而较为全面地了解产品生命周期的概念，以及产品生命周期各阶段的特点和营销策略，并且能够掌握产品各生命周期的特点和营销策略，在完成任务的过程中培养学生的职业素质。

相关知识与任务实施

一、产品生命周期的概念

一种产品在市场上的销售情况和获利能力并不是固定不变的，而是随着时间的推移，要经历从产品投入到最后被淘汰的全过程。这种变化和生物的生命历程一样，也经历了诞生、成长、成熟和衰亡的过程，所以称为产品生命周期。产品生命周期是一个很重要的概念，它和企业制订产品策略以及在生命周期不同阶段的经营策略有直接关系。

产品生命周期可用需求生命曲线描述，一般要经历导入期、成长期、成熟期、衰退期四个阶段(图 6.1)。产品生命周期和产品的使用寿命是两个不同的概念，前者是指产品的市场寿命或在市场上的存在时间，它的长短主要受市场因素的影响；使用寿命是指从产品投入使用到产品报废所经历的时间，其长短受自然属性、使用频率等因素的影响。产品生命周期概念的引入为企业明确了几个问题：① 产品的生命是有限的；② 产品的销售要经过不同的阶段，每一阶段对销售的要求不同；③ 在产品生命周期的不同阶段，利润有升有降；④ 在产品生命周期的不同阶段，需要采取不同的市场营销、财务、制造等方面的策略(表 6.1)。

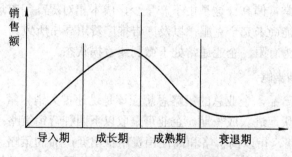

图 6.1　一般产品的生命周期曲线

表 6.1　产品生命周期特征

特点＼阶段	投入期	成长期	成熟期	衰退期
销售量	很低	迅速增长	最高	迅速下降
销售增长速度	缓慢	最快	减缓、零、负	负
单位产品成本	高	降低	最低	有所增加
利润	低或亏损	迅速增加	最高	低或亏损
竞争者数目	很少或无	逐渐增多	稳定、开始减少	减少
顾客类型	领先采用者	早期采用者	多数采用者	滞后采用者
企业战略重点	快	争	保	转
营销目标	建立知名度；加快推广速度；缩短投入期；推出品牌	形成美誉度；提高增长速度；扩大市场份额；创出品牌	巩固市场地位；维持市场份额；延长寿命周期；改变生产、销售地点；扩大或改变消费群体；调整营销策略；开发新产品	收割；放弃；重新定位进入新市场

二、产品生命周期各阶段的特点和营销策略

产品生命周期理论概括地描述了产品销售的阶段性及其变化趋向，有助于企业管理人员制订相应的营销策略，以推进企业的业务。这也正是该理论对企业营销实务所发挥的积极指导作用。

(一) 投入期的特点与营销策略

1. 投入期的特点

投入期是指新产品上市的最初时期，其主要特点如下：

第一，生产批量小，制造成本高。

第二，广告费用大。作为新产品，人们对其还不了解、不熟悉，广告及其他推销费用的支出常在投入期达到最高点。

第三，产品售价常常偏高。这是由于产量少，成本相对提高，市场竞争不激烈，同时生产上的技术问题可能尚未完全克服，以及广告推广费用高昂所致。

第四，销售量极为有限，企业通常处于微利或亏损状态。

2. 投入期的营销策略

对进入投入期的产品，企业总的策略思想应该是迅速扩大销售量，提高赢利，以尽量缩短投入期时间，更快地进入成长期。企业可采取以下四种营销策略：

(1) 快速撇脂策略，指以高价格和高促销费用推出新产品的策略。高价格的目的是尽可能获取更多的赢利，而大量的促销费用是为了引起顾客的注意，并加快市场的渗透率。

(2) 缓慢撇脂策略，指以高价格和低促销费用推出新产品的策略，其目标在于获取尽可能多的赢利。企业采取这种策略的条件是产品具有独特性，市场规模有限，大多数顾客已了解该产品，顾客愿意支付高价，没有剧烈的潜在竞争。

(3) 快速渗透策略，指以低价格和高促销费用推出新产品，以最快的速度去占领市场，达到最大的市场占有率的策略。采用这种策略应具备如下条件：① 市场规模大；② 顾客不了解该项新产品；③ 大部分顾客对价格比较敏感；④ 有强大的潜在竞争力量；⑤ 随着生产规模的扩大和制造经验的积累，企业的单位生产成本会大幅度下降。

(4) 缓慢渗透策略，指以低价格和低促销费用推出新产品的策略。低价格将使市场迅速接受该产品，同时又以低水平的促销成本实现较多的利润。采用这种策略应具备如下条件：① 市场规模大；② 市场上该产品已有较高的知名度；③ 市场对价格敏感；④ 存在潜在的竞争对手。

(二) 成长期的主要特点与营销策略

1．成长期的特点

成长期的主要特点如下：

第一，销售额迅速上升。一方面产品经过导入期，已为顾客所了解和熟悉，形成了相当大的市场需求；另一方面，产品也由于设计和制造方法已经定型，具备了大批量生产的条件；同时，竞争者纷纷进入市场。

第二，生产成本大幅下降。大批量生产降低了制造成本，而且也使分摊到每件产品上的广告费用大为降低。

第三，利润迅速增长。生产批量大，成本降低快，虽然销售下降，但企业利润仍然迅速增长。

2．成长期的营销策略

产品进入成长期，其销售额和利润都呈现出迅速增长的势头。因此，企业在产品成长期所应有的策略思想就是抓住时机，尽快扩大生产批量，保持旺销的活力。企业可能采取的成长期策略主要有以下几个方面：

(1) 改进产品质量，增加新产品的特色和式样。

(2) 进入新的细分市场，增加市场竞争力。

(3) 开辟分销渠道，扩大商业网点。

(4) 改变广告策略，由以导入期建立和提高产品的知名度为中心转变为以说服消费者重复购买该产品为中心。

(5) 根据竞争形势在适当时机降低价格以提高竞争能力，并吸引对价格敏感的购买者。

上述策略均有利于提高销售增长率，同时也必然会增加成本费用而影响利润。但是如果销售量的增长大于成本费用的增长，则利润率不但不会下降，反而会上升，从而延长产品成长期。

(三) 成熟期的特点与营销策略

1．成熟期的特点

成熟期的主要特点如下：

第一，产品的销售量逐渐达到高峰，虽然还会有所增加，但增加的速度放缓，这是由于市场的需求量已趋向饱和，大部分销售额属于替换购买所致。成熟期所经历的时间一般比以前几个阶段长。

第二，产品销售增长率减缓，使企业的生产能力过剩，导致激烈的价格竞争而价格水平迅速降低。竞争也使广告等促销费用提高，利润下降。

2. 成熟期的营销策略

企业对进入成熟期的产品所应采取的基本策略，就是延长产品的生命周期，使已处于停滞状态的销售增长率和已趋下降的利润率重新得到回升。可供选择的延长产品生命周期的策略有三种，即市场改良策略、产品改良策略和市场营销组合改良策略。

(1) 市场改良策略。市场改良策略就是开发新的市场，为产品寻求新的顾客。市场改良的方式有两种：一是发展产品的新用途；二是开辟新的市场。

(2) 产品改良策略。处于成熟期的产品，可通过对产品做某种改进而吸引新的使用者，或者为现有使用者开辟新用途，使趋于呆滞的销售量获得回升。产品改良包括质量改良、特性改良和形态改良等。

(3) 市场营销组合改良策略。市场营销组合改良策略就是对产品、定价、销售渠道、促销措施这四个影响销售量的市场因素组合加以改良，以刺激销售量的回升。其常用的方法有降价、增加广告、改善销售渠道及提供更完善的售后服务等。

(四) 衰退期的特点和营销策略

1. 衰退期的特点

衰退期的主要特点是：产品的需求量和销售量均迅速下降。这是由于经过成熟期的激烈竞争，价格被压到极低的水平；同时，市场上已出现了性能或规格品种改进的新产品，转移了市场需求。由于销售量和利润量的持续下降，许多成本较高的企业就会因无利可图而退出市场；留在市场中的企业被迫削减促销费用或降低产品的服务水平，以维持经营。

2. 衰退期的营销策略

对衰退期的产品应该在全面分析的基础上，根据具体情况，选择不同的淘汰策略。

(1) 立刻放弃的策略。如果企业在预测的基础上早在该产品进入衰退期之前或不久就已准备了替代性的新产品；或者该产品的资金可以迅速转移；或者该产品的市场售价、销售量急转直下，连变动成本也不能补偿；或者该产品的继续存在将危害其他有发展前途的产品等，则企业应采取立刻放弃的策略。

(2) 逐步放弃的策略。如果立刻放弃将造成更大的损失，则企业应采取逐步放弃的策略：安排一个日程表，按计划逐步减产，使有关的资金有秩序地转移；逐步扩大替代性新产品的产量；有秩序地改变顾客的使用习惯，避免在顾客中形成被抛弃的印象。

(3) 自然淘汰的策略。企业不主动放弃该产品，而是继续留在市场上直至完全衰退为止。采取这种策略，主要着眼于对竞争形势的分析。产品进入衰退期后，总会有一些生产单位较早退出市场，而继续留存的企业就可以接受这些退出者的顾客而获得利益。采取这种策略的企业必须具有很好的竞争力，同时也会面临较大的风险。

案例分析

通过本次案例分析，学生可加深对产品生命周期各阶段的理解。

养生堂朵而胶囊

养生堂公司于 1995 年推出了养生堂朵而胶囊。朵而的最大特点在于其"以内养外"的原理，这是对传统美容理念的一场变革。于是在朵而胶囊产品的投入期，养生堂公司将重点放在对这种美容理念的传递上，让消费者先认同观念，再接受产品。于是，各种媒体广告中便出现了一位身着白衣的美丽女子，就像是一个循循善诱的美育教师，向人们娓娓道来，"朵而胶囊，以内养外，补血养颜，使肌肤细腻红润有光泽"，传达美丽由内而外的理念。

随着"以内养外"的观念深入人心，朵而胶囊开始步入成长期。朵而胶囊的适用对象是成年女性，特别是城市中青年女性。于是，养生堂公司仅针对这一细分市场进行了一系列的营销策划。养生堂公司从"养生"的角度出发，以灵活的多层次、多阶段的品牌策略传送"美丽"。首先以"美丽"为诉求，在各大媒体上持续提出"女人什么时候最美"，引导人们对美进行讨论；继而斥巨资独家赞助轰动羊城的选美活动——美在花城——的评比之后，又在全国范围内开展"朵而女性新主持人大赛"；接着在世纪之交又推出"一千颗钻石，送给一千个美丽的女人"活动；之后又开展了"在你最美丽的时候遇见谁"的征文活动。

养生堂把一个个声势浩大的公关活动巧妙地与"美丽"挂钩，赋予每个活动"美"的内涵，将朵而"美"的概念深植在人们的心中，使消费者在日后接触"美丽"二字时，便可能会有养生堂朵而胶囊的品牌联想。

在产品的成熟期加大面向顾客的促销力度，推出电视广告品牌代言人，在传统渠道基础上新开拓网上销售渠道，并专门针对亚洲女性肌肤，采用纯植物萃取方式，潜心研发出 VE 抗衰老系列、玫瑰润颜柔肤系列、针叶樱桃嫩白亮肤系列和七叶树水油平衡系列面膜。通过研究女性肌肤给水补养时间，首创水果、鲜花、中药等多个系列 30 余种营养型面膜。

试析： 养生堂在各个产品生命周期分别采用了什么策略？

知识拓展

产品生命周期案例分析——百事可乐

(一) 投入期——以生产观念为中心阶段向以推销观念为主导阶段的转型

百事中国最早的广告邀请的是张国荣——伴随着动感的音乐，张国荣出现了。他迈着青春的脚步在自动售货机上取了一罐百事可乐；画面切换到他的演唱会场面，他在动感的音乐下边舞边唱，这时候台下的一个小朋友说了声"百事"，接着张国荣面带微笑地说了句"你的百事呢？"张国荣是百事可乐当时打造的"百事巨星"。

20 世纪 80 年代初期，正是张国荣辉煌的时候，百事可乐请他做广告可以迅速提高自己的知名度。从这支广告本身的角度，我们也不难看出，这是一支典型的投入期的广告。尤其是从最后一句"你的百事呢？"，我们可以很明显地看出，这是百事可乐创牌的广告，借张国荣的名声以期打造更大的市场知名度。从广告的表现手法来看，这支广告深受中国广告发展现状的影响，并没有跳出当时那个圈子。

在这里尤其值得一提的是百事可乐的定位。1983 年，百事可乐的新任 CEO 上台。他上台后做的第一大贡献就是给百事可乐做了一个精确的定位——主攻年轻人这一块市场。张国荣的这支广告就是在这个大环境下应运而生的。张国荣的这支广告效果非常明显，几乎是在一夜之间，让中国人知道了除可口可乐外还有另一种可乐的存在，那就是百事可乐。

(二) 成长期——以推销观念为主导阶段向以营销观念为导向的转型

20 世纪 90 年代初期，中国最火的男歌手莫过于"四大天王"了；女歌手中，天后王菲绝对是重量级的。当时，百事可乐请刘德华、郭富城和王菲作为其形象代言人，绝对是一个明智的选择。刘德华的百事可乐广告还带有明显的推销观念，但到了郭富城和王菲的百事可乐广告，就很好地体现了百事可乐的营销观念，尤其是郭富城的百事可乐广告歌成为当时传唱的经典。这同时也体现了百事可乐的音乐营销策略。

在上海电台一次 6000 人的调查中，年轻人说出了自己认为最酷的东西。他们认为，最酷的男歌手是郭富城，最酷的女歌手是王菲，而最酷的饮料是百事可乐，最酷的广告是百事可乐郭富城超长版，现在年轻人最酷的行为就是喝百事可乐。

由此我们可以看出百事可乐的这个广告做得是多么成功！值得一提的是，百事可乐在国外的广告大部分是请球星做的，而在中国，大部分的广告都是请歌星做的。这就不得不提到一个事实，由于中国的足球长期处于一个比较低的水平，以至于球星的地位一直都不如歌星。在国外，这种情况恰恰相反。这也说明百事可乐非常了解中国的实际情况。

处于快速发展期的百事可乐，其做广告的主要目的就是在巩固已有品牌知名度的同时，以期争取更多的潜在消费者；再者就是通过一系列的广告，塑造百事可乐的品牌个性——"新一代的选择""渴望无限"。

(三) 成熟期——以营销观念为导向阶段向整合营销传播阶段的转型

其实从广告本身的角度来说，这两个阶段的广告没有很大的差别，只是整合营销传播阶段的广告更加注意把各种媒体的广告往一个方向上引，以得到更大的合力，或者说是通过更多的广告营销手段来达到某一个营销目的。

雪碧原唱音乐先锋榜、百事校园新星大赛等一系列活动，都是百事可乐在整合营销观念的指导下采取的大广告营销策略，来达到共同塑造百事——这个年轻人的可乐的形象。

处于这个阶段的广告，你绝对看不出丝毫推销的感觉，他是在用另外一种语言和你交流，让你在感受到他的个性的同时感受到他的吸引力，然后深深地爱上他。

这个阶段百事可乐的广告越来越多，而且越来越有特色。尤其值得一提的是百事可乐广告的明星阵容——周杰伦、F4、古天乐、蔡依林、姚明、陈慧琳、郑秀文等。他们每一个都是这些年叱咤乐坛的人物，绝对有能力掀起中国年轻人的流行旋风，尤其是周杰伦，他这些年在华语乐坛的地位超然。

拥有这样豪华的明星阵容，再加上百事可乐公司自己良好的市场运作，对于 2005 年百事可乐在美国本土及中国市场全面超过可口可乐的事实，也就不足为怪了。

任何离开营销谈广告的话都是空洞的，这里有必要简单了解百事可乐这些年在中国的营销策略：

(1) 本土化策略。任何国外品牌进入中国后想长期占有比较大的市场份额，都不得不面对一个本土化的问题。百事乐乐在这一点上做得非常出色，从其公司管理团队中外人员的比例上我们也不难看出这个特色。

(2) 多元化的品牌策略。目前，百事可乐国际公司在中国市场的旗舰品牌是百事可乐、七喜、美年达和激浪。

(3) 独特的音乐推销。古天乐的《蓝色缘分》和周杰伦的《蓝色风暴》广受年轻人青睐。

(4)大手笔的公关。2001 年 12 月，由百事(中国)投资有限公司捐赠、中国妇女发展基金会设立的专项基金——"百事可乐基金"，向内蒙古的准格尔旗捐款。这笔资金将主要用于当地缺水家庭修建"母亲水窖"及贫困失学儿童复学等项目。此类活动大大增加了百事可乐的美誉度。

 **思考练习**

简答题

1. 产品投入期常采用的营销策略有哪些？
2. 产品成熟期常采用的营销策略有哪些？
3. 产品成长期常采用的营销策略有哪些？
4. 产品衰退期常采用的营销策略有哪些？

任务三　认识产品组合

学习目标 ✍

- 了解产品组合、产品线及产品项目的概念
- 掌握产品组合策略的内容

▉ 案例导入

全球零食领域的强大集团——卡夫食品，总部位于美国诺斯菲尔德，拥有深受消费者喜爱的品牌组合。卡夫食品向全球约 170 个国家的消费者提供美味的饼干、糖果、饮料、乳酪、零食和方便食品。卡夫食品拥有 11 个年销售额超过 10 亿美元的标志性品牌，包括吉百利、雅可布、卡夫、LU 饼干、麦斯威尔咖啡、**Milka** 巧克力、纳贝斯克、奥利奥、**OscarMayer** 肉类食品、**Philadelphia** 奶油芝士和 **Trident** 口香糖。此外，其旗下 40 多个品牌拥有上百年历史。作为创新、营销、营养健康和可持续发展领域的领先者，卡夫食品是道琼斯工业指数、标准普尔 500 指数、道琼斯可持续发展指数以及 Ethibel 可持续发展指数的成员。

卡夫食品的产品组合分析如下：

1. 卡夫食品缩减产品组合

2004 年、2006 年和 2007 年，卡夫分别售出其旗下的箭牌宠物零食部门、果汁饮料部

门、谷物部门和一些杂货店品牌。

2．卡夫食品扩大产品组合

2007 年 11 月 30 日，卡夫食品公司正式宣布，完成对达能集团全球饼干业务的收购。收购囊括了达能居市场领导地位的饼干品牌，其中包括 LU、闲趣和达能王子。2010 年卡夫又收购吉百利，因为吉百利品牌和卡夫是高度互补的，填补了卡夫糖果领域的短板。

3．卡夫食品的品牌延伸

卡夫和达能合并以后，饼干的产品系列将形成一系列的互补，包括主流和高端产品的互补、营养和健康系列及享受型产品的互补、成人和儿童产品的互补等。在饮料产品中，麦斯威尔、麦氏经典咖啡和菓珍的高低端产品也得到区分与互补。卡夫产品定位方向将同时兼顾中、低档的营养强化产品和高端的享受型产品。从卡夫食品公司的这一产品策略中可以看出，增加的不管是高端产品还是低端产品，企业都是在谋求更为长远的利益、更为广阔的市场占有率以及更多的消费群体。

卡夫食品于 1984 年进入中国市场，目前在中国约有 4000 名员工，经营包括饼干、糖果、咖啡和固体速溶饮料在内的四大消费品。2011 年卡夫食品在大中华地区的产品组合概况如表 6.2 所示。

表 6.2　2011 年卡夫食品在大中化地区的产品组合概况

饼干	糖果	咖啡	固体速溶饮料
奥利奥 王子 趣多多 太平梳打 优冠 闲趣 乐之 佳钙	怡口莲 荷氏	麦斯威尔 麦氏典藏	菓珍

从表 6.2 可以看出，卡夫食品在大中华地区的产品组合有四条产品线，分别为饼干、糖果、咖啡和固体速溶饮料。其中饼干的产品项目是所有产品项目中最多的，而广为人知的奥利奥有六个品种：奥利奥夹心饼干、奥利奥威化、奥利奥巧脆、奥利奥缤纷双果、奥利奥冰淇淋、迷你奥利奥。而近年来的趣多多品种也在不断扩大，目前有趣多多硬脆曲奇、趣多多软式甜饼、趣多多黄油曲奇、迷你趣多多等。

案例点睛：

企业产品线和产品项目越丰富，在市场的影响力就越大，但管理也越困难，企业应审时度势，调整自己的产品组合。

▶ **任务描述与分析**

本任务旨在通过让学生完成指定项目任务，从而较为全面地认识产品组合的概念、产品组合的策略，并且能够掌握产品组合的相关策略，在完成任务的过程中培养学生的职业素质。

■ 相关知识与任务实施

一、产品组合概述

(一) 产品组合的概念

产品组合是指一个企业提供的全部产品线和产品项目的组合或结构，即企业的业务经营范围。

产品线及产品大类是指一组密切相关的产品。所谓密切相关，是指这些产品能满足需要，或必须在一起使用，或售给同类顾客，或通过统一的销售渠道出售，同属于某种特定的价格范围。产品线由不同的产品项目构成，产品项目是指某一产品大类中的不同型号、式样、颜色、形状和价格的具体产品。

❖ **案例**：某公司有服装、鞋类、帽子、针织品四条产品线，而服装产品线中含有男西装、女时装、男衬衣、女衬衣、风雨衣和儿童服装六个产品项目。

(二) 产品组合的宽度、长度、深度和相关度

产品组合的宽度也称广度，是指一个企业生产或制造的产品有多少大类及数目。

产品组合的长度是指某企业产品组合中各产品线所包含的产品项目总数。

产品组合的深度是指每条产品线中所包含的产品项目的数量及产品大类中产品花色、品种、规格的数量，一般用平均数分析。大型商场产品组合的深度深，小型商场产品组合的深度浅。

产品组合的相关度是指一个企业的各产品线在最终用途、生产条件、分销渠道或者其他方面相互关联的程度。

随堂思考：在本案例导入中，卡夫食品在大中华地区的产品组合深度为多少？

二、产品组合策略

(一) 扩大产品组合策略

拓展产品组合的宽度，是指在原产品组合中增加产品线，扩大经营范围。采取这种策略的目的是满足多种需求，增加销售额，获取更多利润，利用过剩的生产经营能力使商品线完整化，阻止竞争者利用产品项目空缺进入市场。

增加产品组合的长度和深度，即增加产品项目的花色、式样、规格，增加顾客的挑选余地，可迎合消费者的不同需要和爱好，招引顾客，增强企业市场地位，满足更多和更细小的市场需求。

增强产品组合的关联度，各大类产品在最终用途、生产条件和分销渠道上的密切关联，可提高企业在一个地区和行业的声誉，提高企业竞争力，巩固市场地位，但同时增加了市场需求波动的影响，增加了经营风险。

(二) 缩减产品组合策略

缩减产品组合策略也称产品线简化策略，是指从产品组合中剔除利小或不获利的产品
线及产品项目，以便企业集中力量发展获利多的产品线和产品项目。采取这种策略的原因
是产品项目进入了衰退期，市场寿命无法延长，市场需求不景气，原料能源紧缺，缺乏足
够的生产经营能力。例如，1999 年联合利华宣布将其品牌从 1600 个缩减到 600 个，集中
精力在全球和区域核心品牌上，而这些品牌占到公司全球总收益(270 亿美元)的 90%。

随堂思考：在本案例导入中，卡夫食品是怎样应用扩大和缩减产品组合策略的？

(三) 产品线延伸策略

产品线延伸策略是指全部或部分地改变企业原有的产品市场定位，具体有向下延伸、
向上延伸和双向延伸三种实现方式。

1．向下延伸

向下延伸是指原来生产经营高档产品的企业后来决定增加低档产品。企业在采取向下
延伸决策时，会遇到一些风险，如：① 企业原来生产高档产品，后来增加低档产品，这样
就可能使名牌产品的质量形象受到损害。所以，低档产品最好用新的商标。② 企业原来生
产高档产品，后来增加低档产品，这样就会刺激生产低档产品的企业，它们可能会向高档
产品市场发起反攻。③ 企业的经销商也可能不愿意经营低档产品，因为经营低档产品所得
利润较少。

❖ **案例**：宝马汽车

宝马汽车最初进入中国汽车市场时属于高档豪华产品，随着中国市场主流消费的变化，
宝马逐步进入中档车市场，成为中档车市场的代表产品。

❖ **案例**：派克钢笔

匈牙利人拜罗兄弟发明了圆珠笔，一举击败了派克公司一统市场的局面。由于圆珠笔
造价低廉，使用方便，更实用，一问世就深受广大消费者的欢迎。面对拜罗兄弟圆珠笔的
冲击，1982 年派克公司新任总经理詹姆斯·彼特森开始对公司进行改革，决定转轨和经营
每支售价在 3 美元以下的钢笔。

在世界市场上，派克笔是高档产品，是体现身份的标志。彼特森把主要精力放在争夺
低档钢笔市场上，不仅没有顺利地打入低档钢笔的市场，反而使高档钢笔市场的占有率下
降到 17%。

2．向上延伸

向上延伸高档产品策略是指企业在原有的产品线内增加生产高档产品，项目产品组合
向高端化、名优化发展。

采取这种策略的原因，包括高档产品畅销、销售增长快、利润率高、高档产品市场竞
争对手较弱、企业想成为生产种类全面的企业等。但企业若采取这种策略，也要面临一定
的风险，如可能引起高档产品竞争对手的抵抗及反向进攻等。低档产品企业进入高档产品
市场，会让顾客怀疑企业生产高档产品的能力，怀疑销售代理商和经销商经营高档产品的
能力。

❖ **案例**：吉利汽车公司最初进入汽车市场时仅提供低档产品，在取得成功后，逐步进入中档车市场，吉利帝豪即是其中档车的代表产品。

3. 双向延伸

双向延伸是指原定位于中档产品，决定向产品的上下两个方向延伸，一方面增加高档产品的生产，另一方面增加低档产品的生产。采取这种策略，可在一定条件下有助于加强企业的市场地位。

❖ **案例：五粮液延伸策略**

当五粮液在高档白酒市场站稳脚跟后，便采取双向延伸策略，生产"五粮春""五粮醇""尖庄"等品牌，分别进入中偏高、中档和低档白酒市场。横向延伸策略指五粮液集团先后和几十家地方酒厂联合开发具有地方特色的系列白酒，在这些产品中均注明"五粮液集团荣誉产品"。五粮液集团借助这些延伸策略，有效地实施低成本扩张，使其市场份额不断扩大。

（四）产品差异化策略

产品差异化策略是指企业以某种方式改变那些基本相同的产品，以使消费者相信这些产品存在差异而产生不同的偏好。采取产品差异化策略的途径有以下几个方面：

(1) 开发设计形成的质量、式样、造型差异。企业为使自己的产品区别于同类企业的产品，并建立竞争优势，就要大力开展研究和开发工作，努力使产品在质量、式样、造型等方面发生改变，不断推出新产品，满足顾客需要。例如，顾客选购电器装置和汽车时，主要关注产品设计上的差异。

(2) 地理位置形成的运输成本和便利性差异。企业产品的生产地和销售地的选择均以地理便利为基础，由此带来位置和运输上的优势。例如，在批发零售、服务业、建筑业、运输业中的地理差异对企业节省成本、吸引顾客有着重要的作用。

(3) 促销形成的印象和偏好的差异。产品差异对消费者的偏好具有特殊意义，尤其是对购买次数不多的产品，许多消费者并不了解其性能、质量和款式，所以企业应通过广告销售、宣传、包装吸引力以及公关活动，给消费者留下偏好和主观形象。例如，由于消费者信息闭塞，易受广告宣传的引导，因此广告在产生产品差异方面扮演着重要的角色，这尤其表现在肥皂、香烟和酒等产品类别上。

(4) 服务方面形成的满足感差异。在现代市场营销观念中，服务已成为产品的一个重要组成部分。企业可通过训练有素的职员为消费者提供优质服务，如缩短结账过程等，满足消费者合理的差异需求。事实上，许多消费者不仅愿意接受优质服务，而且愿意为产品中包含的信息和训练支付费用。例如，在多数消费品行业，消费者对所购产品的质量及技术情况了解甚多，许多产品又是标准化的，因而服务水平的差异往往成为消费者购买的关键因素。

（五）产品线现代化策略

产品线现代化策略强调把科学技术应用于生产经营过程，并不断改进产品线，使之符合现代顾客需求变化的潮流。如果产品组合的宽度、广度和长度适宜，但生产方式落后，或者产品跟不上现代顾客需求变化的潮流，就会影响企业的生产和市场营销效率，因而必须实施产品线现代化策略，通过设备和技术更新，改变产品品质和操作方式。

产品线现代化策略主要有如下两种方式：一是渐进现代化策略，采取这种策略可以节省资金消耗，但竞争者容易觉察；二是快速现代化策略，采取这种策略在短期内耗费资金多，但可以快速产生市场效果，容易击败竞争者。

案例分析

通过本次案例分析，学生可加深对产品组合的理解。

芭比智设"美金链"

在美国市场上曾出现过一种注册为"芭比"的洋娃娃，每个售价仅为 10 美元 95 美分。就是这个看似寻常的洋娃娃，竟弄得许多父母哭笑不得，因为这是一种"会吃美金"的东西，且看以下的故事。

一天，当父亲将物美价廉的芭比娃娃买下并作为生日礼物赠送给女儿后，很快就忘记了此事，直到有一天晚上，女儿对父亲说："芭比需要新衣服。"原来，女儿发现了附在包装盒里的商品供应单，提醒小主人芭比应当有自己的一些衣服。父亲想，让女儿在给娃娃穿衣服的过程中得到某种锻炼，再花点钱也是值得的，于是又去那家商店，花了 45 美元买回了"芭比系列装"。

过了一个星期，女儿又说得到商店的提示，应当让芭比当"空中小姐"，还说一个女孩在她的同伴中的地位取决于芭比有多少身份，还噙着眼泪说她的芭比在同伴中是最没"身份"的。于是，父亲为了满足女儿不太过分的虚荣心，又掏钱买了空姐衣服，接着又是护士、舞蹈演员的行头。这一下，父亲的钱包里又少了 35 美元。

然而，事情没有完，有一天，女儿得到"信息"说她的芭比喜欢上了英俊的"小伙子"凯恩，不想让芭比"失恋"的女儿央求父亲买回凯恩娃娃。望着女儿腮边的泪珠，父亲还能说什么呢？于是，父亲又花费了 11 美元让芭比与凯恩成双结对。

洋娃娃凯恩进门，同样附有一张商品供应单，提醒小主人别忘了给可爱的凯恩添置衣服、浴袍、电动剃须刀等物品。没有办法，父亲又一次打开了钱包。

事情总该结束了吧？没有。当女儿眉飞色舞地在家中宣布芭比与凯恩准备"结婚"时，父亲显得无可奈何。当初买回凯恩让他与芭比成双结对，现在就没有理由拒绝女儿的愿望。为了不给女儿留下"棒打鸳鸯"的印象，父亲忍痛破费让女儿为婚礼"大操大办"。

父亲想，谢天谢地，这下女儿总该心满意足了。谁知有一天女儿又收到了商品供应单，说她的芭比和凯恩有了爱情的结晶——米琪娃娃！

试析：芭比采用了何种产品线延伸策略？有何好处？

知识拓展

20 世纪 80 年代末，在国内冰箱价格战打得火热的时候，青岛利勃海尔(海尔前身)为提高自身形象反其道而行，在严格质量管理的基础上，将全部产品提价 10%，结果取得了巨大的成功，并且将海尔冰箱提高到了一个高质量、高档次的水平，避免了与其他厂家的价格大战，同时也形成了自己的顾客忠诚度。

1984~1991 年，海尔只生产一种产品——电冰箱。连续七年，海尔一直坚持专业化经营策略，通过科学的管理与技术创新，在电冰箱领域建立了很高的知名度和良好的品牌形象。海尔牌电冰箱成为当时中国家电唯一的驰名商标，并通过美国 U2 认证且出口到欧美国家。

1992~1995 年，海尔品牌逐渐延伸到冰柜、空调等智能家电领域，并很快成为各自行业的名牌产品。

1995~1997 年，海尔又将洗衣机、热水器、小家电、微波炉、洗碗机等产品作为新目标经营领域，覆盖了几乎全部的白色家电产品，当然作为主业的电冰箱的产销规模此时也在不断扩大。

海尔不断通过推出产品的新档次和新规格来满足多样化需求，提高市场份额。在冰箱方面，海尔相继推出了"小王子""双王子""大王子""帅王子""金王子"等；在空调上，海尔先后推出了"小超人"变频空调、"小状元"健康空调和"小英才"窗机等；在洗衣机上，海尔推出了小神童、海尔及时洗等。

1997 年，海尔又进入黑色家电领域，1999 年海尔品牌的计算机成功上市。现在海尔集团已拥有包括白色家电、黑色家电和米色家电在内的 69 个大门类和 10800 多个规格品种的家电群，覆盖了绝大多数家电产品，在消费者心目中树立起了海尔家电王国的形象。

海尔集团采用主副品牌策略，在冰箱、空调、洗衣机等各种产品上全部使用"海尔"作为主品牌，"王子"等作为冰箱的副品牌，如海尔小王子、海尔双王子、海尔大王子，还有帅王子、海尔金王子等。

任务：

以 4~5 位同学为一小组，分析以上材料，可查阅相关资料，讨论以下问题：

(1) 海尔采用了何种产品线延伸策略？有何好处？

(2) 海尔采用了何种产品组合策略？采用副品牌有何好处？

 **思考练习**

简答题

1. 采取产品差异化的途径有哪些？

2. 扩大产品组合的策略有哪些？

任务四　开发与推广新产品

学习目标 ✍

- 掌握新产品的概念及开发方式
- 掌握新产品开发的程序

案例导入

白加黑——治疗感冒，黑白分明

要在同质化市场中突围，必须找到自己"独特的销售主张"(Unique Selling Proposition, USP)。方向大家都明白，但真正能做到的却寥寥无几，而白加黑却是寥寥者中的成功者。白加黑的核心诉求是"治疗感冒，黑白分明"，所有的广告传播的核心信息是"白天服白片，不瞌睡；晚上服黑片，睡得香"。产品名称和广告信息都在清晰地传达产品概念。1995年，"白加黑"上市仅180天，销售额就突破1.6亿元，在拥挤的感冒药市场上分割了15%的份额，登上了行业第二品牌的地位，在中国营销传播史上堪称奇迹。

从专业角度来说，"白加黑"是一个非常好的创意。它看似简单，只是把感冒药分成白片和黑片，并把感冒药中的镇静剂"扑尔敏"放在黑片中，其他什么也没做；它不仅在品牌的外观上与竞争品牌形成很大的差别，更重要的是与消费者的生活场景相吻合，能够触发消费者的体验，达到了引发联想的强烈传播效果。

任务描述与分析

本任务旨在通过让学生完成指定项目任务，从而较为全面地认识新产品的含义，新产品的类型，新产品开发的方式、程序以及趋势，使学生在完成任务的过程中培养职业素质。

相关知识与任务实施

一、新产品的概念

从企业的角度，新产品可以定义为向市场提供较原先已经提供的有根本不同的产品或劳务。这个新产品的定义只是对企业而言，对市场而言可能并不是新产品。从市场营销的观点来看，"新"是相对的，新发明创造的产品是新产品；面对市场上现有的产品有所改进或部分改进，采用了本企业的商标的也是新产品；在企业现有产品系列中增加新的品种也可被认为是新产品。

二、新产品的类型

新产品根据其新颖程度的不同可以分为全新产品、换代新产品和改进新产品。

(一) 全新产品

全新产品是指运用新原理、新技术、新工艺、新材料生产出来的产品。

(二) 换代新产品

换代新产品是指对原来老产品进行重大改进，有关生产技术及原理比原来有新的突破的产品。例如，数码相机相对于传统相机，DVD 相对于 VCD，彩色电视机相对于黑白电视机等。

(三) 改进新产品

改进新产品是指对原来的产品进行小改革，如在结构、外观、格式等方面做出改革的产品。

另外，关于新产品的分类还有其他说法。例如，地区性新产品指在某个区域市场第一次出现的产品；企业新产品是指在本企业第一次生产，但其他企业也许早已生产的产品等。

三、新产品开发方式

根据我国企业近年来的经验，新产品的开发方式主要有以下几种。

(一) 独立研制

独立研制是指由企业运用自己的科研力量开发出新的、具有特色的产品，取得技术上的领先地位，从而在市场上占绝对优势。这种策略又可分为三种形式：一是从基础理论开始研究，经过应用研究和开发研究，最终开发出新产品；二是利用已有的基础理论进行应用研究和开发研究，开发出新的产品；三是利用基础理论和应用理论的成果进行开发性研究，开发出新的产品并投放市场。

(二) 技术引进

技术引进指花费一定的费用购买别人的先进技术和研究成果，既可以从国外引进，也可以从本国其他地区引进。实行技术引进不仅能节约研制费用，而且能赢得时间，赶超先进技术水平，因而是许多科研力量不强的企业采用的策略。但由于所有的企业均可采用该策略，因此市场竞争激烈，企业难以拥有较高的市场占有率。

(三) 研制与引进相结合

研制与引进相结合是指在开发新产品上采取"两条腿走路"的方针，既独立研制，又引进技术，并通过对引进技术的消化吸收与本企业技术结合，创造出本企业的新产品。这种策略的优点是使二者相互促进，独立研制促进了引进技术的消化，引进技术又为独立研制提供了借鉴，从而加快了新产品开发的进程。

四、新产品开发的程序

新产品开发一般要经历产生创意、创意筛选、概念发展与测试、制订营销战略计划、效益分析、产品开发、市场试销和商品化八个阶段，下面分别阐述。

(一) 产生创意

新产品开发是从寻求创意开始的。一个成功的新产品，首先来自一个有创造性的创意。新产品创意的来源很多，包括消费者用户、科研人员与科研机构、经销商和代理商、企业管理人员和职工专利代理人、大学和商业性实验室、营销咨询公司、广告代理商、工业顾问等。

（二）创意筛选

创意筛选的目的是权衡各个创意的费用、潜在效益和风险，剔除那些与企业目标或资源不协调的新产品创意。创意的筛选要符合可行性原则、效益性原则和适应性原则。

（三）概念发展与测试

产品创意是企业从自身角度考虑希望提供给市场的产品设想。这种设想往往是初步的和轮廓性的，要进一步发展成能被消费者所理解且能够用文字、图形或模型予以具体描述的产品概念。对于新发展起来的产品概念，企业需进行认真评价，从中选择最好的产品概念，并分析它有可能与哪些现有产品竞争，据此指定产品或品牌定位策略。在此基础上，还应在消费者中对新产品概念进行测试，具体内容包括：新产品概念的可传播性和可信度，潜在消费者对新产品概念的需求水平，新产品概念与现有产品的差距水平，潜在消费者对新产品概念的认知价值，潜在消费者的购买意愿，目标用户、购买场合和购买频率的测试。

（四）制订营销战略计划

对于经测试入选的产品概念，企业需制订一个初步的营销计划。营销计划包括三个部分：第一部分描述目标市场的规模、结构和行为，产品的定位、销售量和市场占有率，以及产品投放市场头几年的利润目标；第二部分则是产品的价格策略、分销策略和营销预算；第三部分涉及长期销售量和利润目标的预测，以及在不同时期的营销组合策略。

（五）效益分析

效益分析是对新产品的潜在利益所做的详细研究，目的是在发生进一步开发费用之前剔除不能赢利的新产品概念。由于大部分不适用的新产品创意及新产品概念在筛选和测试阶段已经被淘汰，因此，效益分析经常集中于为数不多的几个新产品方案上。新产品效益分析的内容主要包括三个方面：估计销售量、测算成本和利润、计算开发的投资量。

（六）产品开发

这一阶段是将产品概念转交给研究开发部门，该部门将其转化为具体的产品模型或样本。较之前述几个阶段，产品开发阶段需要更多的投入，也需要更长的时间。试制出来的产品只有符合以下要求，才能被视为在技术和商业上是可行的：首先，在消费者看来，产品具备了产品概念中所列举的各项属性；其次，在正常使用条件下，能安全地发挥其功能；最后，新产品能在预算的成本范围内生产出来。

（七）市场试销

产品投放市场后，要了解它能否受到目标消费者的欢迎。为此，需要通过市场试销，即将产品投放到有代表性的小范围市场进行试验，以检查该产品的市场反应，在此基础上再决定是否将产品大批量投放市场。

市场试销的目的主要是了解消费者对新产品的反应情况，并据此做出决策。通过试销，还可以收集有关市场和产品的信息，进一步改进产品和完善市场营销方案。有时，还可以在试销中发现新的市场机会。虽然如此，但并不是所有的产品都必须经过市场试销，是否试销主要取决于企业对新产品成功率的把握。

(八) 商品化

在试销基础上，企业可根据获得的大量信息来决定是否将新产品全面推向市场。一旦决定进行商业性投放，则应在以下方面慎重决策。

1. 上市时机

新产品上市要选择最佳的时机，如果是季节性产品则最好应季上市，以便立即引起消费者的兴趣。同时，还要考虑新产品上市对企业老产品的影响，如果对老产品的销售影响大，则应在老产品库存量下降后推出新产品。

在竞争者也将推出类似新产品的情况下，进入市场的时机有三种选择：

(1) 抢先进入，可获得先入为主的优势，率先建立品牌偏好。

(2) 同时进入，可与竞争者分摊广告促销费，分担风险。

(3) 延后进入，在竞争者产品上市后再进入市场，可以节省广告宣传费，避免新产品上市可能出现的问题和损失；还可以较准确地了解市场需求量的大小。

2. 上市地点

上市地点主要根据企业实力和市场条件等因素决定。新产品一般在主要地区的市场上推出，进行集中性广告宣传活动，然后扩大到其他地区。实力强大的公司拥有全国或国际销售网络，因此也可以一开始就在全国或国际市场上推出。

3. 目标顾客

企业应该根据目标顾客有针对性地制订营销计划，把分销和促销的重点指向最早使用者、经常使用者和用户中有影响力者，并通过他们带动一般顾客，以最快的速度和最少的费用扩大新产品的市场占有率。

4. 营销策略

采取什么营销策略推出新产品，即对营销组合要素的投资比例和先后顺序也要做出适当安排。对不同地区、不同市场和不同目标顾客应有不同的营销策略，因地制宜。

总之，一项新产品的开发要想取得成功，必须有一套科学合理的程序，要有计划、有步骤地进行。

❖ **案例："安静的小狗"大获成功**

美国一家环球股份公司生产一种猪皮便鞋，鞋的名字叫"安静的小狗"。这些产品刚上市时，该公司采取了一种新奇的营销方法：无偿试穿，即先买 100 双便鞋，送给 100 位顾客，试穿八周。八周之后，公司通知顾客将鞋子收回，如果想买下则每双鞋付 5 美元。结果，绝大部分顾客购买了鞋子。

其实，公司的真实用意并不是想收回鞋子，而是想借此知道这种新产品以 5 美元出售是否有人愿意买？通过这次赠送新产品的活动，公司开始进行大规模的宣传造势，最终以每双鞋 7.85 美元的价格出售，获得了成功。

记住一点，顾客的反应才是真实的反应，每一个新产品投放成功，都是以顾客为中心进行反反复复的修改才实现的。

五、新产品开发趋势

随着社会经济的发展，新产品的开发工作也越来越受到企业的重视。纵观近年来的发展，新产品开发趋势突出表现在以下几个方面。

(一) 多能化和高能化

扩大产品的使用范围，由单功能或少功能产品发展为多功能产品，使之更具市场竞争力。

(二) 微型化和轻型化

在产品性能不变甚至提高的条件下，尽量缩小产品体积，减小产品质量，使之适于搬运、装卸、安装、操作等。

(三) 多样化

发展多品种、多型号、多档次的产品，满足消费者多层次、多样化的需求。多样化又可分为水平多样化、垂直多样化和综合多样化三大类型。水平多样化即除生产一种主要产品外，还生产其他产品，或在基型产品基础上发展多型号、多规格、多品种的系列产品；垂直多样化即对产品进行深度加工，生产多种新产品；综合多样化就是综合利用主要产品的原材料以及下脚料、废料和工业"三废"(废气、废水、废渣)，生产多种产品。

(四) 简易化

简易化即对产品的结构进行改革，在保留基本功能的前提下去掉某些次要的或者不必要的功能，或者利用新技术、新工艺、新材料，使产品的结构简化，减少产品零部件的种类、型号，使之系列化、通用化、标准化。

(五) 节能化

新产品应有利于节约能源和材料，还应考虑开发利用新能源，如太阳能、核能、光合作用能(生物能)等新产品。

(六) 生态平衡化

生态平衡化是指要优先发展不污染环境、能保持生态平衡的新产品。

▋ 案例分析

通过本次案例分析，学生可加深对开发与推广新产品的理解。

金龙鱼 1:1:1，开创调和油市场

很少有人知道 1:1:1 具体是什么，但是我们都能够记住 1:1:1，并且潜意识里觉

得这个比例应该是很科学的。

调和油这种产品是金龙鱼创造出来的。当初，金龙鱼在引进国外已经很普及的色拉油时发现，虽然色拉油有市场，但不完全被国人接受。原因是色拉油虽然精炼程度很高，但没有太多的油香，不符合中国人的饮食习惯。后来，金龙鱼研制出将花生油、菜籽油与色拉油混合的产品，使色拉油的纯净卫生与中国人的需求相结合，终于赢得中国市场。

为了将金龙鱼打造成为强势品牌，金龙鱼在品牌方面不断创新，由最初的"温暖亲情·金龙鱼大家庭"提升为"健康生活金龙鱼"。然而，在多年的营销传播中，这些"模糊"的品牌概念除了让消费者记住了"金龙鱼"这个品牌名称外，并没有引发更多联想。而且，大家似乎还没有清楚地认识到调和油到底是什么？有什么好处？2002年，"金龙鱼"又一次跳跃龙门，获得了新的突破，提出新营销传播概念 1∶1∶1。看似简单的 1∶1∶1 概念，配合"1∶1∶1 最佳营养配方"的理性诉求，既形象地传达出金龙鱼由三种油调和而成的特点，又让消费者"误以为"只有"1∶1∶1"的金龙鱼才是最好的食用油。

也正是通过这个概念，金龙鱼在 2002 年才让中国的消费者真正认识了调和油，其关键在于找到了一个简单的营销传播概念。截至 2018 年底，金龙鱼仍然稳居小包装食用油行业第一品牌地位。

试析：

1. 如果你是公司营销人员，你会如何开展营销？
2. 分析该案例，并提出你的看法。

知识拓展

案例背景资料：

一家公司生产出一种新型的高效率打字机，该公司宣称这种打字机工艺先进，最重要的是其在技术上有重大革新，是市场上最先进、效率最高的打字机，将开创打字效率的新时代。为此，它发起了一场推销打字机的活动。然而在推销过程中，这种打字机却遭到其使用人员的坚决抵制，从而导致这家企业推销活动的失败，最后不得不停止生产这种打字机。为什么会出现这种情况呢？性能优越、工艺先进的打字机却不能马上打入市场？经过了解他们发现，使用这种性能全新的新型打字机需要使用者完全改变原有熟悉的工作方法，因此他们坚决抵制使用这种新型打字机。

任务：结合新产品开发原则分析该新产品开发失败的原因。

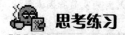 **思考练习**

简答题

1. 新产品开发的程序是什么？
2. 新产品开发的趋势是什么？

项目七 定 价 策 略

 **情境导入**

　　一天，小强放学回家，听到爸爸正在打电话："我们公司的产品质量您可放一百二十个心，绝对是市场同类产品中最好的。这个价格就不能再降了，本来看您是老顾客，给您的报价已经是最低的了……"等爸爸挂断电话后，小强好奇地问爸爸："爸爸，您公司产品的价格都是怎么制定出来的呀？"爸爸笑了笑，摸了摸小强的头，详细地说起来……

任务一 认识定价原理

学习目标 ✎

- 掌握价格的构成
- 理解影响定价的因素

案例导入

李宁运动专卖定价方法及策略

一、影响李宁定价的因素

表 7.1 所示为李宁五大定价因素分析。

表 7.1 李宁五大定价因素分析

定价因素	分　　析
产品成本	运动鞋服生产成本较低，但设计因素、科技因素、人员投入因素及品牌因素等附加价值较高
市场需求	市场需求主要为 20～40 岁的青年人群、从事体育行业的人员及爱运动的广大群体
竞争因素	高端竞争对手有阿迪达斯、耐克、卡帕、彪马等，中低端竞争对手主要有安踏、匹克、361°、特步等，而李宁主攻中高端运动鞋服
政府管制	李宁作为民族企业，为振兴民族企业，政府较为支持
企业定价目标	品牌重塑后，李宁的定价目标向中高端发展

以上分析得出，因为运动鞋服的市场需求很大，政府较为支持，所以李宁的定价主要受产品成本、竞争因素和企业定价目标的影响。

李宁作为运动鞋服用品生产商，采用销售导向的定价目标。李宁的主要定价目标为增加市场份额，尤其是国际份额；附属定价目标是促进中国区的销售，开拓国际市场。

李宁的竞争者主要为阿迪、耐克、安踏、匹克等，有的是高端市场，有的是中低端市场，而中高端市场的竞争较为缓和。因此，李宁锁定中高端市场，定价也符合中高端的价位。

二、定价方法

（一）成本导向定价法

李宁产品价格区间：运动装300元以上，男式运动鞋多定价为300元以上。

李宁运动产品，作为中国民族运动品牌的领跑者，其品质可以说是无可挑剔的。无论是其产品材料质地、产品外观、科技创新，还是产品服务等方面都领先于国内同类产品，所以成本价值也就会较其他国内运动产品高。基于此，李宁运动产品的价格在很大一方面会根据产品成本而定。

（二）竞争导向定价法——通行价格定价法

李宁根据自己的定价目标、目标市场、品牌目标等因素，采用低于高端品牌的价位、高于中低端品牌的价位的通行价格定价法。以男跑鞋为例，李宁的男跑鞋大多价格在350～450元，阿迪的男跑鞋大多在450～1000元，安踏的男跑鞋大多在150～50元，李宁瞄准的明显是中高端市场。

三、定价策略

（一）新上市产品定价策略

（1）一般对于新产品，李宁会采用高价撇脂定价策略，利用消费者猎奇求新的心理，以尽可能高的价格投入市场，同时以大量的促销费用加以支持。

（2）对于不同新品采用产品样式定价策略。例如，李宁的男跑鞋大多在350～450元；而男篮球鞋大多在400～600元，少部分在400元以下。

（3）对不同顾客采用顾客细分定价策略，李宁按照不同的年龄阶段对其顾客进行细分。

（4）从心理定价策略来看，李宁采用尾数定价法。仔细观察李宁产品不难发现，李宁的大部分产品都以数字8或者9结尾，适应消费者购买心理的一种取舍。尾数定价法会使消费者产生一种"价廉"的错觉，比定为10元反应更积极，促进销售。

（二）价格修订策略

1. 折扣定价

（1）数量折扣。以李宁时尚运动系列女子文化衫GHSE020-1为例，一件价格是100元，但若购买50件，则可以给予一定的价格优惠。

（2）季节折扣。例如，在夏末或秋季时期，李宁会对一部分短袖或短裤进行处理。

2. 促销定价

（1）特别事件定价。李宁经常利用一些特别事件或某些节假日，把其一部分产品进行较大幅度的削价，以吸引更多顾客前来购买。例如，在元旦期间，李宁对羽绒服等进行新年促销。

（2）现金回扣定价。现金回扣定价也是李宁定价的惯用策略，一般都会在周末期间推出满198元立减60元等一系列促销互动。

问题：
1. 李宁运动专卖采用了哪些定价方法和定价策略？
2. 你认为还有没有更好的定价策略？

▶ 任务描述与分析

"顾客不是爱买便宜的产品，顾客是爱买能够让他占便宜的产品""没有降价两分钱抵消不了的品牌忠诚"，价格是影响交易的重要因素，企业定价或调价的目的是促进销售，以获取更多的利润。这就要求企业要考虑其自身成本的补偿，考虑顾客的心理以及他们对价格的接受能力，考虑市场需求状况以及竞争对手的策略和行动等。

本任务从价格的构成和影响因素两方面对价格进行分析，以便在制定价格时综合考虑各方面的因素，从而进行成功的定价。

▶ 相关知识与任务实施

一、价格的构成

价格构成也称价格组成，即价格微观结构中的各个要素及其在价格中的有机组成状况。商品价值构成是价格构成的基础，价格构成是价值构成的货币表现。价值构成包括 C、V、M 三个部分。C(Cost) 是指包含在产品中的生产资料的转移价值，V(Value) 是指凝结在商品中由工人必要劳动时间创造的价值，M(Margin) 是指凝结在商品中由工人在剩余劳动时间里创造的价值。简单地说，C 就是原材料价格，V 就是工人工资，M 就是利润。价格构成包括生产成本、流通费用、利润、税金四个要素。生产成本是价值构成中 C+V 的货币表现。利润和税金都是价值构成中 M 的表现形式。

随堂思考： 产品的定价就是成本、利润和税金的总和，所以，企业只要处理好这三者的关系，产品定价即可无后顾之忧。这种说法对吗？

二、影响定价的因素

每种产品都要确定价格才能销售。价格一直是消费者选购产品所考虑的主要因素之一，特别是经济落后的贫困地区对价格更加敏感。价格直接关系到市场需求量、企业销量、企业利润、竞争的激烈程度等，影响营销组合其他因素的确定。定价过高，会影响产品的销量；定价太低，会影响单位产品的利润，这两种情况都会影响总利润。价格水平还直接影响生产企业、中间商、消费者及国家利益。

我国的市场经济体制允许企业自主定价，但企业定价不是随心所欲的，而是根据内外环境及条件确定的。影响产品定价的主要因素如下。

(一) 企业内部因素

1. 企业定价目标

任何企业在一定时期都有其定价目标，定价目标与企业当时所处的环境及企业当时拥有的条件密切相关。

企业定价目标可以概括为以下四种情况：

(1) 维持企业的生存。一些企业由于经营不善及其他原因造成产品积压、资金周转困难，或者面临激烈的市场竞争，或者消费者需求发生改变等。在这些情况下，企业只能以维持生存为目标，企业产品定价较低，以便及时处理积压产品，清理存货，克服暂时的财务困难。但是维持生存只能作为企业短期目标，从长远来看，企业应求发展。

(2) 争取当期利润的最大化。企业应着重考虑近期的利润最大化，而不是长远利润。价格究竟定在什么水平才可以使企业利润最大化呢？有两条思路可以参考。一条思路是企业可以较准确地测定收入函数及成本函数，再用收入减去成本，得到利润函数，最后利用数学模型求导数得到价格水平。另一条思路是，用产品的需求价格弹性来分析，根据弹性原理，产品的需求价格弹性大，降低价格对企业有利，可以大幅度地提高产品的需求水平；价格弹性小，维持高价有利，产品价格变化对需求没有太大影响。由此可见，争取当期利润最大化，有可能是高价、中价、低价。

(3) 争取最大市场占有率。这种观点认为只要市场占有率提高，市场份额扩大，便可以得到较低的单位产品成本并取得长期利润的最大化。这种方法的本质是用低价抢占市场，将部分竞争者挤出市场。要实施这一策略，应满足以下三个条件：一是市场对价格敏感，低价能刺激需求的迅速增长；二是单位产品成本能随着规模的扩大迅速下降；三是低价格能真正将有关的竞争者挤出市场。

(4) 产品质量领先。高质量高价格，以树立名牌形象。高质量势必高成本，高成本一定得高价格，才能有一定的盈利水平，体现"优质优价"的原则。例如，奔驰汽车、金利来领带、意大利老人头皮鞋、松下电器、索尼音响、海尔电器等。采用产品质量领先策略是建立在企业的实力之上的，没有一定的实力，造不出好的产品来。

随堂思考：在本案例导入中，产品定价目标是什么？

2. 产品成本

产品成本是构成产品价格的一部分，一般来说，产品成本越高，产品价格越高，才能有一定的利润保证。产品成本包括制造成本、管理费用、财务费用、销售费用等。现代企业竞争的一个重要手段是通过控制产品成本从而适当降低产品价格，以扩大销量，在竞争中处于有利地位。要降低成本，一方面要加强管理，另一方面要努力扩大规模。一般来说，随着规模的扩大，单位产品成本会降低。当然，只有企业规模控制在一定的合理范围内才可以使成本较低。

3. 企业营销组合策略

产品价格是营销组合的其中一个因素(营销组合有四个因素：产品、价格、渠道、促销)，在确定价格时，肯定要考虑到不同的产品、不同的分销渠道，采用不同的促销方式，然后确定不同的价格水平，即企业产品价格水平同时受到其他三个因素的影响。

4. 企业定价者

企业的定价者是参与企业产品价格制定的人员，特别是主要负责人。企业产品价格的最终决定人有四种情况：企业最高领导层、产品线经理、营销经理、专门的定价机构。价格的制定合理与否，与定价者的知识经验、接受外界信息、本人的性格、态度等各方面密切相关。

知识窗：15家大公司的定价目标(表7.2)。

表7.2 15家大公司的定价目标

公司名称	定价主要目标	定价相关目标
阿尔卡公司	投资报酬率(税前)为20%，新产品稍高(税后投资率约为10%)	对新产品另行制订促销策略，求价格稳定
美国制罐公司	保持市场占有率	应付竞争(以替代产品成本决定价格)，保持价格稳定
两洋公司	增加市场占有率	全面促销(低利润率政策)
杜邦公司	目标投资报酬率	保证长期的交易，根据产品寿命周期对新产品定价
埃克森公司	合理投资报酬率目标	保持市场占有率，求价格稳定
通用电气公司	投资报酬率(税后)20%，销售利润率(税后)7%	新产品促销策略，保持全国广告宣传产品的价格稳定
通用食品公司	毛利率33.3%(1/3制造，1/3销售，1/3利润)，只希望新产品完全实现目标	保持市场占有率
通用汽车公司	投资报酬率(税后)20%	保持市场占有率
固特异公司	应付竞争	保持地位，保持价格稳定
国际收割机公司	投资报酬率(税后)10%	保持稍低于统治地位的市场占有率
海湾公司	根据各地最主要的同业市场价格	保持市场占有率，求价格稳定
琼斯—曼维尔公司	投资报酬率高于过去15年的平均(约为税后15%)，新产品稍高	市场占有率不大于20%，保持价格稳定
堪尼科特公司	稳定价格	目标投资报酬率(税前)20%
科如捷公司	保持市场占有率	增加市场占有率
美国钢铁公司	根据市场价格	

(二) 企业外部因素

1. 市场竞争结构

市场竞争结构有完全竞争性市场、完全垄断性市场、垄断竞争性市场、寡头垄断性市场四种情况。在完全竞争性市场条件下，产品价格完全取决于供求情况，任何一个企业都无法左右产品价格水平。当产品供不应求时，价格会自然上涨；当产品供过于求时，价格会自然下降。在完全垄断性市场条件下，产品价格由一家(独家)垄断者决定。在垄断竞争性市场条件下，产品价格在各企业彼此竞争中形成。在寡头垄断性市场条件下，价格主要由几家寡头决定。

2. 市场需求

产品价格水平肯定受到需求大小的影响。需求越大，价格越高；需求越小，价格越低。

在微观经济学中有两个重要概念，即价格需求弹性和价格需求弹性系数。价格需求弹性系数越大，定低价越有利，可以大幅度地提高需求水平；价格需求弹性系数越小，定高价越有利，因为价格变动对需求没有太大影响。价格需求弹性小称为产品需求缺乏弹性，在以下条件下需求可能缺乏弹性：市场上没有替代品、没有竞争者，购买者对价格不敏感；购买者改变购买习惯，也不积极寻找便宜的产品；购买者认为产品成本、质量有所提高或者认为存在通货膨胀，价格高是应该的。

3. 竞争者价格水平

竞争者价格水平肯定会影响本企业产品价格水平，因为顾客在购买产品时总是货比三家，甚至货比多家，企业应该收集有关竞争者价格及相关信息。如果本企业产品优于竞争者，则可以将价格提高一些；如果企业产品质量较差，则价格低一点；如果品质相当则价格相当，这是一种合理的现象。但定价是一个复杂的问题，价格与企业的目标、管理策略、是否遵循市场游戏规则等各方面因素密切相关。总之，企业要密切关注竞争者的价格变动，而不是独行其是。

4. 一些宏观经济因素

企业定价还要考虑当时所处的宏观经济环境，一些宏观经济因素对产品的价格水平有很大的影响，如利率、经济形势(繁荣与萧条)、通货膨胀、经济体制改革等。

案例分析

醉翁之意

珠海九洲城里有一只 3000 元港币的打火机。许多人听到这个消息无不为之咋舌。如此昂贵的打火机该是什么样子呢？于是，九洲城又凭增了许多慕名前来一睹打火机"风采"的顾客。

这只名为"星球大战"的打火机看上去极为普通，它真值这个价钱吗？人们表示怀疑，就连售货员对此也未置可否地一笑了之。它被搁置在柜台里很长时间无人问津，但它旁边 3 元港币一只的打火机却销售很好。许多走出九洲城的游客坦诚相告：我原是来看那只"星球大战"的，不想却买了这么多东西。

无独有偶，日本东京都滨松町的一家咖啡屋竟然推出了 5000 日元一杯的咖啡。消息传开，抱着好奇心的顾客蜂拥而至，使往常冷冷清清的店堂一下子热闹了，果汁、汽水、大众咖啡等饮料格外畅销。

试析：珠海九洲城和日本东京都滨松町咖啡屋定价的目标分别是什么？

知识拓展

上海大众"帕萨特"的定价策略

2002 年秋季，汽车"价格"成了国内媒体报道的热点，而这个词也同时成了厂家避讳的焦点。甚至有厂家直言，媒体站的角度能否再高一点，别一开口就逼着厂家降价。初一想，这类厂家肯定是还想偷偷摸摸多赚点儿，怕媒体提醒了高价购入的消费者；可仔细想想，说这话的厂家也是有道理的。与其在价格上"打征服战"，不如静下心来研究厂家为什么坚决不降价？为什么有胆量不降价？

因为在汽车产品越来越同质化的今天，能生产汽车已不再是一个厂家的核心竞争力，而会卖车则能充分体现出一个厂家的核心竞争力。

上海大众是德国大众在我国与上海汽车工业集团总公司成立的合资企业，在品牌营销方向基本上继承发扬了德国大众的策略。而德国大众是世界知名的跨国公司，其制订出的定价策略是保证公司目标实现的重要条件。通常，该公司的产品价格会受到三个因素的制约，即生产成本、竞争性产品的价格和消费者的购买能力，其中产品的生产成本决定了产品的最低定价，而竞争性产品的价格和消费者的购买能力则制约着产品的最高定价。

以上海大众上市销售的帕萨特 2.8V6 为例。2003 年 1 月 21 日，上海大众正式向媒体展示刚刚推出的帕萨特 2.8V6，其打出的品牌定义为"一个真正有内涵的人"。

上海大众的营销目标是"成为中高档轿车的领导品牌""成为高档轿车的选择之一"。无疑，上海大众希望传播这样一个目标：帕萨特是中高档轿车的首选品牌，在品牌形象方面是典范，凌驾于竞争对手别克、雅阁和蓝鸟之上，缩小与高档品牌(如奥迪、宝马、奔驰)之间的差距。

上海大众为了达到以上目标，在分析了自己的优劣势后进行了定价决策，并围绕着营销目标和所制定的价格进行了一系列行之有效的广告宣传。

上海大众为了制定出有竞争优势的市场价格，首先从以下几个方面分析了自己的优劣势：

(1) 就生产成本而言，由于该车系上海大众已在 2000 年就开始生产了，而且产销量每年递增，因此生产成本自然会随着规模的增加而降低。

(2) 竞争品牌技术差异。

① 与市场同档次产品(如奥迪 A6、本田雅阁、通用别克等)相比，虽然帕萨特的长度排名最后一位，但帕萨特轿车身材最高，达 1.47 米；整车轴距为 2.803 米，远远高于雅阁、别克；帕萨特的乘坐空间和乘坐舒适性在同类轿车中处于最好水平，尤其对后排乘员来说，腿部和头部空间尤显宽敞。

② 帕萨特和奥迪 A6 所用的 2.8V6 发动机技术均处于领先水平。

③ 空气阻力影响汽车的最高车速和燃油油耗。帕萨特的风阻系数仅为 0.28，在同类轿车中处于最好水平。

④ 和帕萨特与奥迪 A6 的周密防盗系统相比，雅阁没有发动机电子防盗系统和防盗报警系统，别克轿车没有防盗报警系统。

⑤ 帕萨特轿车的长度在四种车型中名列之末，但其设计卓越，帕萨特的行李箱容积超过了本田雅阁和通用别克。

(3) 售后服务是汽车厂商们重点宣传的部分，而维修站的数量则是硬指标。上海大众建厂最早，售后服务维修站的数量自然也居于首位。在市场营销方案中，上海大众依然用图表的方式充分展示了自己在这方面的优势。

在对经销商的培训及消费者的宣传中，上海大众用了这样的语言：上海大众便捷的售后服务、价平质优的纯正配件，使帕萨特的维护费用在国产中高档轿车中最低，用户耽搁时间最短，真正实现"高兴而来，满意而归"。很明显，上海大众抓住了消费者的需求心理：高质量、低价位、短时间。

在对全员培训中，上海大众非常明确地描绘出了帕萨特的品牌定位：感性表述——帕萨特宣告了你人生的成就；理性描述——帕萨特是轿车工业的典范；最后一句"帕萨特2.8V6是上述品牌定位的最好例证"，推出了新产品的卖点与竞争力。

整个营销方案的最后，打出了帕萨特 2.8V6 的定价：35.9 万元。

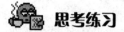 **思考练习**

简答题

1. 影响企业定价的因素有哪些？
2. 企业定价的目标有哪些？

任务二 掌握定价方法

学习目标 ✍

- 掌握成本导向定价法的三种方法
- 掌握需求导向定价法的三种方法
- 掌握竞争导向定价法的两种方法

◗ **案例导入**

格兰仕的降价策略

格兰仕公司的前身是广东一家乡镇羽绒制品厂，1992 年，带着让中国的微波炉工业在市场上占有一席之地，让中国品牌在微波炉行业中扬眉吐气，让微波炉成为中国家庭的普及品的雄心壮志，格兰仕大举进入家电业。同年 10 月，格兰仕公司投资 300 万美元从日本引进松下公司国际先进的微波炉生产流水线及生产技术，开始生产微波炉产品。10 年来，格兰仕实现了经济效益的连年持续增长。1993 年，格兰仕试产微波炉 1 万台；1995 年，格兰仕以 25.1% 的市场占有率登上中国微波炉市场第一席位；1996 年，格兰仕第一次利用规模化、专业化优势刮起"普及风暴"，让 65 万台微波炉进入中国寻常百姓家；1999 年，格兰仕产销量突破 600 万台，并启动 1200 万台年产规模的微波炉生产基地，跃升为全球最大专业化微波炉制造商；2001 年，格兰仕产销量飙升到 1200 万台，并让国人开始全面领略"高档高质不高价"的新消费主义；2003 年，格兰仕已经连续九年蝉联中国微波炉市场销量及占有率第一的双项桂冠，市场份额节节攀升，占有全国七成左右的市场份额。

从全国最大做到全球最大，格兰仕微波炉规模扩张的背后是全球市场的迅猛发展，特别是 1998 年全面启动全球市场战略以来，内销、出口发展势如破竹。2003 年，格兰仕微波炉年产销 1600 万台，内、外销比例约为 3 : 7，全球市场占有率 44.4%，其中欧洲市场占有率近 50%，在南美、非洲占 70% 以上的市场份额。至此，格兰仕微波炉已经连续六年夺得出口销量和创汇双冠，畅行欧、美、亚、非、大洋洲等五大洲的近 200 个国家和地区，"全球制造"享誉世界。2004 年，格兰仕微波炉的全球产销目标是 2000 万台。

格兰仕并不是微波炉市场的先行者，但它入市不久，就充分利用降价策略向竞争对手发动了一轮又一轮的攻势，市场占有率节节攀升，在中国家电市场的竞争中谱写了一个个经典的价格战案例，被称为"降价屠夫"。

格兰仕自进入微波炉市场以来，多次率先降价，并利用有力的战术策略不断提高其在市场上的地位。格兰仕推行的是总成本领先策略，这也是格兰仕进入微波炉行业以来始终坚持的策略。格兰仕首先通过降低价格赢得市场、扩大规模；再降低价格赢得市场，扩大规模……走出了一条良性循环的市场之路。由于格兰仕的总成本领先战略，价格竞争成为微波炉市场的主旋律。从 1996 年开始，格兰仕一次又一次地发动价格大战，中国微波炉市场上始终充满了价格大战的硝烟。

在侵夺市场份额的进程中，格兰仕遇到了一个顽强的竞争对手——LG。天津 LG 于 1996 年初进入中国微波炉市场，很快就成为格兰仕强有力的竞争对手。1998 年，当格兰仕处于事业巅峰、占有率一路飙升的时候，天津 LG 没有被扫地出门，而是以 10% 的市场占有率保住了自己的市场。从 1998 年后期开始，天津 LG 转守为攻，不断抢占新的市场，到 2000 年 4 月，天津 LG 的市场占有率已接近 30%。很显然，天津 LG 不想成为微波炉市场的追随者，而是以市场挑战者的姿态向格兰仕频频发起攻击。

综合分析格兰仕这些年来的价格策略，可以看到以下三个显著特点。

1．"价格屠夫"——价格下调幅度大

格兰仕的降价策略是：要么不降价，要降就大幅度地降。所以，格兰仕每次下调价格，调价幅度都在 20% 以上，甚至达到 40%。如此高的降价幅度，在消费者心中产生了震撼效果，这也是格兰仕降价策略较为成功的重要因素之一。

2．降价策略多样化

格兰仕的降价策略每次都有所不同，有时是全面降价，有时是只调低一个规格，有时是调低一个系列。

3．配合其他促销攻势

格兰仕的价格调整力度大、变化多，同时配合强大的促销攻势、媒体炒作，使其降价活动获得最大的效果。格兰仕在市场推广方面堪称优秀至极，每次降价活动都配合着大量的媒体宣传，使降价事件人尽皆知；同时再加上其他促销手段，使降价效果达到最佳。

对于格兰仕的价格策略，欣赏者有之，批评者也不少。从目前情况看，降价促销似乎已经成为中国微波炉市场上唯一有效的营销手段。如此下去，价格还能有多少可降？赠品还能有多少可送？除了降价和赠品，难道就没有其他有效的营销手段了吗？这是业界人士普遍关心的问题。

问题：

1．影响企业产品定价的因素有哪些？格兰仕的定价主要考虑什么因素？

2．格兰仕为什么降价？对于产品降价，消费者与竞争企业一般是怎么认为的？试分析降价的优点与缺点。

3．根据案例材料，分析格兰仕为什么能取得降价战略的成功？格兰仕的策略思想是什么？

4．你认为格兰仕的发展前景如何？为了使格兰仕进一步发展，你认为它应该需要做什么样的战略调整？

◣ 任务描述与分析

定价方法使用得当，将对企业产品营销起到举足轻重的作用。本任务重点介绍三种不同的定价方法。

◣ 相关知识与任务实施

一、成本导向定价法

成本导向定价法以产品单位成本为依据，再加上逾期利润来确定价格，是企业最常用、最基本的定价方法。成本导向定价法包括成本加成定价法、目标利润定价法和盈亏平衡定价法三种。

思考： 民生公司生产甲产品，固定成本为 60 万元，单位变动成本为 10 元/件，预计年销量为 20 万件。求：

(1) 保本价格及保本收入。

(2) 若一年要盈利 40 万元，则价格为多少？收入为多少？

(一) 成本加成定价法

成本加成定价法是指在单位成本的基础上加上一定比例的加成来制定产品销售价格的方法。加成的含义就是一定比例的利润，可用公式表示为

价格 = 单位产品成本费用 + 单位产品利润 = 单位产品成本费用 × (1 + 成本费用利润率)

上述公式中，单位产品成本费用可以准确地确定，而单位产品利润及成本费用利润率是一个估计数。在实际中，企业根据本企业过去利润水平、现在盈利目标、现在市场需求及竞争情况、产品价格弹性、竞争者产品价格水平等来确定单位产品利润及成本费用利润率。

例如，某企业固定成本为 100 万元，计划销量为 20 万件，单位变动成本为 6 元/件，加成率定为 10%，则该产品的销售价格为

$$价格 = \left(\frac{1000000}{200000} + 6\right) \times (1 + 10\%) = 11 \times 1.1 = 12.1 \text{（元）}$$

因此，该产品的单价是 12.1 元。

成本加成定价法之所以运用普遍，受到企业欢迎，主要有以下三个原因：

(1) 成本不确定性少，将价格主要盯住单位成本，可简化定价程序，不必经常调整。

(2) 如果所有企业都采用这一定价法，大家都可以接受，可以避免价格战。

(3) 对买卖双方都较为公平。

这种方法的缺点是定价方法不灵活，忽视了产品需求弹性的变化，市场适应能力较差。

成本加成定价法适用于销售量与单位成本相对稳定、供求矛盾不是很突出的产品，制造商、中间商以及建筑业、科研部门和农业部门经常使用这种方法。

(二) 目标利润定价法

目标利润定价法又称目标收益定价法，是根据企业预期的总销售量与总成本确定一个目标利润率的定价方法。可以用以下公式表示销量 X、固定成本 a、单位变动成本 b、利润 E、价格 P 之间的关系：

$$利润 = 价格 \times 销量 - (固定成本 + 单位产品变动成本 \times 销量)$$

即 $E = PX - (a + bX)$，则可以求出产品的价格 $P = \dfrac{(a + bX) + E}{X}$。

例如，某企业固定成本为 100 万元，计划销量为 20 万件，单位变动成本为 6 元/件，今年的投资额为 200 万元，该产品的投资收益率若定为 15%，则该产品的销售价格为

$$总成本 = 1000000 + 6 \times 200000 = 2200000 \text{（元）}$$

$$利润 = 投资额 \times 投资收益率 = 2000000 \times 15\% = 30000 \text{（元）}$$

$$价格 = \frac{2200000 + 30000}{200000} = 11.15 \text{（元）}$$

因此，该产品的单价是 11.15 元。

优点：有利于加强企业管理能力，较好地实现投资回收计划。

缺点：要求比较高，企业必须有很强的计划能力，必须测算好销售价格与期望销售额之间的关系，避免出现确定了价格却达不到预期目标的被动情况。

(三) 盈亏平衡定价法

盈亏平衡定价法是企业按照生产某种产品总成本和销售收入维持平衡的原则制定产品价格的一种方法。该定价法的主体思想就是保本经营。保本即利润为零，由上述公式得 $E = 0$，可以求出产品的保本价格。

$$价格 = \frac{固定成本 + 变动成本}{总销量} = 单位固定成本 + 单位变动成本 = 单位成本$$

例如，某企业的年固定成本是 10 万元，每件产品的单位变动成本是 20 元/件，订货量为 5000 件，其价格可表示为

$$价格 = 单位固定成本 + 单位变动成本 = \frac{100000}{5000} + 20 = 40 \text{（元）}$$

因此，该产品的单价是 40 元。

盈亏平衡定价法的优点是渐变易用。在市场不景气的情况下通常采用这种定价法，而工业企业、商贸企业一般不采用这种定价法。

二、需求导向定价法

需求导向定价法是根据购买方对产品价值的理解和需求强度来确定产品价格的一种方法。这种定价法主要是根据消费者对产品的感受程度和认知价值来确认价格。消费者认为某种产品价格在什么水平可以接受，他就决定购买，否则他就不买。

❖ **案例**：可乐与男衬衫

消费者在小卖部买一罐可乐要付款 2.5 元，在小餐馆买同样的一罐可乐要付款 5 元，到娱乐城买这一罐可乐要付款 10 元。价格一级比一级高，其并不是完全由产品的成本来决定的，而主要是由附加的服务和环境决定的。

男衬衫，名牌价格可达 1000～3000 元/件，一般品牌 200～500 元/件，而普通衬衫 30～50 元/件，这么大的差价，主要不是由成本和质量差别引起的，而是根据消费者所感受和认同的价值来确定的。

(一) 理解价值定价法

理解价值定价法也称为感受价值定价法、认知价值定价法。这种定价法认为，某一产品的性能、质量、服务、品牌、包装和价格等在消费者心目中都有一定的认识和评价。消费者往往根据他们对产品的认识、感受或理解的价值水平，综合购物经验，对市场行情和同类产品的了解而对价格做出评判。当价格与消费者对商品价值的理解水平大体一致时，消费者就会接受这种价格；反之，消费者不接受，商品就卖不出去。

优点：企业相信顾客，利用顾客的好奇心吸引顾客。

缺点：顾客定价难以确定，而且会让不自觉者钻空子。企业在运用这种方法时一定要对顾客素质做出正确的分析和判断。

(二) 需求差异定价法

需求差异定价法又称为差别定价法，是指根据销售对象、时间、地点的不同而产生的需求差异，对相同的产品采用不同的价格定价的方法。

事实上，这种价格差异的基础是顾客需求、顾客的购买心理、产品样式、地区差别以及时间差别等。采用这种方法定价，一般以该产品的历史定价为基础，根据市场需求变化的具体情况在一定幅度内变动价格。这种方法的具体实施通常有以下四种方式。

1. 基于顾客差异的差别定价

这是根据不同消费者的消费性质、消费水平和消费习惯等差异制定不同的价格，如会员制下的会员与非会员的价格差别，学生、教师、军人与其他顾客的价格差别，新老顾客的价格差别，国外消费者与国内消费者的价格差别等。可以根据不同的消费者群的购买能力、购买目的、购买用途的不同，制定不同的价格。

2. 基于不同地理位置的差别定价

由于地区间的差异，同一产品在不同地区销售时可以制定不同的价格。例如，班机与轮船上由于舱位对消费者的效用不同而价格不一样，电影院、戏剧院或赛场由于观看的效果不同而价格不一样。

3. 基于产品差异的差别定价

质量和规格相同的产品，虽然成本不同，但企业在定价时并不根据成本不同按比例定价，而是按外观和式样不同来定价。这里定价所考虑的真正因素是不同外观和式样对消费者的吸引程度。例如，营养保健品中的礼品装、普通装及特惠装三种不同的包装，虽然其产品内涵和质量一样，但价格往往相差很大。

4. 基于时间差异的差别定价

在实践中我们往往可以看到，同一产品在不同时间段里的效用是完全不同的，顾客的需求强度也是不同的。在需求旺季时，商品需求价格弹性化，可以提高价格；需求淡季时，价格需求弹性较高，可以采取降低价格的方法吸引更多顾客。

(三) 逆向定价法

逆向定价法主要不是考虑产品成本，而是重点考虑需求状况，依据消费者能够接受的最终销售价格，逆向推算出中间商的批发价和生产企业的出厂价格。

逆向定价法的特点是：价格能反映市场需求情况，有利于加强与中间商的良好关系，保证中间商的正常利润，使产品迅速向市场渗透，并可根据市场供求情况及时调整，定价比较灵活。

优点：能够制定出针对性强，既能为客户所接受，又能与竞争对手相抗衡的产品价格。

缺点：容易导致产品的质量下降和客户的不满，并导致客源减少。

三、竞争导向定价法

竞争导向定价法包括随行就市定价法和投标定价法。

(一) 随行就市定价法

随行就市定价法是指企业按照现行平均价格水平来定价。在以下三种情况下企业宜采用随行就市定价法：① 难以估算成本；② 企业打算与同行和平共处；③ 如果另行定价，很难了解购买者和竞争者对企业价格的反应。

这是大多数企业所选用的定价方法，那些规模不是很大的企业在确定产品价格的时候，首先看其他竞争企业产品的价格水平，然后确定本企业产品的价格水平。为了减少市场风险，企业定价往往跟着市场走。

随行就市定价法不适合异质市场，产品本身具有差异性，则价格也会有差异。

(二) 投标定价法

投标定价法是指政府采购机构或某单位在报刊或其他媒体上登广告，或发出函件，说明拟采购商品及其品种、规格、数量等具体要求，邀请供应商在规定的期限内投标。招标单位在规定的日期内开标，选择报价最低的、最有利的供应商成交，签订合同。某供货单位如果想得到这笔生意，就要在规定的期限内填写标单，上面填明可供应商品的名称、品种、规格、数量、价格、交货日期，密封送给招标单位，这称为投标。这种价格是根据竞争对手投标的估计制定的，而不是根据供货企业自己的成本费用和市场需求来确定的。供货单位为了得到合同，它的报价应低于竞争对手。报价要合理，报价很低，可能会得到合同，但不可能有太高的利润；报价很高，可能得不到合同。

四、定价程序

企业对产品的定价一般分为以下几个阶段：① 了解国家有关物价的政策法规、选择定价目标、估算成本；② 分析产品需求价格弹性，分析竞争者价格；③ 选择定价方法和定价策略，选定最后营销价格。

◗ 案例分析

在美国，民航票价随着顾客旅行时间的不同而变化。工作日航班的票价高于周末的价格，晚上和凌晨的航班票价比白天低；而在飞机登机前"最后一分钟"，往往可以买到惊人的折扣票价。在美国的航班上，发现邻座的机票只花了 250 美元，而你却花了1500 美元的事情经常发生。在美国，要乘坐飞机的顾客只有在买票时才知道确切的票价是多少。

试析：美国民航票价的定价方法属于哪一种？这样定价的好处是什么？

◗ 知识拓展

柯达公司生产的彩色胶片在 20 世纪 70 年代初突然宣布降价，该变化立即吸引了众多的消费者，不但挤垮了其他国家的同行企业，还垄断了彩色胶片市场 90% 的份额。到了 20 世纪 80 年代中期，日本胶片市场被富士垄断，富士胶片压倒了柯达胶片。对此，柯达公司进行了细致的研究后发现，日本人对商品普遍存在重质不重价的倾向，于是制定高价政策打响牌子，保护名誉，进而实施与富士竞争的策略。柯达公司在日本发展了贸易合资企业，专门以高出富士 1/2 的价格销售柯达胶片。经过五年的努力和竞争，柯达终于被日本消费者接受，成功进入了日本市场，并成为与富士平起平坐的企业，销售额也直线上升。

◗ 思考练习

一、简答题

1. 需求导向定价法包括哪些方法？
2. 竞争导向定价法包括哪些方法？

二、计算题

某企业的固定成本为 100 万元，计划销量为 10 万件，投资额为 150 万元，单位变动成本为 6 元/件，投资收益率为 10%，计算商品的价格。

任务三　理解定价策略

学习目标 ✍

- 掌握产品的定价策略

■ 案例导入

休布雷公司生产的史密诺夫酒在伏特加酒市场的占有率为 23%。20 世纪 60 年代，另一家公司推出一种新型伏特加酒，其质量不比史密诺夫酒差，每瓶价格却比它低 1 美元。针对这种情况，休布雷公司将史密诺夫酒价格提高了 1 美元，同时推出一种与竞争对手新型伏特加酒价格一样的瑞色加酒和另一种价格更低的波波酒。这一策略，不仅提高了史密诺夫酒的地位，而且使竞争对手的新产品沦为普通品牌。结果，休布雷公司不仅渡过了难关，而且利润大增。实际上，休布雷公司的上述三种产品的味道和成分几乎相同，只是该公司采用了不同的价格销售相同的产品策略而已。这个策略成功把握了消费者心理，有效地阻击了竞争对手的降价战。

问题：休布雷公司运用了什么定价策略赢得了竞争？这种定价策略的适用条件是什么？

■ 任务描述与分析

定价策略是市场营销组合中一个十分关键的组成部分。价格通常是影响交易成败的重要因素，同时又是市场营销组合中最难以确定的因素。企业定价的目标是促进销售，获取利润。这要求企业既要考虑成本的补偿，又要考虑消费者对价格的接受能力，从而使定价策略具有买卖双方双向决策的特征。此外，价格还是市场营销组合中最灵活的因素，它可以对市场做出灵敏的反应。在学习本任务的过程中，我们要重点理解价格策略并能通过学习将价格策略应用到具体的市场活动中。

■ 相关知识与任务实施

一、新产品定价策略

新产品定价策略包括撇脂定价和渗透定价。

(一) 撇脂定价

撇脂定价又称高价法，指新产品以较高的价格投放于市场。其目的是使企业迅速收回投资，争取多盈利。例如，计算机、圆珠笔、VCD 机、数码相机、空调、手机等产品开始进入市场时，价格普遍较高。采用撇脂定价策略需具备以下条件：

(1) 产品新颖程度高(全新产品、换代产品、采用全新技术的产品)。

(2) 有相当数量的高购买力群体。

(3) 竞争者短期内难打入市场。例如，难以复制或有专利保护。

优点：可迅速收回投资、多盈利；便于以后在竞争激烈时调低价格；可树立高档的新产品形象。

(二) 渗透定价

渗透定价又称低价法，指新产品上市时价格定得较低，以吸引大量顾客。其目的是迅速占领市场，得到较大的市场份额。采用渗透定价策略需具备以下条件：

(1) 顾客对价格敏感。价格过高，会大大降低产品销量。

(2) 产品成本一定能随规模的扩大明显下降。

优点：迅速增加销量，占领市场，防止竞争者加入；薄利多销，从长远考虑获利水平。

二、心理定价策略

不同顾客其购买心理不一样，因此应确定不同的价格水平。心理定价策略包括声望定价、尾数定价和招徕定价。

(一) 声望定价

声望定价是一种高价策略，一些名牌产品和著名企业，其产品的价格往往比较高。消费者经常有这种心理：便宜没好货。一些收入高、社会地位高的消费者群体，往往通过购买高价格的产品来显示自己的身份和地位。例如，奔驰汽车、金利来领带、意大利老人头皮鞋、法国香水等产品都是采用这一定价策略。

(二) 尾数定价

对于一些价值不大的产品，其价格可故意定出一个尾数，如 998 元/台、168 元/台、99.8 元/台等，这种定价策略称为尾数定价。企业这样定价可能考虑到顾客以下几种心理：求廉心理、界线心理、精打细算心理、数字心理等。

(三) 招徕定价

商家利用某些节假日或某些特别的日子(开业、庆典等)，将某几种商品价格打折，其他商品价格不变，这种定价策略称为招徕定价。消费者被打折的商品所吸引，在观看和购买打折商品的同时，对其他产品也会产生购买欲望。

❖ **案例：日本东京银座绅士西装店打折销售**

日本东京有一个银座绅士西装店，这里就是首创的"打 1 折"商店，曾经轰动了东京。其具体操作是这样的：第一天打 9 折，第二天打 8 折，第三天和第四天打 7 折，第五天和第六天打 6 折，第七天和第八天打 5 折，第九天和第十天打 4 折，第十一天和第十二天打 3 折，第十三天和第十四天打 2 折，最后两天打 1 折。

第一天前来的顾客并不多；从第三天开始，一群一群的顾客开始光临；到第五天打 6 折时，顾客开始抢购，客户爆满；等不到打 1 折时，商品已全部卖完了。

在现实中，还有一些商家将原价虚增后再打折，欺骗消费者，这种情况应受到法律的制裁。

随堂思考：本案例导入中应用的是什么定价策略？

三、折扣定价策略

折扣定价俗称商品价格的打折，当出现某些情况时，企业可以考虑折扣与折让，以刺激中间商或消费者购买。在现实中，它是一种最常见的促销方式。折扣定价策略包括现金折扣、批量折扣、功能折扣、季节折扣和减价折扣。

(一) 现金折扣

现金折扣是企业对那些及时付清货款的顾客的一种减价方式。企业这样做的目的是希望尽早收回货款，使资金尽快回笼(早得钱，早放心，防止拖欠)，以减少信用成本和呆账所造成的损失。

(二) 批量折扣

批量折扣又称数量折扣，是企业为那些大量购买本企业产品的顾客提供的一种减价方式。采用这种策略的目的是尽快将产品卖出去，以降低生产、销售等环节的费用。例如，消费者一次性购买 100 件、10 件、1 件产品，其价格均不一样。

(三) 功能折扣

功能折扣是制造商给中间商的一种折扣(不是给消费者)。中间商为生产企业承担推销、储存、宣传、服务功能，生产企业给予其一定的好处，以便让中间商帮助生产企业完成某些任务。

(四) 季节折扣

在不同的季节里，顾客购买同一种产品，价格不一样。在淡季购买比在旺季购买价格便宜。例如，服装、水果、车票、飞机票、旅游、餐饮、娱乐等行业或产品，季节折扣很普遍；再如，反季购买，在冬天买衬衫、凉鞋，在夏天买羊毛衫、西装、皮鞋，可节约相当一部分费用。企业使用这一策略的目的是减少存货，均衡生产和销售。

(五) 减价折扣

减价折扣即折让，企业在处理存货、积压品或转行时，一般采用减价折扣的办法。也有以旧换新的办法，如消费者用一台旧电视机、高压锅、电冰箱换一台新的，再补一些费用给销售方。

企业在降价销售时，要考虑竞争对手对价格的反应、降价能否达到企业的预期目标、降价对企业来说是否承受得起、购买者对产品倒卖的可能性等。

四、差别定价策略

差别定价即对同一种产品规定两种或多种不同的价格。这种差价不表明产品成本的不同或其他差异，而是根据不同的顾客、时间、场合确定不同的价格。差别定价又称为价格歧视。差别定价的形式有以下几种：

(1) 不同顾客，不同价格。对于同一种商品，对某些顾客按原价收款，而对另外一些顾客给予优惠，差别对待。例如，公园、影院、展览馆、旅游景点、车票等对老年人、学生、军人、残疾人等可能给予优惠。

(2) 不同形式，不同价格。对于同一品质的产品，根据其款式、结构、颜色、式样等各方面的不同以及需求群体和需求量不同，确定不同的价格。

(3) 不同部位，不同价格。这种差价与产品的成本没有任何关联。例如，买猪肉、牛肉，不同部位价格不同；电影院、球场，不同位置价格不同。

(4) 不同时间，不同价格。同一种产品，在不同季节、不同日期甚至同一天的不同时间，价格不同。例如，长途电话，在不同时间收费不一样；在不同季节旅游，价格不一样；餐馆在同一天的中午和晚上价格可能也不一样。

差别定价要满足相应的条件：① 市场可细分；② 产品不可倒卖；③ 竞争者不能低价竞销；④ 能达到企业预期利润；⑤ 不会引起顾客反感；⑥ 不能违法。

五、地理位置定价策略

地理位置定价是指对处于不同地点或场所的产品或服务制定不同的价格。企业对处于不同位置或不同地点的产品和服务制定不同的价格，即使每个地点的产品或服务的成本是相同的。

(1) 原产地定价：企业将产品放置在某种运输工具上，如放在卡车、轮船、飞机等上交货，交货以后，从产地到目的地的一切风险和费用均由顾客承担。采用此种定价法，可能使企业失去远方的顾客。

(2) 统一交货定价：与前面刚好相反，企业将产品卖给不同地区的顾客，其价格水平根据出厂价加上平均费用来计算。此种定价法对于不同地区的顾客，无论远近，价格都是一样，所以又叫邮资定价。

(3) 区域定价：企业将产品的销售市场划分为若干个区域，不同的区域价格不同，同一区域价格相同。一般地，离企业越近的区域，价格越低；反之则越高。采用这一策略存在两个不足：一是在同一区域，有些顾客离企业近，有些远，而价格又一样，那么距离近的顾客就会认为不合算；二是在两个相邻价格区域边界的顾客，距离很近，但价格又不同。

(4) 基点定价：企业选定某些城市作为基点，然后按一定的出厂价加上基点城市到顾客所在地的运费来定价。

(5) 免收运费定价：有些企业因为急于与顾客做成生意而负担全部运费，其目的是扩大销售。

六、刺激定价策略

刺激定价包括拍卖师定价、团购式定价、抢购式定价、回报式定价和会员积分式定价。

(1) 拍卖师定价：以公开竞价的形式将产品转让给最高应价者。

(2) 团购式定价：企业对达到一定购买人数的团体购买或集体采购制定较优惠的价格。

(3) 抢购式定价：企业在某一时段提供数量有限的超低价格产品，其规则往往是先到先得。

(4) 回报式定价：与产品未来利润增长挂钩的持续回报式定价。

(5) 会员积分式定价：会员累计积分达到一定程度，则可享受指定产品的优惠价。

七、产品组合定价策略

当一个企业生产的产品比较复杂，有多条产品线和多个产品项目时，就要考虑各种产品的定价关系，这种定价较为复杂。产品组合定价包括产品大类定价、选择品定价、补充品定价、分部定价、副产品定价和产品系列定价。

(1) 产品大类定价：如果一个企业有几条产品线，即有几个产品大类，并且每条产品线上有若干个产品项目(例如，某家电企业同时生产彩色电视机、冰箱、空调、洗衣机四个大类，在每个大类里分别有相应的产品项目，如彩电五条、冰箱三条、空调四条、洗衣机三条)，这时一般采用以下定价原则：分别确定某一大类产品的最高价及最低价，最高价充当品牌角色及回收投资的角色，最低价则充当领袖角色及占领市场空间的角色。不同的价格水平对应不同的消费者群体，以尽量扩大产品的销售面。

(2) 选择品定价：一些企业在销售主导产品的同时，相应地还销售一些附带产品，即选择品。例如，生产汽车的企业除了销售汽车以外，还销售电子开窗器、扫雾器、减光器、电视机、音响等；旅馆除了提供住房以外，还提供食品和饮料。在大多数情况下，选择品定价一般低于市面上同档次同类产品的价格。

(3) 补充品定价。将补充品称为互补品更为妥当，如照相机和胶卷、剃须刀与刀片等，补充品定价往往较高，而主导产品往往较低。这是一种很精明的做法，因为主导产品不经常购买，可低价卖给消费者；而补充品反复购买，可通过销售补充品来赚钱。

(4) 分部定价。例如，服务性企业在收取一笔固定费用的同时，会再加收一部分可变的使用费，如固定电话和手机话费的收取(月租+使用费)。公园及游乐园的收费也类似，除了门票以外，另外一些景点或游玩项目会再收费。分部定价究竟如何定才能既充分吸引顾客，又使企业获利，这也是有学问的。

(5) 副产品定价：在石油公司、肉类加工企业、糖业公司、木材加工公司等行业与企业，其副产品定价一般不会太高，能收回成本，有点利润就行了。这样一方面可以为企业带来增值；另一方面也有利于废物回收利用，变废为宝；还有利于环境保护。

(6) 产品系列定价：企业经常将几种相互关联的产品捆绑销售，即一并销售。这种销售方式的定价一般比单一销售的产品价格要低，如计算机、化妆品、旅游等产品。系列产品同时销售，对企业来说，可以扩大产品的销售；对消费者来说，价格相对便宜。

案例分析

海信空调的价格策略

关于空调是否降价的话题，从 1998 年开始就成为媒体探讨的重点。当时，价格战的硝烟席卷了包括彩色电视机、冰箱、洗衣机、影碟机、微波炉等在内的几乎所有家用电器，这些行业的格局因价格战发生了根本性变化的同时，这些产品也逐步走入寻常百姓家，成为居家生活的必备用品。例外的是，国内几大主要的空调生产企业却一直遵守着其"保持价格稳定，有钱大家赚"的君子协议，因此空调业未受到价格战的洗礼。空调高居不下的价格使它成为家用电器中的"贵族"，让许多消费者在买还是不买的问题上颇费思量。终于，随着 20 世纪最后一个春天的来临，空调企业之间的这一默契被打破了……

一、国内空调市场

1985 年国内对空调生产技术的引进揭开了中国空调大规模发展的序幕。国内空调业发展迅速，生产规模不断扩大，生产技术也逐步走向成熟。

1. 产品

在当时国内空调市场上，除传统的定频空调外，又出现了更为先进的变频空调。变频空调除了具有定频空调的制冷等功能外，更具有智能变频、节能省电、宽电压工作等优点，是空调家族中的佼佼者。由于变频空调在国内尚属新生事物，并且价位较传统定频空调高出许多，因此尚未成为国内空调市场的主流，在全国空调总销量中所占的比例也只有百分之十几。但在变频空调发源地日本，它已经占到 80%～90% 的市场份额。随着中国居民消费收入的增加、住房条件的改善以及变频空调在技术成熟后价格走低，它的诸多优点便会凸现出来。不难预见，变频空调必将取代定频空调成为未来中国空调消费的潮流。

2. 需求

在 20 世纪 90 年代前，中国空调市场刚刚启动，年销售量不过十几万台，而且多为外企或有实力的中国企业购买。进入 20 世纪 90 年代以后，随着人民生活水平的迅速提高和办公条件的不断改善，空调开始大量进入家庭和一般场所，市场需求量不断膨胀。到 1999年，中国空调总销售量已达 950 万台，年均增长率高达 25% 以上。

3. 价格

与同为消费类电子产品的彩色电视机相比，空调业的毛利率约为 25%，而历经多次价格战冲击的彩电业毛利率仅为 8%。空调业较高的利润率和巨大的潜在市场极大地刺激了供给的增长，大批国内外企业涌入这一行业。1990 年我国空调生产企业仅有 10 余家，总产量不超过 24 万台；但是到了 1999 年，我国空调生产企业达到 70 余家，总产量已增至 1300万台。需要注意的是，这一增长使得空调业产销脱节，生产能力过剩的矛盾日益凸现出来，国内空调业进入了一个需求与库存同步增长的"怪圈"。据统计，不包括商业库存，1999年仅空调重点企业库存就达 100 万台左右。

目前，国内空调行业在品牌结构上最明显的特点是集中度较高，仅海尔、美的、格力、春兰四家就占据了约 50% 的市场份额，紧随其后的是科龙、夏普、海信、上菱、松下等五个品牌。

二、企业背景

海信拥有海信电器和海信家电两家上市公司，持有海信(Hisense)、科龙(Kelon)和容声(Ronshen)三个中国著名商标。海信目前在全球拥有 13 所生产基地、12 所研发中心，面向全球引进高端人才，促进国内的设计人员和研发人员"走出去"。海信海外分支机构覆盖美洲、欧洲、非洲、中东、澳洲及东南亚等全球市场，产品远销 130 多个国家和地区。

青岛海信空调有限公司是海信集团在规模经济、多元化发展战略指导下成立的科技产业公司，投资总额超过 5 亿元，1997 年 4 月正式投产，年产空调达 60 万台。该公司本着高起点的方针，努力跟踪世界先进空调生产技术，于 1995 年 12 月与日本三洋电机株式会社和日本住友商事株式会社签订了空调项目合同，全面引进了先进的制冷技术生产设备。特别是三洋变频空调技术，具有世界 20 世纪 90 年代中期先进水平，是空调的革命性换代产品，代表了当今空调生产和消费的趋势。青岛海信空调有限公司是国内第一家全面掌握变频空调生产技术的生产基地，也是当时国内最大的变频空调生产基地。同时，海信空调公司还拥有一流的质量检测、控制和保证体系，产品质量管理严格，开箱合格率高，安装服务规范。1998 年，海信集团成功的"零缺陷"管理使海信成为 14 年来中国消费者协会唯一认定的零投诉产品，海信空调的市场占有率也在该年度跃居全行业第七位。

自 2000 年 2 月中旬开始，市场上部分空调品牌就开始了每年例行的春季"跳点"小幅降价 6%～8%，进行淡季促销，从而拉开新一年竞争的序幕。除春兰、美的进行了小幅度的价格调整外，出手比较"重"的一家就是科龙，其在春季促销推出的几款特价空调价格降幅均在 300～400 元。尽管这几家企业的有关人员反复宣称这仅是每年例行的价格调整，并不足以对市场价格产生大的影响，但是对于处在市场第一线的销售人员来说，价格战的阴云正迅速集结。果不其然，3 月初，海信打出"工薪变频"的旗号，以 3680 元和 3880 元的低价在市场上推出了两款变频空调，与同类产品的市场价格相差达 1000 元，从而点燃了空调价格风波的导火索。起初，由于海信并非全面降价，变频空调并非目前市场上的主流机型且海信尚处在空调行业的第二集团军，其市场占有率不高，各空调大户都不以为然，他们认为这仅是海信的炒作。但几天后，京城各大商场传回了消息，"海信工薪变频卖疯了"，蜂拥而至的消费者举着刊载"变频空调降价千元"消息的报纸挤到海信空调柜台前抢购"工薪变频"空调。在几大商场，海信空调的日销量都突破了两位数；在整个北京市，海信"工薪变频"空调的日销量几乎接近千台(上一年度同期，海信空调在京城的日销量不超过 100 台)；仅 3 月份一个月，海信两款"工薪变频"空调的全国销量就突破了 6 万台，创下了淡季单型号销量的最高纪录。

2000 年 3 月 12 日，空调大户春兰下调了两种畅销机型的价格，最高降幅达 800 元。降价后的春兰各销售网点的出货速度和数量在随后一段时间的统计结果令人吃惊，仅 3 月 19 日一天，春兰降价机型在南京、上海、北京等多个城市的日销量均突破千台大关，其中上海最高，达 1260 台。4 月 1 日，在北京市场上知名度并不高的森宝空调爆出大冷门，推出 2000 元的特价空调，当天就售出了 5000 台，在一些商场甚至出现了拿号排队抢购的场面。北京本地产品"古桥"也随即推出了 2188 元的特价空调。在采取一两款机型特价销售的投石问路之举引起消费者的强烈反响后，4 月 11 日，春兰再次宣布下调其两大类、19 个品种空调的价格，降价品种覆盖了分体机的大部分型号和家用柜机的全部型号，最大的降幅逾千元。紧接着在 4 月 13 日，海信集团宣布在原有两款"工薪变频"空调的基础上再增加五款机型，届时七款"工薪变频"空调全面上市，且不限时不限量，保证全国市场的供应，其中一款变频柜机与市场上同种规格的产品相比价格相差 2000 多元，再一次引起了空调市场的轰动。

2000 年 4 月初，海尔、美的、新科、格力、科龙、波尔卡六家空调生产企业不顾海信、春兰的降价攻势，在南京组建价格同盟，挂出免战牌。10 天后，新科空调就调头加入降价促销的行列中来，以 2780 元和 2880 元推出两款特价机型，之后又在 5 月 19 日对其旗下 12 个品牌、22 个规格的产品价格下调 600～2000 元不等，平均降幅达 15%。科龙集团也在随后的 5 月 20 日将其 160 余个空调品种的价格全部下调，最高让利达 1500 元，规模之大、品牌之多创下了当年空调市场之最。与此同时，海尔、美的、格力虽一再声称不打价格战，但事实上，他们也在跟进，纷纷推出了他们的特价机(降幅在 300～500 元)或实行购后赠送等促销手段。

在这场降价风潮中，海信在恰当的时候果断出击，给空调业价格战开了一个头，并尝到了第一口鲜美的汤。据来自中国社会经济决策咨询中心的信息，2000 年 4 月全国 106 家大型商场空调销售占有率排名中，海信仅次于海尔居第二，为 9.6%，2 月为 4.3%。

春兰的迅速跟进也使其销售量有了明显的增长。但逐渐地，精明的消费者在众多的降价面前开始由惊喜抢购转为理智思考。正所谓"买涨不买跌"，由于消费者对降价商品降至谷底的消费预期，空调产生了明显的持币待购、旺季不旺的现象。至此，这场由海信的低价格策略引发的价格风波在业界引起了激烈的争论。

对空调降价持肯定态度的业内人士指出，从行业发展规律来看，空调已经进入高速发展期，继续保持发展初期的高利润率是不现实的，对行业的长期发展也不一定有利。把价格降下来，会刺激空调市场的加速成长，同时抬高空调市场的"准入门槛"，避免一些不必要的资源浪费，提高我国空调行业的整体素质。而对空调降价持反对意见的厂家指出，价格下降必然会削减企业的盈利，减少企业的资本积累，从而使企业被迫削减其技术创新的资金投入，发展后劲不足，并影响整个行业的技术进步。同时，对消费者而言，他们实际上所需要的是顾客总价值与顾客总成本之比的最大化，而顾客总成本是购买成本和使用成本之和。空调售后服务诸如安装和维修质量的好坏直接影响空调消费者日后的使用成本。如果企业不留有足够的空间，它将无法保证提供良好的售后服务。如果消费者用表面上很有吸引力的价格购买了产品而实际上支付的仅是购买成本，他们的使用成本就没有在这次交换中表现出来，在日后使用过程中很可能会出现使用成本增加，这是企业对消费者不负责任的行为。因此，企业不应该一味降价去抢占市场份额，应该在拿到合适的利润后，将重点放在产品质量和完善售后服务上，更好地满足消费者需求。

三、海信如是说

面对外界的种种评论，海信一再强调"无意挑起价格战"，推出"工薪变频"空调只是想以成熟的技术制造出适合中国消费需求的变频空调，让更多的消费者买得起变频空调，并称他们的降价举措是基于以下几点考虑：

(1) 技术起点高，从建厂初期就以变频空调为拳头产品，一直致力于变频技术的研究与创新，成功地掌握了变频空调的核心技术和相关软件的开发技术，并实现了电器控制系统的高度集成化，是国内目前变频空调品种最多、产量最大的生产基地，从而使得制造成本大大降低。同时，借助于企业集团先进的管理手段和成熟的营销网络，企业的资源得到优化配置，这一切都促成了海信价格上的重大突破。

(2) 一个企业拥有成熟的技术，单纯制造科技含量高、质量可靠的产品还不够，必须要使其快速转化为能顺应消费者需求、有竞争力价格的商品，才能赢得市场。变频空调作为传统定频空调的换代产品，其在降价前的价格与大多数消费者心目中的消费预期还存在一定差距，而在目前国内空调市场处于供大于求的买方市场下，需求对价格的决定作用远大于供给，变频空调能否真正成为大众消费品，关键是看它能否实现消费者所能承受的"平民价格"。因此，价格下调能够有效刺激消费者将空调的潜在需求转化为实际购买，从而推动变频空调在中国的普及。这一点从海信的低价格策略得到市场的热烈回应可以证明。

(3) 国内空调业的整体技术水平在国际上还处于劣势，如果在价格上又没有竞争力，那么当国外品牌进入中国市场的时候，国内企业又该如何面对呢？从这个角度来说，整个空调行业不管是通过价格还是通过其他方式进行整合，对整个行业的发展都是有利的。因此，不管外界理解与否，海信已确定的低价策略是不会动摇的。

试析：

1. 根据案例材料，总结当时我国空调市场需求与竞争情况。

2. 从空调降价的结果来看，消费者对空调的需求在价格上是富有弹性的还是缺乏弹性的？

3. 你认为海信空调采取降价措施是否明智？为什么？

4. 你认为我国空调市场竞争格局最终将会怎样？"马太效应"在空调市场上会出现吗？

▌ 知识拓展

自动降价，顾客盈门

在美国波士顿市的中心区有一个法林自动降价商店，它以独特的定价方法和经营方式闻名遐迩。

该商店里的商品摆设与其他商店并无区别，架子上挂着一排排各种花色、式样的时装，货柜上分门别类地摆放着各类商品，五花八门应有尽有。商店的商品并非低劣货、处理品，但也没有非常高档的商品。

该商店的商品不仅全都标有价格，而且标着首次陈列的日期，价格随着陈列日期的延续而自动降价。在商品开始陈列的头 12 天，按标价出售；若这种商品未能卖出，则从第 13 天起自动降价 25%；再过 6 天仍未卖出，即从第 19 天开始自动降价 50%；若又过 6 天还未卖出，即从第 25 天开始自动降价 75%，即价格 100 元的商品，只花 25 元就可以买走；再经过 6 天，如果仍无人问津，这种商品就送到慈善机构处理。

该商店利用这种方法取得了极大的成功，受到美国人及外国旅游者的欢迎。从各地到波士顿的人都慕名而来，波士顿的市民更是这家商店的常客。商店每天接待的顾客比波士顿其他任何商店都多，熙熙攘攘，门庭若市。现在，自动降价商店在美国已有 20 多家分店。

思考练习

简答题

1. 产品组合定价有哪些策略？
2. 刺激定价有哪些策略？

任务四 价格调整策略

学习目标 ✍

- 理解价格调整的原因
- 掌握价格调整的影响和价格调整策略

案例导入

大受欢迎的昂贵礼物

1945 年的圣诞节即将来临时，为了欢度第二次世界大战后的第一个圣诞节，美国居民急切希望能买到新颖别致的商品作为圣诞礼物。美国的雷诺公司看准一个时机，不惜资金和人力从阿根廷引进了当时美国人根本没见过的原子笔(圆珠笔)，并且在短时间内把它生产了出来。在给新产品定价时，公司的专家们着实费了一番心思。当时公司研制和生产出来的原子笔成本每支 0.50 美元，但专家们认为，这种产品在美国市场是第一次出现，奇货可居，尚无竞争者，最好是采用新产品的价格策略，把产品价格定得大大高于产品的成本，利用第二次世界大战后市场物资缺乏的状况和消费者求新、求好的心理以及要求礼物商品新奇高贵的特点，用高价来刺激顾客购买，而且能把推出这种新产品的市场销售利润尽可能多地捞到手。同时，由于原子笔的生产技术并不复杂，如果竞争者蜂拥而上，公司再降价也不迟。于是，雷诺公司以每支原子笔 10 美元的价格卖给零售商，零售商又以每只 20 美元的价格卖给消费者。尽管价格如此昂贵，原子笔却由于其新颖、奇特和高贵而风靡全国，在市场上十分畅销。后来其他厂家见利眼红，蜂拥而上，产品成本下降到 0.10 美元一支，市场零售价也仅卖到 0.70 美元，但此时雷诺公司已大捞一把了。

问题：雷诺公司运用了什么价格策略使其经营获取成功的？

任务描述与分析

价格调整策略是指企业为某种产品制定出价格以后，并不意味着大功告成，随着市场营销环境的变化，企业必须对现行价格予以适当的调整。本任务就着重分析了价格调整的原因、价格调整的影响和价格调整策略，要求学生在学习本任务后能够对企业价格调整做出正确的分析。

相关知识与任务实施

一、价格调整的原因

(一) 企业降价原因

降价是指产品的价格在原来的基础上进行降低。企业降价的原因主要有以下几个方面：

(1) 企业的生产能力过剩，因而需扩大销售，但企业又不能通过产品改进和加强销售工作来扩大销售，只好降价。例如，中国彩色电视机在国内只有 2500 万台/年需求的情况下，全行业生产能力为 4000 万台/年，这是导致彩电价格年年跳水的原因之一。

(2) 企业面临激烈的竞争，市场占有率在减少。由于生产企业的增多，竞争激烈，本企业的产品市场占有率有下降的趋势，那么企业为了维持或进一步扩大销售，防止市场占有率下降，而采取降价策略。

(3) 企业为了取得规模经济效益。规模经济效益是指随着规模的扩大，经济效益越来越好，这主要是由于规模的扩大，单位产品的成本降低、利润增加。由于成本降低，企业可以考虑降价，以提高产品的竞争力。

❖ **案例**：长虹引发的价格战

1996 年 3 月 26 日，长虹突然发动价格战，宣称"以振兴民族工业为己任"，宣布大幅度降低彩色电视机价格，突然间打破了家电市场的均衡态势。其他家电企业准备不足，仓促应战。同年 4 月 1 日，TCL 王牌彩电率先做出反应，推出"拥抱春天"大让利活动。此后一个月里，十几家彩电生产厂商纷纷放下了架子，各自以不同程度的优惠向消费者让利销售。6 月 6 日，一直保持沉默的康佳集团宣布所有彩色电视机让利 8%~20%，单机最大让利额达 1200 元，创下了本次价格战中降价之最。

这次史无前例的价格战风潮，不仅席卷了中国 90 多家彩电企业，还引发了计算机、化妆品等其他产业的价格大战。中国企业开始品尝到市场经济条件下竞争的残酷性，同时也进一步领略了价格战这一竞争利器的威力。

本次价格战的直接影响是国产彩电销售额首次超过国外企业，并从此占据市场主导地位。长虹也从此一举成为行业的领头羊，康佳紧随其后，TCL 牢牢占据第三的位置；国外品牌在中国市场风光不再，从此陷入被动局面。

本次价格战影响更为深远的是，家电产业从此陷入价格漩涡，产业内所有企业、所有产品都不同程度参与其中。

(二) 企业提价原因

企业提价是指产品的价格在原来的基础上进行提高。企业提价会引起消费者、经销商、推销人员的不满。但若出现以下两种情况，企业应该考虑提价：

(1) 通货膨胀，物价上涨，企业的成本费用提高。由于通货膨胀，引起物价的普遍上涨，因此，企业有关生产经营成本、营销成本等各方面的成本都会增加，如果产品的价格不变，产品的利润会减少。所以，如果物价上涨，就应该考虑产品价格上调。

(2) 产品畅销，供不应求。产品好卖，企业可以提价，因为提价以后对企业更为有利。提价以后，产品仍然可以保证适当的销售量。价值规律揭示，当产品供给小于需求时，产品的价格会自然上升，企业应充分利用价值规律，维护自身利益。

当产品供不应求时，企业可以提价或者采取对顾客限额供应。提高价格可以采取延缓报价、使用价格自动调整条款、分别处理产品价目以及减少折扣等方法。

企业在提价时，要给予消费者合理的解释，说明其原因，消除消费者的不满，并帮助顾客寻找节约的办法。

二、价格调整的影响

(一) 顾客对价格变动的理解

(1) 顾客对降价的理解。对于企业产品降价，顾客有不同的理解，这些理解往往对企业不利，以下是几种常见的情形：这种产品式样变老了，将被新产品取代；这种产品有某些缺点销售不好；企业财务困难，难以继续经营下去；价格还要跌；这种产品质量下降了等。

(2) 顾客对提价的理解。对于企业产品提价，顾客有不同的理解，如这种产品很畅销，怕买不到；这种产品很有价值，卖方想多赚钱等。

(二) 消费者对价格变动的理解

消费者对不同的产品价格变动有不同的反应，对那些价值高或经常购买的产品的价格变动较敏感；而对于那些价值低或不经常购买的小商品，即使价格提高，也不太注意。此外，消费者除了关心产品价格变动以外，对取得、使用、维修方面的费用也很关心，如果企业能使得产品相关的其他费用降低，则可以适当定高价。

(三) 竞争者对企业价格变动的理解

竞争者对其他企业产品价格变动的理解与消费者对产品价格变动的理解，有相同的一面和不同的一面。例如，某企业降价，竞争者的理解是该企业与本企业抢占市场，他们经营不善；消费者的理解是该企业为了使整个行业的价格下降以刺激需求。企业提价，竞争者的理解是该企业在技术上取得了重大突破，预计产品的需求有大幅度上升；消费者的理解是产品成本在升高等。

三、价格调整具体策略

(一) 降价策略

使用降价策略时应注意以下几个方面：

(1) 产品降价应着重考虑顾客的购买心理，降价要"师出有名"。没有合适的降价理由，很容易让顾客认为产品卖不出去或质量不好。现实中厂商降价的理由通常是有新产品上市促销、销售突破若干万元或若干万件、季节性降价、重大节日降价酬宾、厂商庆典活动等。

(2) 降价要取信于民。信誉好的厂商降价，顾客信得过；信誉不好的厂商降价，顾客信不过。所以，降价要货真价实，不能欺骗顾客。

❖ **案例**：香港一些信誉好的精品商店、高档商店每年都要定期进行产品打折，活动期间往往人山人海，顾客在商场开门前就已挤满在大门之外，有的顾客甚至全家出动去抢购。而有些小服装厂，质量一般的服装标价很高，然后整日进行特价促销，虽然理由也冠冕堂皇，但真正相信的没有几个人。

(3) 降价次数宜少不宜多。产品降价的次数要尽量少，争取一步到位。

(4) 降价幅度应能引起顾客的注意。确定产品的降价幅度时，应以产品的需求弹性为依据。需求弹性大的产品只要有较小的降价幅度就可以使产品销量大增，需求弹性小的产品则需要较大的调价幅度才能够增加销售量。通常产品降价幅度以 10%～30%为宜。

(5) 直接降价策略与间接降价策略应灵活运用。直接降价，顾客容易感觉到，但也容易刺激竞争对手相继降价竞销。间接降价是指维持原价不动，只是以增加折扣率、佣金、配件等销售产品的方法。间接降价有一定的隐蔽性，可以暂时避免因刺激竞争对手而导致的全方位的降价竞销。

简单地将企业产品的目录价格或标价降低不是理想的降价方式，企业常采用各种折扣形式来降低价格，如数量折扣、现金折扣、津贴等。此外，变相降价形式有赠送样品和优惠券，实行有奖销售，给中间商提取推销奖金，允许顾客分期付款、赊销，免费或优惠送货上门，技术培训，维修咨询，提高产品质量，改进产品性能，增加产品用途，完善产品配套等。由于这些方式具有较强的灵活性，市场环境变化时，即使取消降价也不会引起顾客太大的反感，同时又是一种促销策略，因此在现代营销活动中运用越来越广泛。

(6) 降价时，企业应考虑的最重要的因素是顾客的反应。因为调整产品的价格是为了促使顾客购买产品，只有根据顾客的反应调价，才能收到好的效果。

(7) 选择合适的降价时机。选择降价时机，关键要把握降价的效果。如果产品能很好地销售，企业则可以推迟降价；如果降价能够刺激顾客的购买欲望，可以加速产品的销售，企业则应该提早采用降价策略。

(二) 提价策略

为降低因提价而引起的不良市场反应，企业每次涨价前都需要经过精心策划，保证产品平稳地过渡到新的价格体系中。

1. 提价前评估

企业在提价之前，必须考虑市场发展趋势、竞争对手和自身能承受的成本压力，根据这些情况做出准确的提价决策。

(1) 评估市场发展趋势。评估国家政策、金融政策、区域消费环境、顾客支出成本等因素，对自己所处行业的发展趋势做出判断。如果国家有关于行业发展的支持性政策，则可以通过获得国家补贴而暂时不涨价，维持市场现状。

(2) 评估竞争对手。在企业是否涨价这个问题上，要关注竞争对手的表现。因为竞争对手就是企业自身的参照物，规模相同的企业其成本差异很小。观望竞争对手的价格变化，其实就是"知己知彼"的过程，为自己制订价格策略提供依据。

(3) 评估企业自身能承受的成本压力。企业规模决定企业的边际效益，如果企业的成本增加情况已经超出企业能承受的范围，则可以通过降低供应商的价格来达到降低成本的目的。如果不能降低供应商的价格，就必须通过涨价来平衡企业经营系统。企业无论采用什么方法，都要保证一定的利润空间。只有这样，企业才能长久发展。

❖ **案例**：2007 年，随着物价一再上涨，方便面企业决定于 7 月 26 日进行联合涨价，这立刻受到消费者的质疑和媒体的高度关注，国家相关部门也开始介入。

国家发改委经查明认定，2006 年年底至 2007 年 7 月初，方便面中国分会多次组织策划、协调企业商议方便面涨价幅度、步骤、时间；在《中国面制品》杂志刊发会议纪要，向全行业传递龙头企业上调价格的信息；通过媒体发布方便面涨价信息，致使部分地区不明真相的群众排队抢购。国家发改委责令方便面中国分会立即改正错误，公开向社会做出正面说明，消除不良影响；宣布撤销三次会议纪要中有关集体涨价的内容。对方便面中国分会和相关企业的串通涨价行为，国家发改委依法做出进一步处理。

我国《反垄断法》规定，垄断协议是指排除、限制竞争的协议、决定或者其他协同行为。法律所称的市场支配地位，是指经营者在相关市场内具有能够控制产品价格、数量或者其他交易条件，或者能够阻碍、影响其他经营者进入市场的市场地位。在以上法律规定的范畴中，对于联合起来、以控制产品价格为目的的方便面联合涨价行为，当然属于有组织、有预谋的垄断控制行为。这必然引起国家相关部门的高度关注，并最终导致涨价联盟的失败。

这给我们一个警示：企业不能轻易介入某个垄断联盟中，一旦介入，将使企业正常经营行为置于大众的监督之下，这或许不仅不能给企业的发展带来便利，反而可能成为焦点，进一步影响企业的正常经营。

2. 涨价策略

企业在调研顾客、经销商和终端对涨价认知程度的同时，对他们的心理也会有清晰的认识，涨价就不容易失败。对于大多数企业来说，主要有试探性提价和跟随性提价两种涨价策略。

(1) 试探性提价。在成本无法降低的情况下，企业要梳理产品线，进而将这些产品分为两类：价格敏感型产品和价格不敏感型产品。企业为了稳妥起见，可以对价格不敏感型产品进行试探性提价，因为这些产品面对的消费群体较小，即使涨价后顾客发生消费转移，也不会影响企业的整体现金流和运营状况。如果试探性涨价后市场相对稳定，其他产品也可以涨价。

(2) 跟随性提价。企业在成本不断增加的情况下，特别是重要生产要素(如原材料等)涨价时，完全可以根据竞争对手的涨价情况进行跟进。此策略虽然被动，但风险较小，中小企业完全可以采取跟随的方法。如果竞争对手有备而来，就可能配合使用相关的促销活动、广告宣传、渠道费用支持等营销要素，所以，跟随企业也必须进行全面策划，如果只是在价格上跟进，就可能受到竞争对手的影响，甚至丢掉市场。

3. 提价技巧

提供技巧如下：

(1) 要有充分的涨价理由。企业要有充分的理由说明涨价的原因，让经销商、零售终端和顾客相信涨价不可避免。

(2) 涨价前要做好市场铺垫工作。涨价前必须和企业的核心顾客沟通，告知其明确的涨价策略，以及涨价期间的相关支持性工作，打消核心顾客的担忧。

(3) 企业可以通过阶段性的累计销售奖励、终端的陈列奖励、买赠支持等方式，将产品顺利送达销售终端，促进产品销售，把涨价的消极影响降到最低。

(4) 加强整合营销，做好顾客引导工作，稳定市场。产品涨价后顾客通常会产生抵触情绪，甚至会降低忠诚度，进而产生品牌转移现象。因此，企业要加强对顾客的引导工作：一是通过品牌宣传，进一步强化产品在顾客心目中的地位；二是要传递产品理念，不仅要关注产品的价格，而且要关注产品的品牌和品质；三是针对终端开展多种形式的促销活动，给顾客适度的优惠，降低顾客对价格的敏感度，维护顾客对品牌的忠诚度。保住顾客就等于保住了市场，同时也抵制了竞品对市场的渗透行为。

(5) 预防竞争对手的价格干扰。企业率先涨价，会给竞争对手带来短期的价格干扰。假如竞品不涨价，并采取促销、公关等市场支持性措施，就会对企业的产品销量带来严重的影响。企业的产品基本可以分为形象产品、走量产品、利润产品和阻击产品。在受到竞品干扰时，一般情况下，企业要保证走量产品和利润产品的市场安全，在这两类产品受到竞品影响时，可以用阻击产品应对，甚至可以从走量产品和利润产品中选取 1～2 个单品定向打击竞争对手，和竞品展开正面价格竞争，稳定消费群体。

(6) 明涨与暗涨相结合。明涨不必多说明；暗涨是指推出新规格、新包装，借此涨价。例如，牛奶企业推出价格不变的脱脂麦片(原为杏仁)美容奶；饮料企业将本来 600 毫升的包装变成了 500 毫升的新设计的包装，但价格不变。暗涨的利益不会轻易引起顾客的厌恶感，竞争对手也相对难以应对。

(7) 涨价与创新、增值相结合。企业可以在大力推出创新产品、差别化的产品、增值服务、给产品注入新元素等的同时，名正言顺地涨价，一方面可以树立企业的高端形象，另一方面也可以赚取更多的利润。

▌ 案例分析

长虹公司的彩色电视机质量好，性能先进，一直以稍高于其他国产品牌彩电的价格销售。1996 年，长虹公司计划进一步提高市场占有率。为了实现目标，途径只有两条：一是继续提高质量水平和技术水平，以质优吸引消费者；二是降低价格，使长虹彩电的性价比更具有竞争能力。长虹公司在继续向前者投入的同时，宣布从 1996 年 3 月 26 日起，所有厢式车提供的 17～29 英寸彩电全部大幅度让利销售，降价幅度为 8%～18%，其降价行为在全国彩电市场引起极大的震动，取得了明显的市场效果。4 月，长虹彩电的市场占有率大幅度上升至 27.43%，比 1～3 月增加了 12.14 个百分点；百家商场长虹彩电的销售量达到 9785 台，比降价前的 3 月增加近一倍，销售额居国内外品牌彩电之首。

试析：

1．长虹彩电降价的原因是什么？

2．还有哪些原因会导致企业降价？

◗ 知识拓展

在竞争中影响消费者判断的因素除了可察觉的价格外，还有可察觉的使用价值。而顾客对商品价值的判断完全取决于他们对品牌的认知。有一段时间，最快乐的人可能就是爱吃 XX 快餐的孩子们了，这家跨国公司的降价促销活动让父母们很难再拒绝孩子的请求。

而业内人士忍不住对此表示担忧，"与巨人同台共舞"的国内品牌会受到冲击吗？它们还剩下几成胜算？一些深忧远虑之士更是看到，近期包括 YY、ZZ 等在内的多家跨国公司降价招数频发，他们把这称为洋品牌的"变脸"。

1．价格策略与品牌管理的关系

实际上，XX 快餐的降价与它一贯坚持的战略定位并不相悖。这种战略可以用泰勒提出的一句口号来概括："全球化思维，本地化战略。"就是说跨国公司在制订营销战略时，既要适应国际化环境，也要保持内部机制的灵活性，以应对不同市场的环境差异、政策差异和文化差异。

全球化策略包含的一个重要假设是：世界是一个统一的经济体，因此可以适用统一的营销策略，以标准化为王的国际化营销路线可以畅通无阻。但事实并非如此，XX 快餐在貌似整齐划一的表面下，隐藏的是灵活经营的本地化策略。

对于文化差异，××快餐用本地加盟店的方式解决，因为加盟店更依靠当地的文化背景。例如，在以色列的××快餐连锁店中，"巨无霸"不放奶油，目的是方便那些犹太教徒把肉和奶制品分开。

对于市场上的价格差异，××快餐也不得不严阵以待。中国企业基于成本优势的低价格竞争对国际营销模式产生了巨大影响，而××快餐的降价可以说正是适应当地竞争环境策略的反应。

2．顾客判断商品价值取决于对品牌的认知

价格已经成为一个越来越敏感的因素。在 2003 年再版的《营销管理》一书中，营销大师科特勒指出，如今营销的大环境已经出现一些新趋势，显而易见的一点就是"消费者对价格的敏感度日益增加"。

2003 年，科特勒在中国的演讲中也多次提到行业竞争的残酷性和价格战，并提出现在已经进入"微利时代"。在这种大背景下，降价成为挡不住的诱惑。对很多商家来说，低价竞争已成为抢占市场份额的法宝，他们笃信"低价就意味着销售额"的信条。

一般来说，低价策略有两种常见的模式：一是每日低价策略(everyday low pricing strategy)，即把价格定得低于正常价格，但仍高于竞争者大打折扣后的价格。很多连锁的零售商采用的就是这种办法。另一种是高/低定价策略(high/low pricing strategy)，即价格会高于其竞争者的每日低价，但使用广告进行经常性的降价促销。这种方式成功地利用了顾客的消费心理，事实证明这是一种非常有效的方法。

但是，根据福克纳的理论，在竞争中影响消费者判断的因素除了可察觉的价格外，还有可察觉的使用价值。而顾客对商品价值的判断完全决定于他们对品牌的认知。

3．降价是把品牌降格为普通商品

在中国市场上，很多消费者都相信"便宜没好货"这句老话，那么，这时不管采用哪一种低价策略，都会对品牌形象产生一定的影响。只有少数公司，如美国零售商沃尔玛、法国零售商家乐福等通过走低价路线确立了自己的品牌地位。

值得注意的是，价格并不是它们取得成功的唯一因素。有竞争力的进货渠道、高效的物流管理和优质的服务都有助于提升它们在消费者心目中的形象。

专家指出，走低价策略的道路去抢占市场和维持市场领先地位，是步履维艰且充满风险的。那些仅依靠打折和降价与对手竞争的营销者，显然误解了定价在体现品牌总体价值过程中的作用。实际上，降价面临着把品牌降格为普通商品的风险。

现实情况是，产品之间的质量差距越来越小，面对琳琅满目的商品，消费者根本没有时间、没有精力去深入地考察，他们判断商品价值的唯一标准就是价格。

经验告诉人们，价格与质量是有直接联系的，因此很多人不相信降价产品会维持同样的使用价值，反而不求"最好"，但求"最贵"。推动业绩的只有使用价值，所以，有些公司反其道而行之，维持高价策略。每一类产品中都有一些品牌价格会高于其他竞争对手，形成产品之间实质上的差异。

达能公司的依云矿泉水在世界上享有盛名，它完全是依赖品牌的力量。单就价格而论，每盎司的依云矿泉水比可口可乐都贵。但有些顾客依然对它情有独钟，任"弱水三千，只取一瓶饮"。科特勒认为，降价推动销售额的说法根本就是无稽之谈，这种说法欺骗了很多销售者。降价过去没有，将来也不会提高销售额，真正推动业绩的只有使用价值。在消费者根据产品价格来认知品牌的时代，降价会伤害品牌的地位。

营销战场上有很多有力的武器，为了抢占市场份额而牺牲品牌形象似乎并不明智。有专家认为，在决定参加价格战之前，必须三思而后行，因为改进产品质量、提高服务水平等很多传统做法都可以使自己在竞争中立于不败之地。希望将来在中国市场上看到的更多的是品牌竞争，而不是价格战。

问题：

1．如何理解"全球化思维，本地化战略"？

2．低价策略的模式有哪几种？如何理解这些模式的内涵？

3．价格与品牌形象之间的关系如何？

4．企业竞争策略有哪几种？品牌策略属于哪种竞争策略？

5．如何理解低价与降价对企业的影响？

 **思考练习**

论述题

论述产品提价和降价的原因，以及降价对企业的利弊。

项目八　渠 道 策 略

　　小强陪妈妈逛超市，他注意到有一些商品的价格尾数喜欢带 8 或者 9，如 3.9 元、5.8 元、9.9 元；而有些商品的价格则喜欢用整数，如 480 元、950 元、3600 元。他当时只是纳闷，却没有考虑那么多，学了定价策略之后，才知道原来这样定价都是有深刻缘由的。一天，小强问爸爸："爸，一件商品的定价确定之后，应该就不会轻易变动了吧？"爸爸说："当然会变动啊。不过，这就要涉及销售渠道的问题了。例如，当当网的很多东西都可以打折，原因之一就是它的销售渠道和传统的实体店铺渠道不同。"

任务一　认识分销渠道

学习目标 ✍

- 熟悉分销渠道的含义和结构
- 掌握渠道设计的影响因素与分销渠道设计

▋ 案例导入

　　娃哈哈集团有限公司(以下简称娃哈哈)是目前中国较大的食品饮料生产企业之一，在全国 29 省市建有 58 个基地、150 余家分公司，拥有总资产 300 亿元，员工 30000 人。2018 年，娃哈哈营业收入达 468.9 亿元。

　　娃哈哈的产品并没有很高的技术含量，之所以能取得今天的成就，是与它富有特色的分销渠道建设以及对分销渠道的有效管理分不开的。

　　娃哈哈在全国 31 个省市选择了 1000 多家能控制一方的经销商，在广大的县市、城镇市场编织了一张巨大的营销网络，其产品可以在三天之内铺遍全中国，形成了强大的销售网络。

　　为了提高经销商的销售效率，娃哈哈各省区分公司都会派专业人员帮助经销商进行销售管理，指导其销售业务，并参与具体的销售工作，如帮助经销商管理铺货、理货以及广告促销等业务。

为了对分布在全国 31 个省市的经销商的行为实行有效控制，娃哈哈采取了保证金的形式，要求经销商先交预付款，对于按时结清货款的经销商，娃哈哈偿还保证金并支付高于银行同期存款利率的利息。

为了从价格体系上控制窜货，娃哈哈实行级差价格体系管理制度。根据区域的不同情况，制定总经销价、一级批发价、二级批发价、三级批发价和零售价，使每一层次、每一环节的分销渠道成员都可取得相应的利润，保证了有序的利益分配。同时，娃哈哈与经销商签订的合同中严格限定了销售区域，将经销商的销售活动限制在自己的市场区域范围之内。娃哈哈发往每个区域的产品都在包装上打上编号，编号和出厂日期印在一起，根本不能被撕掉或更改，借以准确监控产品去向。娃哈哈专门成立了一个反窜货机构，巡回全国，严厉稽查，保护各地经销商的利益。娃哈哈的反窜货人员经常巡察各地市场，一旦发现产品编号与地区不符、出现跨区销售行为，将按合同条款严肃处理，扣除经销商的保证金以支付违约损失，情节严重的将取消其经销资格。

娃哈哈全面激励和奖惩严明的分销渠道政策有效地约束了上千家经销商的销售行为，为渠道网络的正常运转提供了保证。凭借其"蛛网"般的渠道网络，娃哈哈的含乳饮料、瓶装水、茶饮料销售到了全国的各个角落。

■ 任务描述与分析

产品只有通过一定的渠道，才能在适当的地点、适当的时间，以适当的价格传递给广大消费者或用户，从而满足市场需要，实现企业的营销目标。分销渠道的选择和确定，是企业面临的复杂而富有挑战性的决策，企业应注重研究分销渠道策略，选择好合理的分销渠道。

通过本章学习，了解分销渠道的基本结构和类型，掌握现代分销渠道模式，并进行合理的选择、设计。

■ 相关知识与任务实施

一、分销渠道的含义

分销渠道又称销售渠道或分销途径，是指产品从生产者转达到消费者或者用户手中所经过的路线和途径，主要包括中间商(批发商和零售商)、代理中间商(代理商和经纪人)以及处于分销渠道起点和终点的生产者与消费者。

在现代商品经济条件下，有些生产企业并不直接把产品出售给最终用户或消费者，而要借助于一系列中介机构的转卖活动来达成，如批发商、零售商、代理商、经纪人等。批发商和零售商购进商品，取得商品的所有权，然后转卖出去，他们是分销渠道中最主要的一个环节；代理商和经纪人虽然并不对商品拥有所有权，但他们帮助达成了商品的买卖交易活动，因此也是分销渠道的一个环节。总之，只要从生产者到最终用户或消费者之间，任何一组与商品交易活动有关并相互依存、相互关联的营销中介机构均可称为一条分销渠道。

　　随堂思考：在本案例导入中，娃哈哈的成功主要体现在哪些方面？

二、分销渠道的结构

　　产品从生产企业流通到达顾客手中时，可以有多种途径、多个层次，形成一个分销渠道的网络结构。分销渠道的结构可以进一步细分为长度结构(层级结构)、宽度结构和广度结构三种类型，三种渠道结构构成了渠道设计的三大要素或渠道变量。进一步说，渠道结构中的长度变量、宽度变量及广度变量完整地描述了一个三维立体的渠道系统。

(一) 长度结构(层次结构)

　　渠道按照产品从制造商转移到消费者过程中所包含的渠道层级的多少，可以分为零阶渠道、一阶渠道、二阶渠道和三阶渠道等，据此也可以分为直接渠道和间接渠道、短渠道和长渠道等几种类型。渠道的层级结构模式如图 8.1 所示。

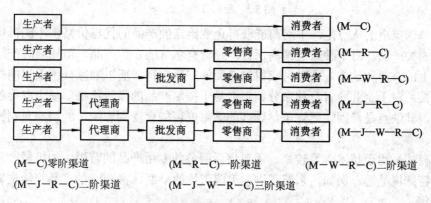

图 8.1　渠道的层次结构模式

　　(1) 零阶渠道(直接销售)。零阶渠道是指制造商将产品直接销售给最终消费者，中间不经过任何中间商的渠道类型。这种直销的主要方式有上门推销、邮销、互联网直销及厂商自设机构销售。直销是工业品销售的主要方式，如大型设备、专用工具及需要提供专门服务的工业品等都采用直销渠道。随着科学手段的完善，消费品零阶渠道得到了长足发展。

　　(2) 一阶渠道包括一级中间商。在消费品市场上，中间商通常是零售商；而在工业品市场上，它可以是一个代理商或经销商。

　　(3) 二阶渠道包括两级中间商。消费品二阶渠道的典型模式是经由批发商和零售商两级转手销售。在工业品市场上，两级中间商大多由批发商和代理商组成。

　　(4) 三阶渠道是包含三级中间商的渠道类型。一些消费面宽的日用品，如肉类食品及包装方便面，需要大量零售机构营销，而其中许多小型零售商通常不是大型批发商的服务对象。

　　(5) 四阶渠道、五阶渠道等层级更高的渠道也有，但极罕见。一般来说，对制造商而言，渠道层级越多越难协调和控制，会给渠道的管理与控制带来许多不便。

（二）宽度结构

渠道宽窄取决于渠道的每个环节中使用同类型中间商数目的多少。企业使用的同类中间商多，产品在市场上的营销面广，称为宽渠道；反之，企业使用的同类中间商少，渠道窄，称为窄渠道。窄渠道一般适用于专业性强的产品，或贵重耐用的消费品，通常由一家中间商统包，几家经销。它的特点是虽然生产企业容易控制营销，但市场营销面有限。渠道的宽窄是相对而言的，受产品性质、市场特征和企业营销策略等因素的影响。渠道的宽度结构大致有以下三种类型。

1．独家分销渠道

独家分销渠道是指企业在目标市场上或目标市场的一部分地区内，仅指定一家中间商经营其产品。独家分销渠道是窄渠道，如图 8.2 所示。

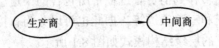

图 8.2　独家分销渠道

独家分销渠道的优点是，中间商能获得企业给定的产品的优惠价格，不能再代销其他竞争性的相关产品。对于独家经销商而言，经营有名气的企业产品，可凭名牌产品树立自己在市场上的声望和地位，同时可获得制造商的广泛支持，所以独家分销渠道能提高中间商的积极性；对于企业而言，独家分销渠道易于控制产品的零售价格，易于取得独家经销商的合作。其缺点是，因缺乏竞争，顾客的满意度可能会受到影响，经销商对制造商的反控力较强。

此种模式适用于技术含量较高，需要售后服务的专用产品的营销，如机械产品、耐用消费品、特殊商品等。例如，东芝在进入美国市场的早期，将 80%的产品交给史勒伯百货连锁店销售。

2．选择型分销渠道

选择型分销渠道是指在同一层次上或一定区域内，精选少数符合要求的中间商经销本企业的产品，即从入围者中选择一部分作为经销商。选择型分销渠道通常由实力较强的中间商组成，能有效地维护制造商的品牌信誉，建立稳定的市场和竞争优势。这类渠道多为消费品中的选购品和特殊品以及工业品中的零配件等。选择型分销渠道是中宽度渠道，如图 8.3 所示。

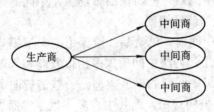

图 8.3　选择型分销渠道

选择型分销渠道的优点是，其比密集型分销渠道能取得经销商更大的支持，同时又比独家分销渠道能够给消费者购物带来更大的方便。一般来说，消费品中的选购品和特殊品适宜采用选择型分销渠道。其缺点是，中间商的竞争较独家分销渠道激烈，而且选择符合要求的中间商较困难。消费者和用户在选购商品时会进行商品的比较，所以没有密集分销渠道那么方便顾客。

3. 密集型分销渠道

密集型分销渠道是指在同一层次上使用较多的中间商，即凡符合厂家最低要求的中间商均可参与经销的渠道。一般来说，产品的营销密度越大，销售的潜力也就越大。密集型分销渠道是宽渠道，如图 8.4 所示。

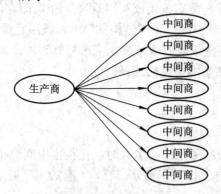

图 8.4 密集型分销渠道

密集型分销渠道的优点是，市场覆盖率高，便利顾客。其缺点是，市场竞争激烈，价格竞争激烈，导致市场混乱，有时会破坏厂家的营销意图；渠道的管理成本(包括经销商的培训、营销系统支持、交易沟通网络的建设等费用)很高。

(三) 广度结构

分销渠道的广度结构就是不同特征类型的渠道数量，实际上是分销渠道的一种多元化选择，即采用混合渠道模式进行销售，使用多种渠道的组合。例如，有的企业针对大的行业用户，企业内部成立大客户部直接销售；针对数量众多的中小企业用户，采用广泛的分销渠道；针对一些偏远地区的顾客，则可能采用较长的分销渠道。

三、渠道设计的影响因素

(一) 产品因素

影响渠道设计的产品因素如下：

(1) 单位价值的高低。一般而言，产品单价越低，分配路线越长；反之，单价越高，分配路线越短。

(2) 体积大小与质量。考虑到产品运输和储存的条件及费用，体积过大或过重的产品应选择最短的分配路线。

(3) 式样或款式。时尚程度较高的产品，即式样或款式较易发生变迁的产品，如各种新奇玩具、时装等，应尽可能缩短分配路线，以求速售。

(4) 产品的数量及分布。产品数量大,顾客分布广,这样就需要借助各类中间商销售,以扩大销售领域,因而通常选择密集型分销渠道。

(5) 技术性与销售服务。多数工业品及耐用消费品中的家用电器具有高度技术性或需要经常性的服务与保养,可由生产者直接供应消费者或用户,或者只经极少数零售商供应。

(6) 产品市场寿命周期。产品在市场寿命周期的不同阶段对分销渠道的选择是不同的,如衰退期的产品要压缩分销渠道;而对于新产品,为了较快地投入市场、占领市场,生产企业应组织推销力量,直接向顾客推销或利用原有分销渠道展销。

(7) 产品定位。产品定位高端,渠道结构宜简单,线路宜短,以便控制渠道。

(8) 政府政策规定。某些按政府政策规定应严格管理的产品或计划分配的产品,只能由指定的单位经营,这必然影响渠道的选择。

(二) 市场因素

影响渠道设计的市场因素如下:

(1) 产品的数量。产品品种少、产量大时,往往由中间商销售;品种多、产量大时,除中间商外,还往往需要自己推销一部分。例如,有的大型商店购买产品数量极大,生产者不必另寻买主。

(2) 潜在顾客数量。潜在顾客的多少决定了市场的大小,市场范围越大,越需要中间商提供服务;如潜在市场仅有少数顾客,则可由生产者自己推销。

(3) 市场的地区性。工业品市场集中时,适合直接销售。消费品市场也可区分出密度较高地区和一般地区。密度较高地区可采用直接售予零售商的方式;一般地区则可采用传统的分配路线方式,即经批发商售予零售商方式。

(4) 消费者购买习惯。顾客对各种各样消费品的购买习惯,包括愿意付出的价格、购买场所的偏好以及对于服务的要求,均直接影响分配路线。例如,消费品中的便利品需要采用传统的分配路线,而特殊品则可以选择较短的分配路线。

(5) 产品的季节性。具有季节性的产品均应充分发挥中间商的作用,以不失时机地组织好采购和销售。

(6) 竞争性产品。同类产品的分配方法,在选择分配路线时应注意研究和参考。一般来说,采取竞争品的分配路线比较容易占领市场,除非有绝对把握,不宜另辟蹊径。

❖ **案例:**顾客对不同的消费品有不同的购买习惯,这也会影响分销渠道的选择。消费品中的便利品(如香烟、火柴、肥皂、牙膏、大部分杂货、一般糖果、报纸、杂志等)的顾客很多,因而其市场很大;而且顾客对这种消费品的购买次数很频繁,希望随时随地可以买到这种消费品,因而特别重视购物的方便性。所以生产企业只能通过批发商、为数众多的中小零售商把消费品中的便利品转卖给广大顾客,因此便利品的分销渠道是较长而宽的。消费品中的特殊品如名牌男西服、高档手表、高档酒等,因为顾客习惯多花时间和精力选购这种特殊的消费品,所以特殊品的生产企业一般只通过少数几个精心挑选的零售商推销其产品,甚至在一个地区只设置一家零售商,因此,特殊品的分销渠道是较短而窄的。

(三) 企业本身因素

影响渠道设计的企业本身因素如下：

(1) 声誉与资金。企业声誉越大，资金越雄厚，越可自由选择分配路线，甚至建立自己的销售网点，采取产销合一的方法经营；反之，必须依赖中间商提供服务。

(2) 管理能力与经验。有的企业虽在生产方面表现出了卓越的知识和技能，但在市场营销方面却经验甚少，因而有必要物色可靠和有力的代理商。如果选择代理商不当或中间商未能尽力，则整个企业的业务势必会受到影响。

(3) 可能提供的服务。生产者对其产品愿大做广告或负担广告费用，中间商就乐于代其销售；生产者能提供充分的售后服务，或能按零售商要求设立陈列柜，或经常派服务人员与修理人员驻店，也能增加中间商经销的兴趣。

(4) 其他营销策略。例如，企业需要控制零售价格，或要求大量增进推销力量，均会影响分销渠道的选择。

(四) 中间商因素

一般来说，中间商因其从事促销、谈判、仓储、交际和信用诸多方面的能力不同而优势各异。企业要根据自身特点选择合适的中间商。

(五) 政策规定

企业选择分销渠道必须符合国家有关政策和法令的规定。某些按国家政策应严格管理的商品，企业无权自销和自行委托销售，如精神、麻醉药品、枪支弹药等。另外，税收政策、价格政策、出口法、商品检验规定等也都会影响企业分销渠道的选择。

四、分销渠道设计

分销渠道设计是指为实现分销目标，对各种备选渠道结构进行评估和选择，从而开发新型分销渠道或改进现有分销渠道的过程。

分销渠道设计一般包括分析渠道服务产出水平、确定渠道目标、确定渠道结构方案、规定渠道成员彼此的权利和责任和评估渠道结构方案。

(一) 分析渠道服务产出水平

渠道服务产出水平是指渠道策略对顾客购买产品和服务问题的解决程度。影响渠道服务产出水平的因素有五个：

(1) 购买批量，即顾客每次购买产品的数量。

(2) 等候时间，即从顾客订货或现场决定购买后，一直到拿到货物的平均等待时间。

(3) 便利程度，即分销渠道为顾客购买产品提供方便的程度。

(4) 选择范围，即分销渠道提供给顾客的产品花色、品种、数量等。

(5) 售后服务，即分销渠道为顾客提供的种种附加服务，包括信贷、送货、安装、维修等。

(二) 确定渠道目标

渠道设计的中心环节是确定达到目标市场的最佳途径。渠道目标应表述为企业预期达到的顾客服务水平(何时、何处、如何为目标顾客提供产品和服务)以及中间商应执行的职能。无论是创建渠道还是对原有渠道进行变更,渠道设计者都必须将企业的渠道目标明确地列示出来。

(三) 确定渠道结构方案

有效的渠道设计应该以确定企业所要进入的市场为起点,没有任何一种渠道可以适应所有企业、所有产品。即使是性质相近,甚至是同一种产品,有时也不得不采用迥然不同的分销渠道。确定渠道结构方案时,往往要遵循以下步骤:

(1) 分析影响渠道结构的主要因素。

(2) 确定渠道模式。明确企业的渠道目标和影响因素后,就要决定选择什么类型的分销渠道,是派推销员上门推销或以其他方式自销,还是通过中间商分销。如果选择中间商分销,那么需要进一步决定选择什么类型和规模的中间商。

(3) 设计渠道结构方案。渠道模式确定后,企业就可以设计几种渠道结构方案以备选择。一个渠道结构方案包括三方面的要素,即渠道的长度、宽度和广度。此外,还要确定商业中介结构的类型(联营、经销制还是代理制)。

(4) 确定中间商的选择条件、规模和数目。

(四) 规定渠道成员彼此的权利和责任

在确定渠道的长度和宽度之后,企业还要规定与中间商彼此之间的权利和责任,如对不同地区、不同类型的中间商和不同的购买量给予不同的价格折扣,提供质量保证和跌价保证,以促使中间商积极进货。规定交货和结算条件,规定彼此为对方提供哪些服务,如生产企业提供零配件,代培技术人员,协助促销;中间商提供市场信息和各种业务统计资料。

(五) 评估渠道结构方案

评估渠道结构方案的任务,是从备选渠道结构方案中选出最能满足企业长期营销目标的渠道结构方案。因此,必须运用一定的标准对渠道结构方案进行全面评价,其中常用的有经济性标准、可控制性标准和适应性标准。

(1) 经济性标准。企业的最终目标在于获取最佳的经济效益,因此,经济性标准是最重要的标准。在分销渠道评估中,应该先将分销渠道决策可能引起的销售收入增加同实施这一渠道结构方案所需要花费的成本进行比较,以评价分销渠道决策的合理性。

(2) 可控制性标准。企业对分销渠道的设计和选择,不仅应考虑经济效益,而且应考虑企业能否对其分销渠道进行有效控制。因为分销渠道稳定对企业维持其市场份额、实现其长远目标是至关重要的。在其他条件相同的情况下,企业应尽可能掌握对渠道控制的主动性。但是,对分销渠道的控制应讲究适度原则,应将控制的必要性与控制成本加以比较,以求达到最佳的控制效果。

(3) 适应性标准。市场需求和市场形势的不断变化，要求企业渠道有较好的适应能力，还需要考虑分销渠道是否具有地区、时间、中间商等方面的适应性。

案例分析

通过本次案例分析，学生可加深对分销渠道的理解。

自 1996 年以来，国际著名感光材料跨国公司大举挺进中国，它们依靠雄厚的实力，在中国一方面加大营销投入，大建专卖店、连锁店；另一方面投入巨资，合资组建新的生产线，这给乐凯公司带来了严峻的挑战。乐凯公司以市场为导向，系统谋划，根据产品特点和市场需求，制定了自己的渠道策略，取得了较好的效果。胶卷的销售同其他产品相比有自己的特殊性，它更需要专业的营销网络进行销售和从事售后服务，因而，控制营销网络和销售渠道往往是国外公司进行竞争的杀手锏，几大感光材料公司在中国市场上的竞争近年来也多着眼于此。

乐凯通过资源整合、国际合作、强强联合，加快了产业结构调整的步伐，实现了在新能源、新材料和电子信息等领域的新布局。到 2015 年，乐凯形成了膜及涂层材料、印刷材料、新能源及电子信息材料三足鼎立、三业并举的战略格局。

对销售网点的建设，乐凯公司注重从数量型扩张向质量效益型扩展，坚持"建一个成一个"。乐凯公司对全国乐凯部、乐凯专卖店进行了整合，并大力推行规范化、标准化的管理与服务模式，重点提高各个网点的服务品质，树立品牌形象。

当前乐凯公司已在国内建立了以 30 多个乐凯部为中心的近千家乐凯专卖店和千余家特约冲扩店，连接数百个渠道代理商，辐射数万零售冲扩点的渠道网络。优良的质量、得力的渠道网络，加上各种适应市场需求的营销策略，大大带动了乐凯公司的产品销售与市场拓展。

试析：分析该案例，说出乐凯胶卷的渠道策略有哪些？

知识拓展

莲花味精的渠道选择

莲花味精是我国最大的味精生产基地，2009 年第三季度实现主营收入 18.23 亿元，比上年同期增长 24.42%。莲花味精是我国食品市场中的名牌产品，在市场中具有较高的品牌认知度和市场占有率。然而作为调味品，其市场需求是消费者对食品需求的派生和延伸。尽管每家每户都需要，但是消费者的购买频率低，每次购买的数量也相对较小。基于这样的产品特性，企业没有必要采用直接建立销售网络体系这样的高成本销售方式。因此，企业必须寻找和开辟更适合产品销售特点的销售渠道。

在实践中，莲花味精选择各地有较强分销能力的食品批发企业作为销售代理，通过代理公司将产品摆放在包括便利店、超市、仓储式商店及各类食品商店的货架上，并由此将莲花味精送上千家万户的餐桌。其决策的依据如下：

(1) 作为一种派生需求，消费者一般是从出售食品特别是副食品的商店中购买这种商品。因此，企业必须选择出售包括副食品在内的各类食品商店作为销售场所。

(2) 作为购买频率较低和数量较小但又是消费者经常需要的商品，消费者对购买味精等调味品的便利性要求较高，即希望在需要时可以方便地购买。这就要求企业应该具有较高密度的销售网点，能够最大限度地接近消费者并为其提供便利。

(3) 从整体上看，除少数大型百货企业和连锁企业具有一定规模外，大多数零售企业，特别是经营副食品的各类零售商店，其销售规模和经营实力都比较小，没有能力和渠道从生产企业中获得稳定的货源，进货渠道主要是依赖当地的各种食品批发公司。因此，企业在进入和占领市场时，需要借助于具有较强分销能力的食品批发公司，通过食品批发公司及其分销系统来达到企业的市场目标。

在实际操作中，莲花味精制订了"借船出海"的销售渠道策略，即在各个区域市场中选择一些具有较强分销能力的食品批发公司，并与之建立地区销售总代理关系，利用批发公司的现有销售渠道迅速进入和占领市场。例如，北京及北京周边地区最大的食品批发企业，其年销售额近20亿元，在北京及周边地区市场有较高市场信誉和销售网络体系，这使莲花味精迅速在北京及华北地区市场站稳了脚步，取得了十分突出的销售业绩。

问题：分析莲花味精是如何选择分销渠道策略的。

 **思考练习**

简答题

1. 什么是分销渠道？分销渠道的结构有哪些？
2. 零阶渠道的含义是什么？
3. 密集型分销渠道的含义是什么？它的优缺点是什么？
4. 影响分销渠道设计的因素有哪些？
5. 确定渠道结构方案有哪些步骤？

任务二　选择与调整分销渠道

学习目标 ✍

- 掌握中间商的选择和管理
- 掌握中间商的含义与选择中间商的原则
- 理解分销渠道冲突的原因及日常管理

案例导入

森林的河边住着一只狗熊，它是钓鱼的能手，每天都能钓到两大桶鲜鱼。狗熊自己吃不了多少，剩下的就扛到市场上出售。随着狗熊逐年衰老，每天扛鱼贩卖已让它力不从心，于是它决定聘请其他动物帮它完成销售的工作，每卖掉一桶鱼就给予对方10元的奖励。狗熊的招聘启事一贴出，马上吸引了三只动物来应聘：狐狸、猴子和猪。狐狸一见面就口若悬河地大谈自己的销售经验，但狗熊几乎想都没想就把它淘汰了，因为它知道狐狸很狡猾，如果它把吃掉的鱼说成是卖掉的，在骗取奖励的同时不是减少了自己的收益吗？最后，不吃荤腥的猴子和猪被留下来。猴子的确很聪明，它灵活的销售技巧和讨人喜欢的形象让狗熊的鱼大受欢迎。为了激励猴子，狗熊支付给它每桶鱼12元的佣金。得到更大利益的猴子卖起鱼来自然更加卖力。而老实的猪却成为狗熊的一块心病，它总是在卖鱼的时候打盹儿，鱼很久都卖不出去，经常闷死在桶里。无奈之下，狗熊只好辞退了猪。

这个小故事讲述的是渠道管理的过程。企业一方面要选择并设计好销售渠道，另一方面还要监管好选中的渠道。像故事里的狗熊，它选择了请其他动物代销的渠道，这时它就需要挑选渠道成员(留下猴子和猪)并激励渠道成员(对猴子增加每桶2元的佣金)，以及随时评价它们的工作表现(辞退卖鱼不力的猪)。

▊▊ 任务描述与分析

营销渠道策略就是制造商对如何分销其产品所做出的决策，以解决产品从生产者到消费者或用户的流通过程中的各种问题。本任务旨在通过让学生完成指定项目任务，从而较为全面地认识中间商的含义及类型，并且能够掌握分销渠道的日常管理和冲突管理。

▊▊ 相关知识与任务实施

一、中间商的含义

中间商是指在生产者与消费者(或用户)之间专门从事商品经营业务，促使买卖行为发生和实现的经济组织和个人。中间商包括商人中间商和代理中间商。

商人中间商也称为经销商，是指从事商品交易业务，在商品买卖过程中拥有产品所有权的中间商。也正因为他们拥有产品所有权，所以他们要在买卖过程中承担经营风险。商人中间商又可分为批发商和零售商。

代理中间商是指接受生产者委托从事销售业务，但不拥有商品所有权的中间商。代理商的收益主要是从委托方获得佣金或者按销售收入的一定比例提成。代理商一般不承担经营风险。

商人中间商和代理中间商的区别在于：① 商人中间商拥有经营商品的所有权；而代理中间商只是受生产者委托代理销售业务，并不拥有商品所有权。② 商人中间商为了取得经营商品所有权，在购进商品前必须预付商品资金；而代理中间商则不需要垫付资金。③ 商人中间商购进商品与销售商品之间存在着价格差价，正是这种差价形成了企业利润；代理中间商的收入来自委托销售企业按规定支付的佣金。

二、中间商的类型

中间商的类型包括批发商、零售商和代理商三种。

(一) 批 发 商

批发商是指向制造商或经销单位购进商品，供应其他单位(如零售商)进行转卖或供给制造商进行加工制造产品的中间商。

批发商出售的商品一般是供给零售商转卖或用于再生产；批发商是在工商企业之间进行交易活动，批发交易结束后，商品仍留在流通领域。批发商销售的商品数量一般比较大，销售的频率相对较低，设点较少。按照不同的标准，批发商又可分为以下几种类型：

(1) 按服务范围，批发商可分为完全服务批发商和有限服务批发商。安全服务批发商执行批发商业的全部功能，提供诸如存货、推销、顾客信贷、送货以及协助管理等服务。它包括批发中间商和工业分销商，前者主要是向零售商销售，并提供全面服务；后者是向生产者提供生产性消费的商品或服务。有限服务批发商是指批发商为了减少费用，降低批发价格，因而只对其顾客提供有限的几项服务，如现货自运批发商、直运批发商、卡车批发商、货架批发商、邮购批发商等。

(2) 依照经营业务内容，批发商可分为专业批发商、综合批发商和批发市场。专业批发商即专门经营某一类或某一种商品的批发商；综合批发商即经营多类商品的批发商；批发市场也称为批发交易市场，它是由多种批发组织组成的联合体，或以某类商品为中心集结多家批发商，共同开展批发业务。

(3) 依照经营商品的种类，批发商可分为农副产品批发商和工业品批发商等。农副产品批发商的主要任务是从农村基层收购产品或从其他农副产品批发商处调入商品，供应外地批发商或生产者、零售商。工业品批发商经营的商品包括生产资料和日用工业品，实行专业化经营。

按经营商品的类别，批发商还可以分为百货、文化、纺织、劳保用品、五金、交电、化工原料等专业批发商。

(二) 零 售 商

零售商是指把商品直接销售给最终消费者，以供消费者个人或家庭消费的中间商。

零售商处在商品流通的最终环节，直接为广大消费者服务。零售商的交易对象是最终消费者，交易结束后，商品脱离流通领域，进入消费领域。零售商销售产品的数量比较小，但销售频率高；零售商数量多，分布广。

对零售商可做如下分类。

1. 商店零售商

商店零售商的经营特点是在固定的店面内经营，主要的形式有以下几种：

(1) 专业商店(Specialty Store)，是专门经营某一类商品，或专门经营具有连带性的几类商品，或专门为特殊消费对象经营特殊需要商品的商店，如钟表店、眼镜店、妇女用品商店、体育用品商店、文化用品商店等。专业商店的经营要求具有较高的专业知识和操作技能，销售与服务密切结合，能提供周到的服务。

(2) 百货公司或商场(Department Store)，指大型零售商店，分门别类地销售品种繁多的商品。其特点是经营范围广,商品类别多,花色品种齐全,能满足消费者多方面的购买需要。

(3) 超级市场(Supermarket),也称自选商场,其特点是由顾客自取自选,自我服务,定量包装,预先标价,顾客出门时一次性交款,因而可以节省售货时间,节约商店人力和费用,避免或减少顾客与售货员的矛盾。

(4) 方便商店(Convenience Store),指设在居民区附近的小型商店。其经营的是品种范围有限、周转率高的方便商品,营业时间长。

(5) 折扣商店(Discount Store),指经常以低价销售商品,并以自助服务为主的零售商。其所售商品多为制造商品牌,因此低价销售并不意味着产品质量低下,它主要通过降低成本,在租金低的地方选址等做法实现低价经营。

(6) 购物中心(Mall),是一种有计划地实施的全新的商业聚集形式,有着较高的组织化程度,使业态不同的商店群和功能各异的文化、娱乐、金融、服务、会展等设施以一种全新的方式有计划地聚集在一起。

2.连锁店

20 世纪零售领域最突出的变化就是连锁店(Chains)的发展。根据各个连锁分店在所有权、财务权、管理权等方面的集中程度的不同,连锁店可以分为以下三种形式:

(1) 正规连锁。各分店由总店所有,并采取统一店面、统一标识、统一进货、统一配送、统一结算,是最为正式和紧密的连锁经营形式。

(2) 自愿连锁,是由独立经营的企业通过合作契约的形式建立的连锁关系,在所有权与财务上一般各个分店是独立的、平等的,在管理方式与采购、配送上可自行协商,在合同中应确定清楚。

(3) 特许经营(Franchiser Chain),也称合同连锁、契约连锁,是主导企业以独特的产品品牌、专利权、经营诀窍或商誉作为特许对象,与被特许方根据特许合同而建立合作关系的一种契约式联合。加盟店则须交纳一定的营业权使用费,承担规定的义务。通常在餐饮、旅馆、娱乐、旅游等行业被广泛采用。

3.无店铺零售商

无店铺零售商(Non-store Retailing)没有直接面向顾客的经营店铺,而是借助一定的技术手段、媒体、人员等来进行销售。其主要的零售方式有以下几种:

(1) 直接销售(Direct Selling),是由销售人员直接面向个人或小群体,展示产品、接受订单、开展销售的活动,如上门推销。

(2) 自动售货机(Automatic Vending),适合于便利品(如香烟、饮料、报纸等)的销售,可被放置在客流量较大的场所,24 小时提供服务。

(3) 直复营销(Direct Marketing)。20 世纪 80 年代以来,随着通信技术、网络技术及信用手段的快速发展,直复营销获得了空前的发展,现已被世界所有发达国家的绝大多数企业普遍采用,甚至被称为 21 世纪最具发展潜力的营销模式。其主要的形式有直接邮寄(Direct mail)、电话营销(Telemarketing)、电视营销(Television Marketing)和网络营销(Online Marketing)。

直复营销是一种将广告活动和销售活动统一在一起的销售方式,营销者通过一定的媒体把相关的商业广告信息传达给可能对其有兴趣的消费者,同时提供一种便利的回应工具

(如免费电话、可直接邮寄的订单等)方便消费者订货。

(三) 代理商

代理商按其和生产者业务联系的特点，又可分为企业代理商、销售代理商、寄售商、经纪商和采购代理商。

1. 企业代理商

企业代理商指受生产企业委托签订销货协议，在一定区域内负责代理销售生产企业产品的中间商。企业代理商和生产企业之间是委托代理关系，企业代理商负责推销产品，履行销售商品业务手续；生产企业按销售额的一定比例付给企业代理商酬金。

2. 销售代理商

销售代理商指与许多生产企业签订长期合同，替这些生产企业代销产品的中间商。销售代理商与企业代理商有显著不同的特点，即每一个生产企业只能使用一个销售代理商，而且生产企业将其全部销售工作委托给某一个销售代理商以后，不得再委托其他销售代理商代理其产品，甚至也不能再派推销员去推销产品；销售代理商替委托人代销全部产品，而且不限定在一定的地区内代销。它在规定销售价格和其他销售条件方面也有较大的权力，因此销售代理商实际上是委托人的独家全权企业代理商。

3. 寄售商

寄售商是经营现货代销业务的中间商。生产企业根据协议向寄售商交付产品，销售后所得货款扣除佣金及有关销售费用后再支付给生产企业。寄售商要自设仓库或铺面，以便储存、陈列商品，方便顾客及时购得现货。

4. 经纪商

经纪商俗称掮客，是指既不拥有产品所有权，又不控制产品实物价格以及销售条件，只是在买卖双方交易洽谈中起媒介作用的中间商。经纪商的作用是沟通买卖双方，促成交易，其主要任务是安排买卖双方的接触与谈判，交易完成后，从交易额中提取佣金，他们与买卖双方没有固定的关系。

5. 采购代理商

采购代理商是指与买主建有较长期的关系，为买主采购商品，并提供收货、验货、储存、送货等服务的机构，如大规模服装市场上有一种常驻买客，专门物色适合于小城镇的一些小零售商经营的服装。他们知识丰富，可向其委托人提供有益的市场情报，并为其采购适宜的优质商品。

三、选择中间商的原则

1. 到达目标市场的原则

这是选择中间商的基本原则。因为企业选择中间商的目的就是要将自己的产品打入目标市场，方便消费者购买。根据这一原则，企业在选择中间商时，应了解所要选择的中间商是否在企业产品的目标市场拥有销售渠道和销售场所。

2. 角色分工原则

这是指所选择的中间商应当在经营方向和专业能力方面符合所建立的分销渠道功能的

要求。明确角色分工，既是合作的前提，也是选择中间商的原则与标准，如宝洁公司在每一地区只发展少数几个大分销商，然后通过分销商对下级批发商、零售商进行管理。分销商与宝洁公司签订合同，双方明确权利、义务和责任，并进行合理分工。

3. 共同愿望原则

分销渠道作为一个整体，只有所有的渠道成员具有合作愿望，才能建立起一个有效的分销渠道。在选择中间商时，要分析中间商参与有关商品分销的意愿，以及与其他渠道成员合作态度等。

四、分销渠道的日常管理

(一) 甄选经销商

(1) 自我评估。选择经销商前，企业要对自身综合实力、营销策略和产品线的广度、宽度、深度、相关度，以及产品定位和目标顾客群体等各种综合因素、企业所拥有的资源进行分析评估。

(2) 根据空间策略圈定经销商范围。通过工具书、媒体广告、专业性批发市场、到卖场查询、同行或朋友介绍、广告公司咨询、电话咨询、刊登招商广告、举办产品展示会或订货会、网上查询等方式寻找经销商。

(3) 掌握行业经销商基本情况。其考察的内容包括经销商发展历程、工商及税务状况。此外，还考察经销商的公司负责人的性格、兴趣爱好、学历背景、家庭状况等，考察公司结构、员工满意度、经销产品结构和其他公司的合作模式及合作效果等情况，以及诚信度等。

(4) 确定评估经销商的指标体系。评估体系主要应包括经销商的市场能力、营销理念、合作意愿、行销意识、市场覆盖范围、销售网络、管理能力、声誉、历史经验、产品组合情况、财务状况、促销能力等指标。

(5) 制定各指标体系权重、计算各经销商得分。

(6) 根据得分选择经销商。

(二) 加强渠道成员间的沟通

沟通是保证渠道畅通的重要条件。因此，促成渠道成员之间相互理解、相互依赖乃至紧密合作是分销渠道管理中的一个重要方面。沟通可以分为信息沟通和人际沟通两种形式。

1. 信息沟通

及时有效的信息是企业成功经营的基础，因此企业一定要建立相关的信息沟通机制，及时向渠道成员传递顾客信息、产品信息、价格信息、技术信息、环境信息、竞争者信息等渠道成员感兴趣的信息。为此，企业必须建立有效的分销渠道信息系统，以实现渠道成员的信息共享。

2. 人际沟通

在实际经营过程中，生产企业往往对经销商不满，究其原因是生产企业站在自己的角度看问题。如果换个角度，站在经销商的立场上，问题有可能不会发生。生产企业要理解经销商，经销商是独立的经营者，而不是企业的雇员。经销商有自己的经营目标和经营政策，关心所有产品的销售，而不会把注意力只放在一种产品上，经销商首先是顾客的采购代理人，然后才是企业的销售代理人，除非有很大的物质奖励，经销商一般不会为生产企业做销售记录。了解经销商的这些特点，有助于渠道成员相互理解，相互合作，保持渠道畅通。

(三) 渠道激励

渠道激励是指企业对其他分销渠道成员激发鼓励、调动其热情和积极性的行为。

产品从生产企业经过经销代理商、批发商、零售终端，最终到顾客手里这样一个流程中，得到中间商的支持越多，产品到达顾客手中的机会也越多。因此，虽然企业希望把钱花在顾客身上，但越来越强大的渠道控制能力使中间商有本钱要求更多的奖励和资助。因此，为了得到渠道上每个层级中间商的积极响应与支持配合，与中间商进行策略性乃至战略性的合作非常重要。

1. 对总代理商、总经销商进行促销激励

(1) 年销售目标奖励。生产企业事先设定一个销售目标，如果渠道商在规定时间内达到目标，可按事先约定给予奖励。为兼顾不同渠道商的经销能力，可分设不同等级的销售目标，其奖励额度逐渐递增，使渠道商向更高销售目标冲刺。

奖励最主要的形式是折扣和现金红包，也可以是其他有吸引力的奖品(如高端旅游等)。此外，还可为渠道商提供实用工具的奖励(如货车、计算机、管理软件、人员培训等)。

❖ **案例**：某啤酒企业奖励规定，啤酒批发商全年销售达到 10 万箱，在年底结算货款的基础上，生产企业给予实销量的 3%作为奖励；达到 15 万箱并全部结清货款，则给予 4%的奖励；不足 10 万箱者不给予奖励。

另一啤酒企业奖励规定，啤酒批发商全年销售超过 15 万箱，提供赴德国考察的机会；啤酒批发商全年销售超过 30 万箱，提供参加南美啤酒节的机会。这些出国考察机会既对国营经销商的经营管理人员具有吸引力，又使私营经销商老板得到开拓事业的学习机会，在某一时期内，比纯物质的奖励更受欢迎。

(2) 阶段性促销奖励。为了提高某一段时间内的销量或实现特定目标，生产企业也会实行阶段性的促销奖励。例如，在销售淡季为刺激批发商进货，给予一定的优惠奖励；或在销售旺季来临之前采取这种促销方式，以得到最大的市场份额。

2. 对二级批发商进行促销激励

实力强的生产企业除了对一级批发商进行促销奖励外，还对二级批发商进行短期的阶段促销奖励，以加速产品流通，提高其分销能力。

❖ **案例**：某饮料企业在广州市场曾与其二级批发商签订奖励合约，凡在规定时间内实际销量(活动前盘点存货+活动期间进货−活动结束后盘点留存)达到目标，并拥有 50 家固定零售网点，即可获得相应价值的奖品。这一策略使其产品以较快的速度铺到了终端售点。当然，这样做也加大了渠道的竞争力度。

3．对终端售点进行促销激励

除了要提高批发商的经销积极性外，还应该激励零售商，提高他们进货、销货的积极性。例如，提供一定数额的产品进场费、货架费、堆箱陈列费、POP 张贴费、人员促销费、店庆赞助、年终返利等。

为了吸引顾客的注意，还应设法激励售点服务人员、营业员、推销员主动推荐和推销，以达到交易并提高顾客的购买数量。

另外，有计划地把促销产品直接分配到每个零售店，一方面可将货源直接落实到终端售点，另一方面可人为造成数量有限的促销气氛。

❖ **案例**：某啤酒企业于 2013 年 11 月 1 日～12 月 31 日开展了针对酒店服务人员的促销奖励活动，只要服务人员向顾客推荐售出了该品牌啤酒，可凭收集的瓶盖向公司兑换奖品。例如，20 个瓶盖可换价值 5 元的超市购物券一张，瓶盖越多，收获越丰富，结果很受酒店服务人员欢迎。但是，该奖励活动最大的弊端是：促销一停，销售量即降。

4．渠道激励的方式

(1) 目标激励。这是最基本的激励形式。生产企业每年都会给分销渠道成员制订(或协商制订)一个年度目标，包括销量目标、费用目标、市场占有目标等，实现目标的分销商将会获得相应的利益、地位。所以，目标对分销商来说，既是一种巨大的挑战，也是一种内在的动力。要制订科学合理的渠道目标，必须考虑目标的明确性、可衡量性、挑战性、激励性、可实现性等。

(2) 渠道奖励。这是生产企业对分销商最直接的激励方式。渠道奖励包括物质奖励和精神奖励两方面。其中，物质奖励主要体现为价格优惠、渠道费用支持、年终返利、广告促销、实物馈赠等，实际上就是"让利"，这是渠道激励的基础手段；而精神奖励的作用不可低估，精神奖励包括评优评奖、竞赛、经验介绍、培训、旅游、助销、决策参与等，重在满足分销商成长与尊重的需求。

(3) 工作设计。这是比较高级的激励模式，是指生产企业合理划分渠道成员的经营区域(或渠道领域)，授予独家(或特约)经营权，合理分配经营产品的品类，恰当确立各渠道各成员的角色和地位，互相尊重，平等互利，企业与渠道成员建立合作伙伴关系，实现共进双赢。

(四) 渠道控制

渠道控制主要包括以下内容：

(1) 做好进销存管理工作，即对一、二级经销商的销售额统计、增长率、销售目标进行详尽的统计整理，既可以考核经销商的业务能力，也可以作为制订奖惩政策的依据。

(2) 渠道长度控制。尽可能减少中间环节，必要时可采取直销方式，减少产品在流通过程中停留的时间和费用，提高渠道效率。

(3) 成本控制。对渠道进行成本效益分析，尽可能减少渠道费用，提高渠道的经济效益。

(4) 人员控制。无论采用什么样的渠道，对推销员的素质都要有一定的要求，推销员的招聘、培训、考核、激励、监督等管理工作是渠道控制的主要内容。

(5) 区域控制。企业在选择分销渠道时，必须在分销协议中明确规定渠道商的销售区域，并严格执行，否则就容易出现经销商跨地区销售的现象，引起渠道冲突，从而导致经销商队伍涣散，与企业合作减少，使整个销售网络处于极不稳定的状态。

(6) 价格控制。经销商争夺市场往往采取低价竞争的方式，这种以低价为特征的恶性竞争的结果是使经销商元气大伤，最终脱离原来的业务。所以，供应商对价格的监控是渠道控制的主要内容之一。

(7) 物流控制。随着产品销售量的增加，畅通的物流周转是渠道控制的主要内容。企业首先要考虑产品的运输问题，善于利用运输公司的物流网络节省费用；其次要考虑周转仓库的设置，与经销商合作建立周转仓库是很好的办法；最后要考虑建立及完善产品配送中心，健全的信息管理系统是产品配送中心的关键。

五、分销渠道的冲突管理

分销渠道的各成员在合作的同时，也必定会发生不同程度的冲突。分销渠道的冲突主要源于企业、渠道成员之间的利益动机，也迫于激烈的市场竞争压力。在目前的市场发展中，企业与分销成员、分销成员与分销成员之间的冲突是必然的，也是不可避免的。如何解决好这些冲突，就成了渠道管理的一项重要内容。

(一) 引起渠道冲突的原因

引起渠道冲突的原因主要有以下几个方面：

(1) 渠道交叉。当生产厂商采用多渠道销售，而每条渠道都想在有限的市场中分一杯羹，并尽力拓展自己的市场时，交叉在所难免，不同的渠道形式会争夺同一目标市场。产品的销售区域、销售价格、付款方式等就会陷入混乱，从而引发渠道之间的冲突。

(2) 目标不一致。生产厂商可能希望通过低价来扩大市场份额，追求迅速的发展；而经销商则希望通过高价来获取丰厚的利润，从而引发生产厂商与经销商的冲突。

(3) 分销渠道成员同时经营多种品牌，不可避免地在分销渠道内发生冲突。

(4) 企业的分销渠道的设计和管理存在漏洞，分销层次、分销体系不健全。

(5) 企业对分销渠道成员的销售能力不满意，越过分销做终端。

(6) 分销渠道成员的上下级由于力量的变化而产生变化，如下游分销成员不甘心安于现状，主动向上游分销成员发起挑战。

(7) 企业的市场需要和分销成员的能力限制，导致企业供货系统的混乱，从而加剧分销成员之间的冲突。

归根结底，分销渠道的冲突是利益之争。无论是济南七家商场拒售长虹彩电事件，还是天津十大商场联合抵制国美公司事件，抑或是发生在各地区接连不断的分销商之间的争斗，都是为了维持市场份额，保持竞争优势，争夺分销渠道控制权。

(二) 渠道冲突的种类

渠道冲突包括良性和恶性两种。

(1) 分销渠道的良性冲突。例如，分销渠道的创新，新业态的出现，企业为了扩大销量和市场份额从而推广新产品、拓展新渠道、实施新计划而发生的各种冲突。这种冲突总体上来说可促进市场发展，加强流通，加快网络的发展速度，因此对于市场、消费者是有利的，也给分销成员带来了销售动力，给消费者带来了购买的方便性和价格的实惠。

(2) 分销渠道的恶性冲突。例如，假冒伪劣产品的横行、区域窜货的猖獗、不正当竞争的泛滥等。

（三）渠道冲突的处理

在一个企业的分销体系中，往往同时存在着上述各种原因引发的冲突，如何处理这些冲突，协调平衡好各方的利益关系，是一项很困难的工作。处理渠道冲突一般可采取以下办法：

(1) 借助双方的优势，形成战略伙伴或者平等的合作关系。

(2) 制定合理的利益体系，平衡各方利益。

(3) 当同一区域市场的分销成员，因为销售范围、产品覆盖等有关销售额的因素而爆发冲突时，企业可通过严格划分市场区域、细分各种终端、强化分销管理来解决。

(4) 如果部分分销成员违反行业规则或实施创新经营，如实施直销、团购等方式而引起冲突，企业则应制订详尽的分销渠道守则和利益分配模式来制约各成员，避免留下政策或者管理盲区。

总之，企业在处理分销渠道冲突时，应该保持清晰的思路，分清冲突的来源，采用不同的策略加以解决。对于良性冲突，企业可以利用管理资源、人力资源、利益资源进行充分的协调，促使良性协调在分销渠道中成为发展的动力；而对于恶性冲突，企业则必须采取坚决的手段予以杜绝或者化解。只有这样，才能保证分销渠道在冲突中健康成长。

■ 案例分析

通过本次案例分析，学生可加深对中间商的理解。

在一个偏僻的小山村里有两个果农，老张和老李。他们都在山上种了几亩橘树，到了橘子成熟的季节，两个人就结伴挑着黄灿灿、沉甸甸的橘子到镇上叫卖。然而，虽然两人的橘子又大又甜，但很多镇里人担心他们缺斤少两，所以买的人并不多。夜幕降临，两个疲惫不堪的果农还要把剩下的橘子挑回村里，第二天再来镇上碰运气。两人到镇上的次数多了，就和市场上一个卖水果的档主熟络起来，因为这家水果档素来声誉很好，大家都愿意到他那里买水果。档主看到两人如此折腾，就主动招呼他们把橘子放他的档里寄卖，只要支付每筐10元的寄卖费，他们就可以免于奔忙并卖出更多的橘子。老张听到这个建议很高兴，马上就把橘子留在了水果档，但一旁的老李却不同意，他想："我辛辛苦苦种出来的橘子，你什么都没做，凭什么拿我的分成呢？"于是，老张把售卖的事委托给档主，自己回家专心侍弄橘树去了。老李则继续挑着担子在山里和镇上来回奔波。两个月后，老李因为违规乱摆乱卖被城管逮个正着，而老张的橘子却在水果档里卖得很好。由于有时间侍弄橘树，老张种出的橘子更甜、更大，并源源不断地运到水果档里。

有句老话是"肥水不流外人田",老李正是这样想的。为了让卖橘子的全部利润都装到自己的兜里,他拒绝了把水果档作为分销渠道的建议。

试析:

1. 如果你是老李,你会怎么做?
2. 从这个案例中,你觉得中间商还有什么作用?肥水一定不能流外人田吗?

知识拓展

雅芳的渠道变革

诞生于美国的雅芳公司(Avon)于 1990 年进入中国。雅芳(中国)有限公司为中国女性提供数百种产品,包括护肤品、彩妆品、个人护理品、香品、流行饰品、时尚内衣和健康食品等。20 多年来,雅芳(中国)有限公司经历了多次渠道变革。

1. 传统直销模式(1990—1998 年)

雅芳公司是第一家把直销模式引入中国的外资企业。1990 年 1 月,雅芳投资 2795 万美元与广州化妆品厂合资成立"中美合资广州雅芳有限公司"。同年 11 月,雅芳在中国正式投产,雅芳在中国的第一家分公司——广州陵园西分公司——也开始了雅芳在中国的首次业务。

雅芳公司一直采用"雅芳小姐"推销路线,"雅芳小姐"游走于家庭朋友的聚会、办公室和女生宿舍之间,这种方式曾经得到了一部分女性的认可。

由于直销市场的混乱,"老鼠会"和"金字塔"等非法传销模式发展日趋猖獗,给社会带来很大的危害。1998 年 4 月 18 日,国务院下发的《关于禁止传销经营活动的通知》中列举了传销的危害,并决定在中国境内禁止任何形式的传销经营活动。雅芳作为一家最早进入中国直销市场的外资公司,在经历了 1998 年直销业在中国进入寒冬的洗礼之后,决定彻底改变营销策略以适应中国特有的国情。

2. 专卖店(柜)模式(1998—2006 年)

在这一阶段,雅芳公司通过大规模的转型,奉行以店内、柜内销售产品为主的单层次的直销模式,从而让雅芳公司在中国转型。

1998 年 6 月,雅芳公司成为中国首家获政府批准转型的企业,采用批发、零售方式进行产品销售;同年 9 月,又获批准采用店铺销售并雇用推销员的体制销售产品。自此,雅芳公司以一种全新的方式来拓展美容产品零售、批发业务。雅芳现有 74 家分公司,覆盖国内 23 个省、5 个自治区及 4 个直辖市,拥有雇员约 2000 人。

雅芳公司从 1998 年转型后,1999~2001 年尝试新的零售模式,每年业绩增长近 40%,2001 年实现赢利,2002 年销售额(净值)超过 10 亿元,其中 80% 来自专卖店、20% 来自专柜。2003 年以后,中国化妆品行业进入多事之秋,宝洁、欧莱雅和雅芳公司同时卷进了一场品牌收购的争夺战。随着宝洁公司成功地收购了"妮维雅",欧莱雅也迅速地收购了低端品牌"小护士"和中端品牌"羽西",此时的雅芳公司似乎被节节逼退,陷入了众多直销公司和众多传统日化公司激烈竞争的夹缝之中。由于雅芳公司在网点布置上没有强调合理的销售半径,盲目地采取"500 米之内不允许有两家店"的扩张策略,导致了专卖店的过分密集。如此庞杂的销售网络不仅给公司的经营和管理工作带来超额的成本，同时也让其化妆品失去了特色与品牌个性，降低了品牌形象。

此外，雅芳产品的终端价格比较混乱。由于公司采用了阶梯性返利的销售模式，即根据销售量对经销商返利，销售越多返利就越高，引发了专卖店私自打折等违规操作。与宝洁、安利等公司当时在中国市场上百亿元的销售业绩相比，雅芳公司20多亿元的销售额显得有点凄凉。

3．新渠道建设(2006年以后)

2006年，获得中国首张直销试点牌照而备受关注的雅芳公司改变了原来每年在中国开500家专卖店的发展方案。雅芳公司负责人称，今后将不会在北京、天津和广东等地区开设新店。在上述三个直销试点区域，很快就出现了3000名雅芳直销员。

直销模式和店铺销售模式同时并存引发了多渠道冲突。2006年4月，几十名雅芳内部经销商聚集于广州天河时代广场的雅芳公司总部，他们要向雅芳高层为直销"开闸"后专卖店的生存讨个"说法"。专卖店经销商"群访"雅芳公司总部的事件意味着，首获直销试点的雅芳公司开始面临一场新的转型"阵痛"。

目前，雅芳公司的专卖店和专柜大部分由经销商投资。雅芳公司通过34%~40%的利润空间来说服经销商进行前期投资。但是，自从雅芳公司透露将开展直销以来，经销商的生意明显不景气，在广州、上海等一些地方的旺铺生意也是一落千丈，从而出现了经销商集体"逼官"、到雅芳公司总部"讨说法"的局面。至此，雅芳公司又在经历进入中国市场以来第二次艰难的考验。

问题：试分析化妆品采用直销模式的优势。

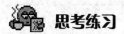 **思考练习**

简答题

1．中间商的含义是什么？中间商的类型有哪些？

2．选择中间商的原则有哪些？

3．渠道冲突的处理办法有哪些？

4．渠道激励的方式有哪些？

项目九 促销策略

"每日一得"的魅力

小强在暑假利用闲暇时间兼职了一份超市打包员的工作。在听完一次演讲后，他产生了一个想法，就是每天给顾客提供一个"每日一得"。那天晚上他回到家后就开始寻找"每日一得"，然后输入计算机，并打印了好多份，在每一份的背面都签上自己的名字。第二天他给顾客打包时，就把这些写着温馨、有趣或让人深思的"每日一得"纸条放入买主的购物包中。

一个月后，超市的经理发现小强结账台前排队的人数比其他结账台前的多三倍！于是他不得不大声喊道："多排几条队！不要都挤在一个地方！"可是没人听他的话。顾客们说："我们排小强的队，都想要他的'每日一得'。"其中有个妇女走过来对经理说，她以前一个礼拜来一次超市，可现在只要路过就会进来，因为想要那个"每日一得"。

我们经常为推销不出产品而烦恼，总认为自己很努力，但是推销效果却甚微。小强的秘诀不过两点：一是时刻想着为顾客创造快乐；二是采取与众不同的推销方式。

任务一 认识促销策略

学习目标 ✎

- 掌握促销的含义及作用
- 认识促销组合及促销策略
- 掌握影响促销组合决策的因素

▶ 案例导入

蒙牛，是一个在中国人尽皆知的响当当的大型乳制品企业，也是中国诞生较迟的乳制品市场竞争的角逐者。在成就蒙牛今日事业的过程中，一系列的营销策略功不可没。其促销策划处处充满新鲜和刺激，使蒙牛成为中国乳制品行业中极具有活力的企业之一。蒙牛的促销策略主要体现在以下几个方面：巧用公关，抓住热点，制造轰动。中国第一次载人飞船神舟五号成功发射并着陆的那一刻，许多人都注意到了，在央视的直播节目中，关于神舟五号的贴片广告中频频出现蒙牛牛奶的广告。要知道，神舟五号承载了多少中国人遨游太空的梦想！紧接着就是蒙牛连篇不断的中国宇航员"指定饮用牛奶"的广告；而在各地的销售终端，悬挂有航天标志的 POP 广告更是把视觉冲击的影响力带到了顾客的面前；与此同时，蒙牛启动了包括新产品试用和赠品助威的促销攻势；在电视、报纸、杂志、互联网、路牌等广告媒体上，关于蒙牛的各种积极的软、硬广告向顾客涌来，让零售商、经销商、顾客目不暇接。经过与神舟五号的成功"联姻"，蒙牛把自己推到了中国乳制品行业中最年轻、最有市场影响力的三大企业之一的地位上。

◼ 任务描述与分析

促销策略是四大营销策略之一。任何企业要想在市场上占据一席之地，不仅需要向消费者提供令其满意的产品、制定合适的价格、选择适当的分销渠道，而且必须采取恰当的方式进行促销。正确制定并合理运用促销策略是企业在市场竞争中获取竞争优势并最终盈利的必要保证。本任务旨在通过让学生完成指定项目任务，从而较为全面地认识促销策略，并且能够掌握促销的含义、作用，在完成项目任务的过程中培养职业素质。

◼ 相关知识与任务实施

一、促销的含义

促销或促进销售，是企业通过人员和非人员的方式，把企业的产品及提供的服务信息传递给顾客，激发顾客的购买欲望，从而促使消费者购买的活动。

促销活动的实质是一种沟通、激发活动。在市场经济条件下，社会化的商品生产和商品流通决定了生产者、经营者与消费者之间客观上存在着信息的分离，企业生产和经营的商品的性能、特点顾客不一定知晓，从而要求工商企业将有关商品和服务的存在及其性能特征等信息，通过声音、文字、图像或实物传播给顾客，增进顾客对其商品及服务的了解，引起顾客的注意和兴趣，帮助顾客认识商品或服务所能带给他们的利益，激发他们的购买欲望，为顾客最终做出购买决定提供依据。

促销的主要任务是将商品和服务的信息传递给顾客，以达到扩大销售、增加效益的目的。促销作为一种沟通活动，其帮助和说服消费者所采取的信息传递方式可分为两类：一类是单向传递，即单方面将商品或服务信息传递给消费者的方式，也就是以"卖方→买方"方式传递商品或服务信息。另一类是双向传递，即双方沟通信息的方式，即以"卖方⇄买方"方式传递商品或服务信息。这种方式的信息传递，一方面向消费者宣传介绍商品和服务，激发消费者的购买欲望；另一方面可直接获得消费者的反馈信息，从而不断完善商品和服务的适销对路程度，更好地满足消费者的需要。

促销首先要通过一定的方法进行。促销方式一般来说包括两大类：人员促销和非人员促销。非人员促销具体又包括广告、公共关系和营业推广三个方面。促销方式的选择运用，是确定促销策略过程中需要认真考虑的重要问题。促销策略的实施，事实上也是各种促销方式的具体运作。

❖ **案例**：王先生在江苏开了一家饭店，已经有五个年头了。由于王先生头脑灵活，生意一直都不错。以前每个店庆，王先生都会想办法举办一些促销活动，如折扣促销、会员优惠等，当然今年也不例外。

不过，今年王先生寻思着，如果每年都用传统的方法来促销，顾客肯定会觉得没有什么新鲜感。那么，六周年的店庆马上就要来了，这个如此幸运的数字，是否该变点花样出来呢？

一天，王先生翻阅报纸，里面的一篇报道让他思路大开。原来，报纸上说，山东的一家咖啡厅在开店期间举办了一个这样的促销活动：在咖啡厅开业的当天，凡是这天过生日的顾客，只要带上自己的身份证就可以免费到咖啡厅品尝咖啡，结果吸引了不少顾客。

王先生决定试一试，不过他把时间延长为六天，并规定：从店庆开始及接下来的六天时间内，凡是在这几天过生日的顾客都可以带着自己的身份证到本饭店免费就餐，并且还有精美的蛋糕相送。

事实证明，这一促销手段效果真的很不错。这六天的时间，许多小寿星们都涌入了他的饭店，当然，寿星来的时候也呼朋唤友。据统计，今年店庆的收入比以往的都高。

问题：王先生的促销手段为什么能够成功？

二、促销的作用

促销有以下几个方面的作用：

(1) 有助于沟通信息，消除生产者和消费者之间由时空和信息分离引起的矛盾。在现代市场营销中，信息流是商流和物流的前导。因为市场营销既以市场为起点，又以市场为终点，伴随营销活动始终的信息流动也遵循这一流程。一种商品进入市场以后，或将要进入市场的时候，为了使更多的消费者知道这种商品，就需要生产者或经营者及时提供商品信息，主动介绍商品的性能、特点、用途、价格、使用方法、保管知识及企业可能提供的服务等，引起社会各方面的关注，吸引顾客购买。否则，抱着"酒香不怕巷子深""皇帝女儿不愁嫁"的传统营销观念，必然自绝于市场，犹如作茧自缚。因此，沟通信息是争取顾客的重要环节，也是密切营销企业与生产者、经营者、顾客之间的关系，强化分销渠道中各个环节之间的协作，加速商品流通的重要途径。

(2) 有助于刺激、创造需求，开拓市场。需求是有弹性的，既可以扩大，也可以缩小；既可以诱发，也可以压抑。有效的促销活动不仅能够诱导和激发需求，而且能在一定条件下创造需求。当企业营销的某种商品处于低需求时，促销可以招揽更多的消费者，扩大需求；当需求处于潜伏状态时，促销可以起催化作用，实现需求；当需求波动时，促销可以起到导向作用，平衡需求；当需求衰退、销售量下降时，促销可以使需求得到一定程度的恢复。

(3) 有助于突出企业和产品的特色。在激烈的市场竞争中，企业的生存与发展越来越需要强化自身的经济特色。与众不同、独树一帜，是多数企业成功的秘诀，而市场经济的快速发展又使商品质量、花色品种向雷同化方向发展。许多同类商品仅有细微的差别，甚至假冒伪劣商品也达到了以假乱真的地步，消费者往往不易察觉和辨认。在这种情况下，企业通过促销，突出宣传本企业经营的商品不同于竞争对手商品的特点，以及它给消费者带来的特殊利益，显然有助于加深对本企业商品的了解，帮助消费者从游移不定的状态中解脱出来，进行正确的购买决策，采取相应的购买行为。

(4) 有助于稳定和扩大销售。追求稳定的市场份额是企业营销的重要目标之一。事实上，由于心理、时尚、宣传、服务、竞争等因素的作用，市场的起伏波动性很大，不利于企业稳定市场地位。对此，企业采取的对策之一，就是通过有效的促销活动来树立企业形象，提高企业在消费者心目中的地位和影响，扩大营销商品的知名度。特别是在竞争激烈的情况下，企业的促销活动可以抵御和击败竞争者的促销活动，使消费者增加购买本企业商品的信心，稳定销售形势。

❖ **案例：**百利合牌庆典促销飞伞利用压缩气体作动力，可将多支鲜艳的彩色降落伞同时射向18~28米的高空，鲜艳的彩伞下端分别悬挂吉祥字幅、广告图画和工艺礼品。精巧的彩伞带着象征美好愿望的吉祥字幅、精美广告图画以及精致的工艺礼品，在蓝天白云间徐徐飞扬，五彩缤纷，绚丽壮观，十分引人注目，可以强烈烘托节日气氛。

百利合牌庆典促销飞伞工艺精湛，使用简便，安全环保，新颖独特，既可作为婚礼寿诞、开业奠基、庆典礼仪、节日娱乐、诞辰狂欢等活动的喜庆用品，又可作为文艺演出、体育活动、竞选造势、花车巡游的宣传用品，还可作为企业广告促销道具和赠送礼品。百利合牌庆典促销飞伞在烟酒、饮料、食品、手机、计算机、机车等各种展销会、订货会和室外促销活动上使用，既可以宣传企业品牌形象，也可以确保引发轰动效应，广告促销效果十分明显。

百利合牌庆典促销飞伞通常每套含五支彩色降落伞，分别悬挂"吉星高照""开业大吉""喜"等成套吉祥条幅或精美广告画面，以及两枚工艺礼品(元宝、灯笼、钱币、玉佩等)。吉祥画幅可收藏悬挂，精美礼品可留作纪念。

问题：百利合牌庆典促销飞伞的促销活动在销售中起到了什么作用？

三、促销组合

促销组合是一种组织促销活动的策略，主张企业把人员推销、广告、公共关系及营业推广四种基本的促销方式组合为一个策略系统，使企业的全部促销活动互相配合、协调一致，以最大限度地发挥整体效果，顺利实现促销目标。

促销组合体现了现代市场营销理论的核心思想——整体营销，四种基本促销方式构成了这一整体策略的四 W 系统。每个 W 系统都包括一些可变因素，即具体的促销手段或工具，某一因素的改变意味着组合关系的变化，也就意味着一个新的促销策略。

四、促销策略

根据促销手段出发点与作用的不同，可将促销策略分为三种，即推式促销策略、拉式促销策略和推拉结合式促销策略。

1. 推式促销策略

推式促销策略就是企业把产品推销给批发商，批发商再把产品推销给零售商，最后零售商把产品推销给顾客的促销方式。在这种方式中，促销信息流向和产品流向是同方向的。采用推式促销策略，风险小，推销周期短，资金回收较快，但生产企业必须管理大量的推销员。推式促销策略的具体方式有示范推销法、走访推销法、巡回推销法、网点推销法、服务推销法等。推式促销策略如图9.1所示。

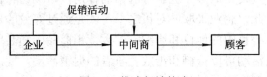

图 9.1 推式促销策略

一般来说，在下列情况下应采用推式促销策略：① 企业规模小或无足够的资金推行完善的广告促销；② 市场比较集中，渠道短，销售力强，产品单位价值高；③ 企业与中间商、顾客关系亟待改善，产品功能及使用方法需示范，产品需要经常维修等；④ 企业大多拥有较雄厚的推销员队伍，或者产品声誉较高，以中间商为主要的促销对象。

2. 拉式促销策略

拉式促销策略以顾客为主要促销对象，通过运用广告、营业推广、公共关系等促销手段，向顾客发动强大的促销攻势，使之产生强烈的兴趣和购买欲望，进而纷纷向经销商询购产品；而中间商意识到产品需求量大，进而会向生产企业进货。采用拉式促销策略，促销信息流向和产品流向是反向的。拉式促销策略如图9.2所示。

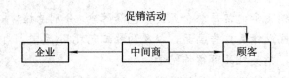

图 9.2 拉式促销策略

采用拉式促销策略，生产企业能够直接得到顾客的支持，不需要讨好中间商，在与中间商的关系中占据主动地位，但对中间商(主要是零售商)的库存能力、信誉及经营能力有较高的要求。

在下列情况下应采用拉式促销策略：在市场上推销的便利品的差异化不大，企业拥有充分的资金支持和广告促销，产品销售对象比较广泛，新产品需要提高知名度等。

❖ **案例：**尽管某位顾客一直信赖宝洁公司，新上市的飘柔的电视广告更令他毫不犹豫地打算选购飘柔产品。然而当他进入超市时，几款不知名洗发水E、H、G的大型现场促销、优惠打折活动还是吸引了他的眼球，正当他为价格有些动心时，推销员过来适时向他介绍H洗发水的特点和优点，介绍眼花缭乱的优惠活动。最后，他很可能会放弃原购物计划中的飘柔而选购了H洗发水。

像H洗发水这样频繁使用推式促销策略的后果会是什么？激烈的价格战和无休止的折价交易将成为必然，最后就会因为短期利益而影响品牌的未来发展。所以，像卡夫、宝洁这样的大型消费品公司主要使用拉式促销策略进行促销，它们通过大量的电视广告形成产品差异化，占据市场份额，并且建立品牌价值和顾客忠诚。

3. 推拉结合式促销策略

大多数企业销售产品时会综合运用推式促销策略和拉式促销策略，即推拉结合式促销策略，只不过企业处在不同的发展阶段，推式促销策略和拉式促销策略所占的比例有所不同。推拉结合式促销策略也称为混合式促销策略。

总之，企业要想取得良好的促销效果，就必须根据企业的实际情况，合理搭配使用促销策略，以实现企业的促销目标。

五、影响促销组合决策的因素

各种促销手段不仅各具特点，而且它们相互之间还存在着密切的有机联系，表现为各种促销工具之间具有的相互补充、相互替代的作用。营销人员在制订促销组合策略时，应综合考虑各方面的因素。

1. 促销目标

促进销售的总目标，是通过向消费者报道、诱导和提示，促进消费者产生购买动机，影响消费者的购买行为，实现产品由生产领域向消费领域的转移。但在总目标的前提下，企业在特定时期对特定产品又有具体的促销目标。例如，针对某些产品，企业的促销目标可以引起社会公众的注意，报道产品存在的信息；也可以重点突出产品特点、性能，以质量、造型或使用方便吸引顾客；还可以强调售后服务优良等。总之，在进行促销组合时，要根据具体而明确的营销目标对不同的促销方式进行适当选择，组合使用，从而达到促销目标的要求。

企业在不同时期及不同的市场环境下所进行的特定促销活动都有其特定的促销目标。促销目标不同，促销组合也就有差异。例如，在一定时期内，某企业的营销目标是在某一市场迅速增加销售量，扩大企业的市场份额；而另一企业的总体营销目标是在该市场树立企业形象，为其产品今后占领市场赢得有利的竞争地位奠定有利的基础。显然，二者所应采取的促销组合决策绝不会一样。

2. 产品性质

不同性质的产品，消费者状况以及购买要求不同，其所采取的促销组合策略也不同。一般来说，具有广泛的消费者，价值比较小、技术难度也较小的消费品，促销组合中广告的成分要大一些；而有较集中的消费者，价值较大、技术难度也较大的工业品，运用人员推销方式的成分要大一些。

3. 产品市场生命周期

在产品市场生命周期的不同阶段，企业促销的重点和目标不同，要相应制订不同的促销组合。介绍期的重点是让消费者了解产品，所以主要采取广告方式，同时也可以通过人员推销诱导中间商采购；成长期和成熟期的重点是增进消费者的兴趣、偏好，多采取不同形式的广告介绍商品特点、效用；衰退期的重点是促成持续的信任和刺激购买，多做广告效果已不大，适宜多采取营业推广的方式增进购买。

4. 市场性质

市场地理范围、市场类型和潜在顾客的数量等因素决定了不同的市场性质。不同的市场性质又决定了不同的促销组合策略。一般来说，向小规模本地市场促销，应以人员推销为主；若是广泛的市场，像全国市场或全球市场，则应以广告和文字宣传为主。市场比较集中，渠道短，销售力量强，产品需经过示范、退换的，应采用人员促销策略；产品销售分散，渠道多而长，产品差异性大，消费趋势已很明显，有必要快速告知消费者的，原则是最好采用非人员促销策略。消费品市场买主多而分散，主要用广告宣传和营业推广吸引顾客；生产资料市场的用户少而销售额却大得多，应以人员推销为主。

5. 促销预算

究竟以多少费用用于促销活动，不同的竞争格局、不同的企业和产品都有所不同。促销预算一般是采取按营业额确定一个比例的方法，有的也采取针对竞争者的做法来确定预算额度的方法。一般来说，竞争激烈的产品，如化妆品、口服液等，促销预算往往较大。不同的预算额度，从根本上决定了企业可选择的促销方式。一般来说，广告宣传的费用较高，人员推销次之，营业推广花费较小，公共关系的费用最少，但它们在不同时期的促销效果是不同的。企业在选择促销方式时，要考虑企业的资金状况，以能否支持某一促销方式的顺利进行为标准，同时投入的促销费用要符合经济效益原则。

■ 案例分析

在美国肯塔基州的一个小镇上，有一家格调高雅的餐厅。餐厅主人察觉到每星期二生意总是格外冷清，门可罗雀。

一个傍晚，餐厅主人闲来无事，随便翻阅了当地的电话簿，他发现当地竟有一个叫约翰的人，与美国当时的一位名人同名同姓。这个偶然的发现，使他计上心来。他当即打电话给这位约翰，说他的名字是在电话簿中随机抽样选出来的，他可以免费获得该餐厅的双份晚餐，时间是下星期二晚上8点，欢迎携夫人一起来。约翰欣然应邀。

第二天，这家餐厅门口贴出了一幅巨型海报，上面写着"欢迎约翰下星期光临本餐厅"。海报引起了当地居民的瞩目与骚动，到了星期二，来客量大增，创造了该餐厅有史以来的最高记录，大家都想看看约翰这位巨星的风采。

到了晚上8点，店里扩音机开始广播："各位女士、各位先生，约翰光临本店，让我们一起欢迎他和他的夫人！"霎时，餐厅内鸦雀无声，众人目光一齐投向大门，谁知那儿竟站着一位典型的肯塔基州老农民，身旁站着一位同他一样不起眼的夫人。人们开始一愣，当明白了这是怎么回事之后，便迸发出了欢笑声。客人簇拥着约翰夫妇上座，并要求与他们合影留念。

此后，餐厅主人又继续从电话簿上寻找一些与名人同名的人，请他们星期二来用餐，并出示海报告知乡亲。于是"猜猜谁来吃晚餐"成为这家餐厅的热门话题，为生意清淡的星期二带来了高潮。

试析：

1. 这家餐厅采用了何种促销策略？
2. 该案例促销成功的因素有哪些？

知识拓展

好莱坞电影《泰坦尼克号》仅广告费用就达 4000 万美元，其原因是使观众树立对《泰坦尼克号》的品牌意识。虽然该电影场面华丽，音乐优美，演员阵容强大，但如果不把这些信息通过广告传达给目标观众群，就无法塑造《泰坦尼克号》与众不同的产品形象。

国产电影《英雄》的发行商和制片商尽量刺激市场，使之变成一个商业交流。也就是说，《英雄》的成功在很大程度上是其促销工作的成功。《英雄》公映前，各大媒体充分报道了其台前幕后。虽然看过的观众对其颇有微词，但它却创下了 2 亿元的票房收入，令人不得不感叹《英雄》宣传促销工作的巨大成功。另一部电影《十面埋伏》通过报纸、杂志、网络、电视等媒体进行强势宣传，首映礼前举办了一场大型造势晚会，很多当红明星纷纷献艺，把上映前的推广活动做到极致。

问题：

1. 结合案例材料，谈谈什么是促销策略？促销策略包括哪些方面？分别总结出《泰坦尼克号》与《英雄》的促销策略。

2. 根据案例材料，分别总结《泰坦尼克号》和《英雄》的成功原因。

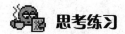 **思考练习**

简答题

1. 促销的方式有哪几种？

2. 促销策略有哪些？

3. 影响促销组合决策的因素有哪些？

任务二　理解人员推销策略

学习目标

- 了解人员推销的概念及特点
- 掌握人员推销的形式及步骤

案例导入

1982 年秋，山东荣成布鞋厂生产了一种海蓝色涤纶塔跟鞋，很受消费者欢迎，不少用户前来订货。为了优待老客户，该厂主动给滨州市一家大商店送了一批新产品，不久，这家商店却来信要求退货。这样的热销货怎么会要求退货呢？厂方百思不得其解，便迅速派人前去调查。原来根据滨州的风俗，只有办丧事的人家，妇女们才穿这种蓝色的布鞋，以示哀悼。这批布鞋款式虽新，颜色却为当地消费者所忌，因此成了"冷门货"。吃一堑，长一智。1983 年春，这家鞋厂了解到即墨县一带有一种风俗，每逢寒食节，所有第一年结婚的新婚妇女都要给七姑八姨每人买一双鞋。为此，该厂马上组织力量生产了 4000 双各种规格的布鞋，并赶在寒食节前几天发到即墨，结果不到一天就销售一空。

问题：山东荣成布鞋的"冷遇"与"热销"说明了什么？从中你受到什么启发？

■ 任务描述与分析

在当今商品经济高度发展和技术飞速进步的条件下，大量的生产必须依靠强有力的销售去联结大量的消费。从这一角度来说，企业营销的重点就是产品销售。在产品的销售过程中，推销人员的任务是传递商品信息、探寻市场、销售产品、开展销售服务和收集反馈信息，在生产者和消费者之间穿针引线，沟通供需。本任务旨在通过让学生完成指定项目任务，从而较为全面地认识人员推销的概念、特点，并掌握人员推销的形式及步骤，在完成任务的过程中培养学生的职业素质。

■ 相关知识与任务实施

一、人员推销的概念

人员推销指企业通过派出销售人员与一个或一个以上的潜在购买者交谈，口头陈述以推销商品、促进和扩大销售的活动。推销人员、推销对象和推销品构成人员推销的三个基本要素，前两者是推销活动的主体，后者是客体。

人员推销是一项专业性很强的工作，它必须同时满足买卖双方不同的需求，解决各自不同的问题，最终实现互惠互利的成交。因此，人员推销的过程不仅是"卖"的过程，更应该是"买"的过程。推销员只有将推销工作理解为顾客的购买工作，为顾客服务，才能使推销工作进行得卓有成效。换句话说，人员推销不是推销产品本身，而是推销产品的使用价值和实际利益。顾客不是购买产品实体本身，而是购买某种需要的满足；推销员不是推销单纯的产品，而是推销一种可以解决某些问题的方案，所以推销人员除了要对自己推销的产品充满信心外，还要对目标顾客的需求有所洞察，并通过合适的表达来激发顾客的需求，才能达成推销的效果。

二、人员推销的特点

相对于其他促销形式，人员推销具有以下特点。

(一) 信息传递的双向性

在推销过程中，销售人员一方面把企业信息及时、准确地传递给目标顾客；另一方面，把市场信息、顾客(客户)的要求、意见、建议反馈给企业，为企业调整营销方针和政策提供依据。

（二）较强的灵活性

推销员可以根据各类顾客的特殊需求，设计有针对性的推销策略，诱发顾客的购买欲望，促成购买。

（三）及时促成购买

推销员在推销产品和劳务时，可以及时观察潜在顾客对产品和劳务的态度，并及时给予反馈，从而迎合潜在消费者的需求，及时促成购买。

（四）营销功能的多样性

推销员在推销产品过程中，承担着寻找客户、传递信息、销售产品、提供服务、收集信息、分配货源等多重功能，这是其他促销手段所没有的。

（五）长期协作性

销售人员与顾客直接打交道，在交往中会逐渐产生信任和理解，加深双方感情，建立起良好的关系，在此基础上开展推销活动，容易培育出忠诚的顾客，稳定企业销售业务。

知识窗：排除推销障碍的技巧

排除推销障碍的技巧主要有以下三个：

(1) 排除客户异议障碍。若发现客户欲言又止，应主动少说话，直截了当地请对方充分发表意见，以自由问答的方式真诚地与客户交换意见。对于一时难以纠正的偏见，可将话题转移；对恶意的反对意见，可以"装聋作哑"。

(2) 排除价格障碍。当客户认为价格偏高时，应充分介绍和展示产品、服务的特色和价值，使客户感到"一分钱一分货"；客户对低价有看法时，应介绍定价低的原因，让客户感到物美价廉。

(3) 排除习惯障碍。实事求是地介绍客户不熟悉的产品或服务，并将其与他们已熟悉的产品或服务相比较，让客户乐于接受新的消费观念。

三、人员推销的形式

人员推销有多种形式，主要有以下几种。

（一）上门推销

上门推销是最常见的人员推销形式。它是由推销人员携带产品样品、说明书和订单等走访顾客、推销产品的推销形式。这种推销形式可以针对顾客的需求提供有效的服务，方便顾客，故为顾客广泛认可和接受。

（二）柜台推销

柜台推销又称门市推销，是指企业在适当地点设置固定门市，由营业员接待进入门市的顾客，推销产品的推销形式。门市的营业员是广义的推销员。柜台推销与上门推销正好相反，它是等客上门的推销形式。由于门市里的产品种类齐全，能满足顾客多方面的购买要求，为顾客提供较多的购买方便，并且可以保证产品完好无损，因此顾客比较乐于接受这种形式。

（三）会议推销

会议推销是指利用各种会议向与会人员宣传和介绍产品，开展推销活动的推销形式。例如，在订货会、交易会、展览会、物资交流会等会议上推销产品。这种推销形式接触面广，推销集中，可以同时向多个推销对象推销产品，成交额较大，推销效果较好。

四、人员推销的步骤

在人员推销活动过程中，完整的推销程序包括以下七个步骤。

（一）寻找顾客

寻找潜在的目标消费者是人员推销的第一步，也是最具基础性和关键性的一步。可能购买本企业产品的目标消费者必须具备五个条件：对推销客体有需求、有购买能力、有购买决策权、有接近的可能性、有使用的能力。寻找潜在顾客的方法有很多，既可通过推销员个人观察、访问、查阅资料等方法直接寻找，也可通过广告开拓，或经朋友介绍、推销员之间的协作等方法间接寻找。推销人员要善于挖掘与识别不同的潜在顾客，并采取相应的应对措施，以提高人员推销的成功率。

（二）接近准备

接近准备是指推销人员在接触目标消费者之前进一步了解该顾客情况的过程，它有助于推销人员制订面谈计划并开展积极主动的推销活动。这一阶段的工作有搜集相关资料、制订访问计划、准备有关样品和物品等。

> **知识窗：接打电话的艺术**
>
> 根据哈佛大学营销人员的研究，接听和拨打电话时的音调、语气、音量与人的感情、态度有关，对对方的情绪也有直接的影响。他们认为，做到音质悦耳、音量适中、态度和蔼，必须有基本的要求和规范：
>
> 第一，必须真正认识"客户至上"的意义。与客户沟通，代表的不仅是你自己，而是公司。你的一句话，可能对公司的形象产生或者是正面、或者是负面的影响，因此必须把接听电话当作自己应该做好的本职工作，不能装腔作势，应付了事。
>
> 第二，接听电话时，先告诉对方自己的公司和自己的姓名，声音要热情、和蔼；然后说："您有什么事需要我做吗？"千万不要说："你是谁？"
>
> 第三，向对方打电话，首先要问："我想占用您宝贵的时间，您现在方便吗？"
>
> 第四，对老客户，即使暂时与你没有交易的客户也要经常打电话问候，了解情况，建立感情上的联系。

（三）接近顾客

接近顾客是指推销人员直接与目标消费者发生接触，以便成功地转入推销面谈。推销人员要善于巧妙地接近顾客，制造良好的推销开端。接近的方法有自我介绍、亲朋引见、利益接近、提问接近等。推销人员在接近顾客的过程中，应注重礼仪，稳重自信，不卑不亢，选好话题，把握消费者心理，引导、启发和刺激消费者。

📖 知识窗

什么样的举止会给人留下糟糕的第一印象呢？马德里孔普卢栋大学心理学教授玛丽亚·阿维亚指出，初次见面就讲述私人生活或个人问题、搬弄是非或批评他人、只谈论自己、过于活泼或好开玩笑、举止莽撞冒失、自己高谈阔论却不给对方说话机会、认为自己永远有理或目空一切，都会给人留下坏印象。

怎样留下良好的第一印象呢？阿维亚说，这需要有清楚的自我认识，能自我反省并及时改正，如注意自己的表情是否僵硬、笑容是否令人不快，注意自身形象和个人卫生，交谈时适当保持沉默或改变说话语调，寻找自己与对方的共同话题等。此外，活跃谈话气氛的能力十分重要，因为很多人凭直觉来判断谈话对象是否值得结交。

社会心理学家艾根根据研究发现，在同陌生人相遇之初，按照 SOLER 模式来表现自己，可以明显增加别人对自己的接纳性，使自己在别人的心目中留下良好的第一印象。

SOLER 模式：S(Sit)表示"坐要面对别人"；O(Open)表示"姿势要自然开放"；L(Lean)表示"身体微微前倾"；E(Eyes)表示"目光接触"，谈话时要正视对方的眼睛，不要躲闪；R(Relax)表示"放松"。

与人交往，有意识地运用 SOLER 模式，可以有效地增加别人对自己的好感，让别人更好地接纳自己。

（四）推销面谈

推销面谈是指推销人员运用各种技巧和方法说服顾客购买的过程，是整个促销活动的关键环节。推销人员要通过提示、演示来激发顾客的购买欲望，通过换位思考，站在顾客的角度和立场来说服顾客。

（五）处理异议

异议是顾客对推销人员的说辞提出的问题、反面意见和看法。推销人员只有处理好顾客异议，克服顾客为推销设置的障碍，才能取得成功。常见的异议有需求异议、产品异议、价格异议、权利异议、信用异议、财力异议、服务异议、购买时间异议等。促销人员首先必须认真分析顾客异议的类型及根源，然后有针对性地加以处理。处理消费者的异议常用的方法有直接否定法、迂回否定法、转化处理法、询问处理法、回避法及预防处理法等。

（六）达成交易

达成交易是消费者接受推销人员的建议，做出购买决定和行动的过程。在买卖双方的洽谈过程中，当顾客产生较强的购买欲望时，会或明或暗地通过语言信息或非语言信息表露出购买的意向。这时，推销人员要善于捕捉这些信息，抓住时机，促成交易。达成交易的主要方法有优点汇集法、假定法、优惠法和保证法。

(七) 跟踪服务

达成交易并不意味着整个推销活动的结束，推销人员还必须为顾客提供各种售后服务，如安装、维修、退换货、定期访问等，以消除消费者的后顾之忧，树立信誉。因此，跟踪服务既是人员推销的最后一个环节，也是新一轮工作的起点，它能加深顾客对企业和产品的信赖，促成重复购买。同时，通过跟踪服务可获得各种信息，从而积累经验，并为企业营销决策提供参考。

五、典型的推销模式

典型的推销模式有以下几种。

(一) "爱达" 模式

"爱达" 模式(AIDA 模式)的具体内容是指一个成功的推销人员必须把顾客的注意力吸引或者转变到产品上，使顾客对推销人员所推销的产品产生兴趣，这样顾客的购买欲望也就随之产生，然后促使顾客采取购买行动。它的推销活动分为四个步骤：引起顾客注意、唤起顾客兴趣、激起顾客购买欲望、促成顾客购买行为。由于注意、兴趣、欲望、购买四个英文单词的第一个字母分别是 A、I、D、A，因此该模式称为 AIDA(爱达)模式。

"爱达" 模式被公认为是国际成功的推销模式，比较适用于店堂的推销，如柜台推销、展销会推销；也适用于一些易于携带的生活用品与办公用品的上门推销，以及新推销人员首次接触顾客的推销。现将四个步骤分述如下。

1. 引起顾客注意

引起顾客注意是指推销人员通过推销活动刺激顾客的感官，使顾客对推销人员和推销品有一个良好的感觉，促进顾客对推销活动有一个正确的认识和有利于推销的正确态度。推销人员开展推销活动的第一步就是要引起目标顾客对推销的注意。注意分为有意注意和无意注意。推销人员一定要通过积极努力，强化刺激，唤起顾客的有意注意，使顾客愿意把注意力从其他事情转移到推销上来。吸引顾客注意的方法主要有形象吸引法、语言口才吸引法、动作吸引法、产品吸引法、现场广告吸引法等，推销人员要因人因地采取不同的方法。

❖ **案例：**一个推销人员面对顾客，开口总是说："我是××公司的销售代表，这是我的名片。我们公司生产的××产品，性能优良，质量稳定，希望你考虑购买我们的产品。"这种开场白使顾客感觉到话题的中心是推销人员及推销品，接受推销、购买产品也是推销人员所希望的事，与顾客无关，由此会导致推销人员总是遭受拒绝和冷遇。如果在一开始就让顾客感觉到自己是被关注的中心，自己的需要和利益才是真正重要的，那么气氛就会不同。"久闻大名，大家都希望能为您做点事情。这是我的名片，希望能为您效劳。"这样说话，最冷漠的顾客也会受到感动，从而将注意力集中起来。可见，吸引客户眼球，引起客户好感和注意，是推销成功的关键一步。

2. 唤起顾客兴趣

唤起顾客兴趣是指唤起顾客对推销活动及推销品的兴趣，或者说是诱导顾客对推销有积极态度。兴趣与注意有着密切的关系，兴趣是在注意的基础上发展起来的，反过来又强化注意。兴趣也与需要有密切的关系，顾客对推销的兴趣都是以他们各自的需要为前提的，同时也只有了解推销品于满足需要的意义后才会产生兴趣。因此，要想很好地唤起顾客的兴趣，就必须深入分析顾客的各种需要，让顾客看到购买所能带来的利益。推销人员要利用各种方法向顾客证实推销品的优越性，以此引导他们的购买兴趣。一般来说，唤起顾客兴趣的最基本的方法是示范和表演。

示范就是通过特定的动作和场景，推销人员运用各种方法向顾客展示推销品的优点，以激发顾客的购买兴趣。推销人员上门推销，凡是可以随身携带的产品，应不怕麻烦与辛苦，坚持随身携带，便于向顾客展示和表演(就是运用动作、色彩、音响、运动等表演技巧来示范推销品，以增强示范的效果)。

❖ **案例**：华人首富李嘉诚在年轻时曾做过塑胶洒水器的推销人员。在他的推销生涯中曾有这么一则故事：一天，李嘉诚走访了几家客户都无人问津货品，于是，他灵机一动，对客户说洒水器出了点问题，想借水管试一下。征得同意后，李嘉诚便接好洒水器，在客户办公室表演起来，结果吸引了办公室工作人员，一下子就卖掉了十几个。这种戏剧性的表演，有时能取得意外的效果。想想看，这种形象化的推销形式，你推销时可否一试？

3. 激起顾客购买欲望

激起顾客购买欲望是指推销人员通过推销活动的进行，在激起顾客对推销品的兴趣后使顾客产生对推销品强烈拥有的愿望，从而导致顾客产生购买的欲望。在推销过程中，激起顾客购买欲望可分为三个步骤进行。推销人员首先提出推销建议，在得到顾客反映之后找到症结所在，然后有针对性地进行理由论证，多方诱导顾客的购买欲望，直至达成交易。

4. 促成顾客购买行为

顾客从产生购买欲望到采取购买行动，还需要推销人员运用一定的成交技巧来施加影响，以促成顾客尽快做出购买决策。

(二) "迪伯达"模式

"迪伯达"是 DIPADA 的译音，这六个字母为六个英文单词的第一个字母，这六个单词表达了"迪伯达"模式(DIPADA 模式)的六个推销步骤：

(1) 准确地发现并指出顾客有哪些需要和愿望。在这一阶段，推销人员应围绕顾客的需要，探讨顾客需要解决的问题，而不要急于介绍推销品。这种做法体现了以顾客为中心的准则，最能引起顾客的兴趣，有利于制造融洽的推销气氛，有利于消除推销障碍。

(2) 把顾客的需要与推销的产品紧密联系起来。在发现并指出了顾客的需要后，再向顾客介绍推销品，并把推销品与顾客需要联系起来，这样就能很自然地引起顾客的兴趣。

(3) 证实推销品符合顾客的需要和愿望，而且正是顾客所需要的产品。

(4) 促使顾客接受所推销的产品。在推销过程中，顾客往往不能把自己的需求与推销品联系起来，推销人员必须拿出充分的证据向顾客证明，推销品符合顾客的需求，他所需要的正是这些产品。当然这些证据必须是真实可信的。

(5) 刺激顾客的购买欲望。在推销过程中，仅使顾客把他的需要和推销品联系起来是远远不够的，还应该使顾客认识到必须购买推销品，因此必须激发顾客的购买欲望。

(6) 促使顾客采取购买行动。这个阶段同"爱达"模式的第四个阶段"促成顾客购买行为"是相同的。

(三) "埃德帕"模式

"埃德帕"模式(IDEPA 模式)是"迪伯达"模式的简化形式，它适用于有着明确购买愿望和购买目标的顾客。在采用该模式时不必去发现和指出顾客的需要，而是直接提示哪些产品符合顾客的购买目标。这一模式比较适合于零售推销。

(四) "吉姆"模式

"吉姆"模式(GEM 模式)旨在帮助培养推销人员的自信心，提高说服能力。其关键是"相信"，即推销人员一定要相信自己所推销的产品(G)，相信自己所代表的公司(E)，相信自己(M)。

(1) 相信推销品。推销人员应对推销品有全面、深刻的了解，同时要把推销品与竞争产品相比较，看到推销品的长处，对其充满信心。而推销人员对产品的信心会感染顾客。

(2) 相信自己的企业。要使推销人员相信自己的企业和产品，企业和产品的信誉是基础。而信誉是依靠推销人员与企业的全体职工共同创造的。企业和产品的良好信誉，能激发推销员的自信和顾客的购买动机。

(3) 相信自己。推销人员要有自信。推销人员应正确认识推销职业的重要性和自己的工作意义以及未来的发展前景，使自己充满信心，这是推销成功的基础。

(五) 费比模式

"费比"(FABE)模式是由美国奥克拉荷马大学企业管理博士、中国台湾中兴大学商学院院长郭昆漠先生总结并推荐的推销模式。"费比"模式将推销活动分为以下四个步骤：

(1) 特征(Feature)。推销人员在见到顾客后，要以准确的语言向顾客介绍产品特征。产品特征包括产品的性能、构造、作用、使用的简易及方便程度、耐久性、经济性、外观优点及价格等。如果是新产品则应更详细地介绍，如产品在用料或加工工艺方面有所改进等。如果上述内容多而难记，推销人员应事先打印成广告式的宣传材料或卡片，以便在向顾客介绍时将其交给顾客。因此，如何制作好广告材料或卡片便成为"费比"模式的重要特色。

(2) 优点(Advantage)。"费比"模式的第二步是把产品的优点充分地介绍给顾客。它要求推销人员应针对在第一步中所介绍的特征，寻找出其特殊的作用或者是某项特征在该产品中扮演的特殊角色、具有的特殊功能等。如果是新产品，务必说明该产品开发的背景、目的、必要性以及设计时的主导思想，相对于老产品的差别优势等。当面对的是具有较好专业知识的顾客时，则应以专业术语进行介绍，并力求用词精确简练。

(3) 利益(Benefit)。第三步是"费比"模式最重要的步骤，推销人员应在了解顾客需求的基础上，把产品能给顾客带来的利益尽量多地列举给顾客。推销人员不仅应介绍产品外表的、实体上的利益，更要介绍产品给顾客带来的内在的、实质上的利益；从经济利益介绍到社会利益，从工作利益介绍到社交利益。在对顾客需求了解不多的情况下，应边讲解边观察顾客的专注程度与表情变化，在顾客表现关注的主要需求方面更要多介绍。

(4) 证据(Evidence)。推销人员在推销中要避免用"最便宜""最核算""最耐用"等语句，因为这些词语会令顾客反感。因此，推销人员应提供真实的数字、案例、实物等证据，让证据说话，解决顾客的各种异议与顾虑，促成顾客购买。

"费比"模式的突出特点是：事先把产品特征、优点及带给顾客的利益等列出来印在卡片上，这样就能使顾客更好地了解有关内容，节省顾客产生疑问的时间，减少顾客异议的内容。

案例分析

玛丽·凯是美国一位大器晚成的女企业家，她做了 25 年的直销工作，退休后才创办了自己的玛丽·凯化妆品公司。

有一次，玛丽·凯想买一辆新车作为自己的生日礼物。当时引领潮流的福特汽车有两种颜色的新车刚刚投入市场，她想要一辆黑白色的。

玛丽·凯带着现金来到一家福特汽车销售处的展销厅，但售货员一点也不把她放在眼里，因为她看见玛丽·凯是开着一辆旧车来的，更何况那时候女性不容易得到购物信贷，所以她就轻易地判断玛丽·凯买不起车。由于觉得不是"潜在的买主"，这个销售处的售货员连理都不理她。当时正是中午，售货员干脆为自己找了个借口，离开了。

玛丽·凯也见不到经理，因为经理出门了。于是，消磨时间的她走进了另一家出售默库里牌汽车的商行，她只是随便看看，因为她仍然太想买那种黑白福特车。

这边的展示厅中摆放着一辆米黄色汽车，玛丽·凯觉得也还可以，但车上标出的售价比原来准备花的钱要多一些。可是这里的售货员对她十分礼貌，当他听说那天是玛丽·凯的生日后，跟她说了一声"请原谅"就走开了。几分钟后，他再回来同玛丽·凯接着聊，15 分钟后，一位秘书给他送来了 12 枝玫瑰，并说道："这是给玛丽·凯的生日礼物。""我顿时感到他送给我的好像是几百万美元。"玛丽·凯回忆起来时不禁感慨万分。当然，玛丽·凯开走了那辆米黄色默库里牌汽车，而没有买福特汽车。

试析：

1. 该案例中采用的是什么推销方式？该种推销方式有哪几种基本形式？
2. 该种推销方式的步骤是什么？

知识拓展

两位推销员的故事

一位推销员正在向顾客推销一种新型电风扇。

推销员：请问要买电扇吗？我带来了一种新型电风扇。

顾客：电扇？我不买。

推销员：买一台吧。

顾客：不买。对不起，我要休息了，再见。

另一位推销员来到了这位顾客的家中推销电风扇。

推销员：我知道您很需要一台电风扇，这种新型的电扇，您一定能喜欢。

顾客：你怎么知道我需要电风扇？

推销员：您看，天这么热，有 30 多摄氏度吧？

顾客：热点怕什么？这么多年都这么过的。

推销员：有了这台电风扇，感觉可不一样了。请问电源插座在哪？啊，在这儿，来，让我为您打开试试……好，现在打开了，感觉怎么样？风太大了？没关系，旋这个开关，现在怎么样？挺好……是的，它可以调节出各种强度的风量。

顾客：得不少钱吧？

推销员：这是价格表，如果您喜欢，可以按批发价，比零售价便宜 40 多元。

顾客：那也 310 元呢？

推销员：您可以算算，这台风扇至少可以使用 10 年，一年至少用三个月，每天才三两角钱，就是一根冰棍的价钱。

顾客：质量可靠吗？

推销员：您看，这是质量免检证书。

顾客：坏了怎么办？

推销员：请您保存好这张卡片，拿着它，可以到我们设在本市的任何一个维修站免费维修。如果您没有时间，只要拨这个电话，我们会来到您的家里为您检修……您看放在哪里好？放在这里怎么样？

顾客：那就买了吧。

问题：

1. 结合案例材料，谈谈人员推销的特点。
2. 根据案例材料，分别总结出第一位推销员失败的原因和第二位推销员成功的原因。

 思考练习

简答题

1. 简述"费比"模式和"爱达"模式的步骤。
2. 简述人员推销工作的步骤。

任务三　理解广告策略

学习目标

- 掌握广告的含义、作用、类型和策略
- 理解广告的费用预算及效果评估

案例导入

百事可乐作为世界饮料业两大巨头之一，100 多年来与可口可乐上演了一场蔚为大观的两乐之战。两乐之战的前期，也即 20 世纪 80 年代之前，百事可乐一直惨淡经营，由于其竞争手法不够高明，尤其是广告的竞争不得力，因此被可口可乐远远甩在后头。然而经历了与可口可乐无数次的交锋之后，百事可乐终于明确了自己的定位，以"新生代的可乐"形象对可口可乐实施了侧翼攻击，从年轻人身上赢得了广大的市场。

百事可乐的定位极具战略眼光。因为百事可乐配方、色泽、味道都与可口可乐相似，绝大多数消费者根本喝不出二者的区别，所以百事可乐根本无法在质量上胜出。随后，百事可乐选择的挑战方式是在消费者定位上实施差异化，摒弃了不分男女老少"全面覆盖"的策略，而从年轻人入手，通过广告力图树立其"年轻、活泼、时代"的形象，而暗示可口可乐的"老迈、落伍、过时"。

百事可乐完成了自己的定位后，开始研究年轻人的特点。经调查发现，年轻人最流行的东西是酷，而酷表达出来，就是独特的、新潮的、有内涵的、有风格创意的意思。百事抓住了年轻人喜欢酷的心理特征，开始推出了一系列以年轻人认为最酷的明星为形象代言人的广告。

在美国本土，1994 年，百事可乐用 500 万美元聘请了流行乐坛巨星麦克尔·杰克逊做广告，此举被誉为有史以来最大手笔的广告运动。杰克逊果然不辱使命，当他踏着如梦似狂的舞步，唱着百事广告主题曲出现在屏幕上时，年轻消费者的心无不为之震撼。在中国大陆，继邀请张国荣和刘德华做其代言人之后，百事可乐又力邀郭富城、王菲、珍妮·杰克逊和瑞奇·马丁四大歌星做它的形象代表。两位香港歌星自然不同凡响，郭富城的劲歌劲舞、王菲的冷酷气质，迷倒了全国无数年轻消费者。不过，因为两个外国歌星在中国大陆地区的知名度并不高，也造成了资源的浪费，在这点上，百事可乐稍逊于可口可乐。即使如此，百事可乐那年轻、活力的形象已深入人心。在上海电台一次 6000 人调查中，年轻人说出了自己认为最酷的东西。他们认为，最酷的男歌手是郭富城，最酷的女歌手是王菲，而最酷的饮料是百事可乐。1997 年北京饮料市场百事可乐与可口可乐占有率为 1∶10，到 1999 年升至 1∶2.5，其中绝大多数消费者是年轻人。总而言之，我们认为百事可乐以新生代喜欢的超级巨星做形象代言人是它广告策略最成功的一点。

百事可乐广告语也颇具特色。它以"新一代的选择""渴望无限"做自己的广告语。百事可乐认为，年轻人对所有事物都有所追求，如音乐、运动，于是百事可乐提出了"渴望无限"的广告语。百事可乐提倡年轻人做出"新一代的选择"，那就是喝百事可乐。百事可乐这两句富有活力的广告语很快赢得了年轻人的认可。百事可乐广告内容一般是音乐、运动，如上述的麦克尔·杰克逊、郭富城都是劲歌劲舞。百事可乐还擅打足球牌，其利用大部分青少年喜欢足球的特点，特意推出了百事足球明星。

百事可乐作为挑战者，没有模仿可口可乐的广告策略，而是勇于创新，通过广告树立了一个"后来居上"的形象，并把品牌蕴含的那种积极向上、时尚进取、机智幽默和不懈追求美好生活的新一代精神发扬到百事可乐所在的每一个角落。百事可乐是受人尊崇的，百事可乐的广告策略也是值得推崇的。像非常可乐曾以"年轻没有失败"为广告语，广告内容是音乐和运动，也赢得了年轻人的喜爱。

任务描述与分析

广告是现代企业中常用的一种促销策略，由于广告的传播面广、传播速度快、表现力强，因此受到企业的重视。Advertising 源自拉丁文 advertere，其原意是"大喊大叫""引起注意"；到了 17 世纪末，advertere 专门用来指"刊登广告"的行为；后来才使用动名词 Advertising，指广告活动。

相关知识与任务实施

一、广告的含义

从字面上理解，广告是广而告之。在英文中，广告(advertising)一词有"注意""诱导"之意。广告作为一种传递信息的活动，它是企业在促销中普遍重视且应用最广的促销方式。在市场营销学中，广告是广告主以促进销售为目的，付出一定的费用，通过特定的媒体传播商品或劳务等有关经济信息的大众传播活动。

二、广告的作用

广告作为宣传手段之一，其作用主要有以下几个方面：

(1) 广告是最大、最快、最广泛的信息传递媒介。通过广告信息传递，能迅速沟通供求信息，引起顾客的注意与兴趣，促进购买，加速产品流通和销售。因此，广告是传播市场产品信息的主要工具。

(2) 广告能激发和诱导消费。顾客对某一产品的需求往往是一种潜在需求，这种潜在需求与现实的购买行动有时是矛盾的。广告造成的视觉、听觉等感官印象以及诱导往往会勾起顾客的现实购买欲望。另外，广告的反复渲染与反复刺激也会提高产品知名度，取得顾客一定的信任感，从而导致购买量增加。

(3) 广告是企业竞争的有力武器。第一，利用庞大的广告预算开支，多投入、多产出；第二，利用广告吸引顾客，以尽可能少的投入获得尽可能多的产出；第三，利用广告策略树立企业形象，传播企业文化，打造企业品牌。

(4) 广告能较好地介绍产品知识、指导消费。广告可以全面介绍产品的性能、质量、用途、维修、安装等信息，并且消除顾客的疑虑，消除顾客由于维修、保养、安装等问题而产生的后顾之忧，从而产生购买欲望。

(5) 广告能美化社会环境，并有利于培育忠诚顾客。广告是一门艺术，好的广告能给人以美的享受，走进顾客心灵深处，既有利于帮助顾客树立正确的道德观、人生观及优良的社会风尚，也有利于培育企业的忠诚顾客。

三、广告的类型

(一) 按照广告媒介的使用分类

按照广告媒介的使用划分，广告可分为可有如下几类：

(1) 印刷媒介广告，也称为平面媒体广告，即刊登于报纸、杂志、招贴、海报、宣传单、包装等媒介上的广告。

(2) 电子媒介广告，是以电子媒介如广播、电视、电影等为传播载体的广告。

(3) 户外媒介广告，是利用路牌、交通工具、霓虹灯等户外媒介所做的广告，还有利用热气球、飞艇等作为媒介的空中广告。

(4) 直邮广告，通过邮寄途径将传单、商品目录、订购单、产品信息等形式的广告直接传递给特定的组织或个人。

(5) 销售现场广告，又称为售点广告或 POP 广告(Point Of Purchase)，就是在商场或展销会等场所，通过实物展示、演示等方式进行广告信息的传播，包括橱窗展示、商品陈列、模特表演、彩旗、条幅、展板等形式。

(6) 数字互联媒介广告，是利用互联网作为传播载体的新兴广告形式之一，具有针对性、互动性强、传播范围广、反馈迅捷等特点，发展前景广阔。

(7) 其他媒介广告，是利用新闻发布会、体育活动、年历、各种文娱活动等形式而开展的广告。

(二) 按照广告目的分类

按照广告目的划分，广告可分为如下几类：

(1) 通知型广告，指通过对产品的性能特点和用途的宣传，提高顾客对该产品的认知和理解的开拓性广告，主要用于新产品的入市阶段，目的在于树立品牌形象，推出新产品。

❖ **案例**：某洗发水刚打入市场时做广告：还有半个月，一种全新型洗发水将与消费者见面；然后依次递减天数，"还有 10 天……""还有一周……""还有一天"；最后在预定的那天再打出全面介绍该品牌洗发水的广告。

(2) 说服型广告。通过强调本企业产品的优势以及和竞争对手的明显差异，以确保顾客对本企业产品有足够的关注和购买欲望，从而说服顾客购买。这种类型的广告一般在产品的成长期和成熟期使用。

❖ **案例**：玛氏巧克力豆的电视广告：(画面)有两只手，一只是脏今今的，另一只是干净的。画外音："哪只手里有玛氏巧克力豆？不是那只脏手，而是这只干净的手。因为玛氏巧克力豆只溶在口，不溶在手。"

达克宁药膏通过"不但治标，还能治本"来暗示其同类产品只能治标，不能治本，从而劝说顾客进行选择。

(3) 提醒型广告，指提醒顾客不要忘记已有使用习惯和购买习惯的品牌或产品的备忘性广告。其目的是保持目标市场对广告所宣传品牌或产品的良好印象，刺激重复购买，引导顾客形成稳固的、长期的购买习惯。提醒型广告在产品进入成熟期后十分重要。

❖ **案例**：娃哈哈饮料的广告词："娃哈哈 AD 钙奶，你今天喝了没有？"这就是对孩子和家长的提醒。

(三) 按照广告诉求方式分类

按照广告诉求方式划分，广告可分为如下分类：

(1) 理性诉求广告。广告通常采用摆事实、讲道理的方式，通过向广告受众提供信息，展示或介绍有关的广告物，有理有据地论证接受该广告信息能带给他们的好处，使受众理性思考、权衡利弊后能被说服而最终采取行动，如家庭耐用品广告、房地产广告较多采用理性诉求方式。

(2) 感性诉求广告。感性拆求广告采用感性的表现形式，以人们的喜怒哀乐等情绪、亲情、友情、爱情以及道德感、群体感等情感为基础，对受众诉之以情、动之以情，激发人们对真善美的向往并使之移情于广告物，从而在受众的心中占有一席之地，使受众对广告物产生好感，最终发生相应的行为变化，如日用品广告、食品广告、公益广告等常采用这种感性诉求的方法。

❖ **案例**：雕牌系列产品的广告策略就经历了从理性诉求向感性诉求的转变。初期，雕牌洗衣粉以质优价廉为吸引力，打出"只买对的，不买贵的"的口号，暗示其实惠的价格，以求在竞争激烈的洗涤用品市场中突围，结果这则广告效果一般。而其后一系列关爱亲情、关注社会问题的广告，深深打动了顾客的心，取得了良好的效果，使顾客在感动之余对雕牌青睐有加，其相关产品连续四年全国销量第一。

"妈妈，我能帮您干活了"这是雕牌最初关注社会问题的广告。这则广告关注下岗职工这一社会弱势群体，摆脱了日化用品强调功能效果的套路，对顾客产生强烈的感情震撼，树立贴近人性的品牌形象。其后跟进的"我有新妈妈了，可我一点都不喜欢她"延续了这一思路，关注离异家庭，揭示了"真情付出，心灵交汇"的生活哲理，对人心灵的震撼无疑是非常强烈的。

四、广告策略

(一) 广告定位策略

广告定位策略是指在众多产品中寻找具有竞争力和差别化的产品特点，配合适宜的广告宣传手段，使产品在目标顾客心中占据理想的位置。广告定位策略的构成概括起来有以下几种：

1. 市场定位策略

市场定位策略即把产品宣传的对象定在最有利的目标市场上。通过整合市场，寻找市场空隙，找出符合产品特性的顾客类型，确定目标受众。可根据顾客的地域特点、文化背景、经济状况、心理等不同特点，进行市场的细致划分。只有策划和创作相应的广告，才能有效地影响目标受众。

❖ **案例**：宝洁号称"没有打不响的品牌"，这源自宝洁成功的广告市场定位策略。以洗发水为例，宝洁有海飞丝、飘柔、潘婷三大品牌，每种品牌各具特色，针对不同的消费群体，三大品牌的广告紧紧围绕其目标市场需求特征而展开。海飞丝广告突出"头屑去无踪，秀发更出众"，飘柔广告突出"飘逸柔顺"，潘婷广告则强调"营养头发，更健康更亮泽"。三大品牌的广告个性鲜明，锁定目标市场顾客，突出产品特色，最终强有力地占领了市场。

2．产品定位策略

产品定位策略即最大限度地挖掘产品自身特点，把最能代表该产品的特性、品质、内涵等作为宣传的形象定位。可以从以下方面入手，如产品的特色定位、文化定位、质量定位、价格定位、服务定位等，通过突出自身优势，树立品牌独特鲜明的形象，来赢得市场，促进企业发展。

❖ **案例：**乐百氏纯净水的广告语"乐百氏纯净水，二十七层净化"明确告知了受众产品质量过硬的特点，从而将自己成功定位在纯净水的高端位置。

3．观念定位策略

观念定位策略观念定位策略指在广告策划过程中，通过分析公众心理，赋予产品一种全新的观念。这种观念要既符合产品特性，同时又迎合顾客心理，这样才能突出自身优势，在更高层次上打败对手。这里融入更多的是一种思想、道德、情感和观念等。

❖ **案例：**山叶钢琴的广告语是"学琴的孩子不会变坏"，抓住父母的心态，采用攻心策略，不讲钢琴的优点，而是宣传学钢琴有利于孩子身心成长的观念，吸引孩子父母。

4．企业形象定位策略

通过将某种文化、某种感情、某种内涵注入企业形象之中，形成独特的品牌差异。真正成功的企业形象，是恰到好处地把握住时代脉搏，击中消费者共同的感动与追求，从企业文化角度、企业情感角度、企业信誉角度、企业特色角度来树立企业的形象。

❖ **案例：**"山高人为峰，红塔集团"，其广告定位中融入了企业以人为本的管理文化；"孔府家酒，叫人想家"，广告中则注入了浓浓的思乡情感，最终都成功树立了企业独特鲜明的形象。

5．品牌定位策略

品牌定位策略把定位的着眼点落在扩大和宣传品牌上。目前的市场竞争已进入同质化时代，很多同类产品使顾客无法从简单的识别中辨别出优劣，企业之间竞争的根源在于品牌的竞争，谁抢先树立了自己的品牌，谁就抢先赢得了商机。

企业广告可以通过求先定位、求新定位、空隙定位、竞争定位等手段在第一时间树立自己的品牌，赢得自己的消费群。

❖ **案例：**理光复印机的广告语"We lead，Others copy(我们领先，他人仿效)"充分突出了品牌在技术上的领导者地位。

成功的广告定位策略能帮助企业在激烈的竞争中立于不败之地，能够赋予竞争者所不具备的优势，赢得特定且稳定的顾客，树立产品在顾客心目中与众不同的形象。因此，在广告策划中，应准确把握广告定位。

(二) 广告创意策略

广告创意是使广告达到宣传目的的创造性的理念，并在商业广告中能使广告达到促销目的的独特手段。它是决定广告设计水准的关键环节。

广告策划中的"创意"要以广告定位为前提，根据市场营销组合策略、产品情况、目标顾客、市场情况来确立。根据整体广告策略，针对市场难题，立足商品属性，迎合消费心理，研究竞争策略，运用形象思维，借助丰富想象，树立品牌形象，找寻一个"说服"目标顾客的"理由"，并把这个"理由"用视觉化的语言，通过视、听手段影响顾客的情感与行为，达到信息传播的目的，顾客从广告中认知产品给他们带来的利益，从而促成购买行为。

在广告创意中，应该遵循的原则是准确性、新颖性、简洁性和特色性。

❖ **案例**：电视画面：一位男性股民在卫生间一边方便，一边看《股市快讯》。"股市又升了"，他立即要打电话。于是，他迅速跑出卫生间，奔向电话机，人真是越忙越乱。一不小心被什么绊了一下，他跌倒在地上，眼镜也惨遭损坏。

转画面：还是这位男性股民，还是坐在卫生间内的镜头，但他手里拿着无绳电话开心地传达着他要发布的信息。

画外音："步步高无绳电话，方便千万家。"

该广告选择了幽默的手法、戏剧性的故事，适时吸引了观众的注意力，整个情节似乎就是观众生活中曾经发生过的尴尬场面，真实且易获得认同，而且在娱乐中传达了产品的核心利益点。广告播出之后，步步高无绳电话机销量迅速攀升，市场占有率一路上涨，占据同类产品的首席位置。

五、广告费用预算

广告费用预算是促销预算的重要组成部分。在分别考虑广告、人员推销、销售促进、宣传等促销手段预算的情况下，广告费用预算的方法如其他促销手段的预算方法一样，都可以采用促销预算的方法。以下介绍一种广告预算编制的一般步骤：

(1) 确定市场的占有率。假设一个生产香烟的企业想占领 8% 的国内香烟市场，而全国总共有 1000 万人吸烟，则企业就应该让 80 万人经常使用本企业生产的香烟。

(2) 确定广告接触的受众总数。假设企业希望广告可以接触到 80% 的市场，即有 800 万吸烟者能够接触到企业所展示的广告。

(3) 确定广告受众中试用者的总数。在 800 万的广告受众中，如果有 25% 的人试用本产品，则试用者总数为 200 万。

(4) 确定产品长期顾客的总数。假如产品试用者中有 40% 的人可能成为本产品长期的使用者，则本产品的长期使用者就为 80 万，即企业所希望的市场占有率。

(5) 确定广告预算费用。假设通过市场调查发现，只要每年向 800 万广告受众中每 1% 的受众展示 40 次广告，就可以带来 25% 的试用率，而每次向 1% 的受众展示广告的费用为 300 元，那么想达到 8% 的市场占有率所要花费的广告费用就应该为 $100 \times 40 \times 300 = 1200000$ 元。

在进行广告费用预算编制时，应考虑以下影响广告费用预算的因素：

(1) 产品生命周期。在产品生命周期的不同阶段，广告投入量及侧重点都有所不同。在引入期，为提高广大消费者的认知度和记忆度，需要投入较多的广告；在成长期，广告的频率可以放慢且促销有所侧重；在成熟期，需要投入一定的广告，以维持产品的市场地位；在衰退期，应大量削减广告费用。

(2) 目标市场状况。目标市场上的消费者对产品的认知及熟悉程度、消费者的地域分散程度，都会影响企业对广告的投入。

(3) 竞争者动向。竞争是企业与竞争者互动的一个过程，主要竞争对手的广告策略及广告投入必然会影响企业自身的广告策略及投入。

(4) 促销组合。广告是促销组合系统中的一个组成部分，广告费用预算的多少应由促销组合策略的总体安排来决定。

(5) 广告媒体。广告媒体的价格不同，选择不同媒体，广告费用预算不同。

编制预算时应注意，广告的支出要量力而行，千万不要超出企业的能力范围之外，造成企业其他营销环节的资金不足，影响企业的发展。例如，秦池酒业就是因为常年斥巨资用于广告宣传，却没有带来企业所期望的销售量，最后丧失了竞争力。而巨额的广告费用同时也会使企业的产品成本增加，影响产品的市场竞争力。所以，编制广告费用预算千万要慎重。

六、广告效果评估

企业进行广告活动之后，需要对广告效果进行测定与评价；同时，对广告效果的测评又是企业如何展开下一阶段广告活动的依据和起点。一个广告行为引致的效果是多方面的。在这里，我们主要围绕广告对企业产生的效果来讨论。测定广告是否达到预期目的，首先需要测定广告行为对广大受众直接产生的效果，即广告的沟通效果；还需要测定广告行为对企业促销所带来的效果，即广告的促销效果。

(一) 广告沟通效果

广告沟通效果的测评主要是判断广告活动是否有效传播了广告信息，实现了有效沟通。其具体的测评方法又分为预先测评和事后测评两种。

1. 广告的预先测评

广告的预先测评指在广告正式投放之前的测评，主要有以下三种方法：

(1) 直接评分。由一组目标顾客或广告专家来观看即将投放的广告，并由他们填写评分问卷，对广告做出评定。

(2) 组合测试。由目标顾客观看一组广告后，让其回忆所看到的广告内容，用以判断广告的突出性和易记程度。

(3) 实验室测试。广告研究人员利用各种测量仪器来测试目标顾客对广告的反应。这些反应多为生理反应，只能测试广告的吸引力，无法测出受试者对广告的信任和态度。

2. 广告的事后测评

广告的事后测评指在广告正式投放以后的测评，主要有以下两种方法：

(1) 回忆测试。由接触广告的目标顾客回忆所看到的广告，并复述广告中出现的企业及产品名称等内容，借以测试广告的注意度以及记忆度。

(2) 识别测试。由目标顾客辨认并指出所接触过的广告，借以测试广告的影响力度。识别测试结果一般有以下三种情况：曾注意到、尚能记得(产品和企业)、深度了解。

（二）广告促销效果

在市场营销实践中，一个促销效果好的广告必然是一个沟通效果好的广告；但是，沟通效果好的广告却不一定是促销效果好的广告。影响促销效果的因素有广告、产品品质、价格和分销渠道等。

广告促销效果的测评难于广告沟通效果的测评，特别是品牌形象广告，究竟在多大程度上促进了销售，是很难准确衡量的。目前，人们普遍采用历史分析和实验分析两种方法来测试广告的促销效果。

1. 历史分析法

运用回归分析法，将历史上企业的销售与广告支出联系起来，进行相关分析，借以测量广告支出对产品销售的影响。

2. 实验分析法

在不同的地区投放不同支出水平的广告，观察不同支出水平的广告对促进产品销售的影响。

▶ 案例分析

南京有一家鹤鸣鞋店，牌子虽老，却无人问津。鞋店老板发现许多商社和名牌店做广告推销商品，所以他也想做广告宣传一下。

但怎样的广告才有效果呢？鞋店老板一直在思考。这时，账房先生过来献计说："商业竞争与打仗一样，只要你舍得花钱在市里最大的报社登三天广告，第一天只登一个大问号，下面写一行小字'欲知详情，请见明日本报栏'；第二天照旧；等到第三天揭开谜底，广告上写'三人行必有我师，三人行必有我鞋，鹤鸣皮鞋'即可。"

鞋店老板一听，觉得此计可行，便依计行事。果然，广告一登出来就吸引了广大读者，鹤鸣鞋店顿时家喻户晓，生意红火。鞋店老板很感触地意识到：做广告不但要加深读者对广告的印象，还要掌握读者求知的心理。这则特别的商业广告，也显示出赫赫有名的老商号财大气粗的气派。从此，鹤鸣鞋店在京沪鞋帽业便鹤立鸡群。

试析：

1. 鹤鸣鞋店成功的主要原因是什么？
2. 该鞋店运用了哪些广告策略？常见的广告媒介有哪些？

▶ 知识拓展

精彩的广告语

我们不生产水，我们只是大自然的搬运工。	——农夫山泉
一切皆有可能。	——李宁牌系列运动服
人类失去联想，世界将会怎样？	——联想集团
不走寻常路。	——美特斯·邦威

不溶在手，只溶在口。　　　　　　　——M&M 巧克力

想想还是小的好。　　　　　　　　——大众甲壳虫汽车

Just do it.　　　　　　　　　　　——耐克

钻石恒久远，一颗永流传。　　　　——戴比尔斯钻石

好东西要与好朋友分享。　　　　　——麦氏咖啡

牛奶香浓，丝般感觉。　　　　　　——德芙巧克力

传奇品质，百年张裕。　　　　　　——张裕葡萄酒

问题：评价以上广告语的创意。

 **思考练习**

简答题

1．常见的广告媒体有哪些？

2．广告的作用有哪些？广告策略包括哪些内容？

任务四　理解公共关系

学习目标 ✍

- 了解公共关系及公共关系促销的含义，掌握公共关系促销的功能和类别
- 掌握公共关系的活动方式

案例导入

为了在山东省宣传推广医疗卫生理念，"舒肤佳"通过山东省爱卫会和山东健康教育所组织了"健康卫生三部曲(常常洗手、天天洗澡、处处打扫)"的理念宣传活动，借助新闻发布会和群众推广宣传活动达到了预期的效果。

新闻发布会由来自山东全省 34 家主要媒体的 50 余名记者参加，在新闻发布会上，安排了济南市少年宫的合唱团现场表演了为活动特别创作的"健康卫生三部曲"，为新闻发布会增添了许多情趣，将会议的气氛推向了高潮。

群众推广活动于新闻发布会开始一个半小时后在济南市开展，在整个活动中，不仅有医学专家做现场咨询，济南市儿童合唱团和济南舞蹈队还分别进行了以"健康卫生三部曲"为主题的表演。该活动时间是上午 9:30～12:30，共持续了两天，估计有 2000 人参加。1 万个印有"健康卫生三部曲"标志的气球被派发给群众。

在活动中，由两个真人装扮的吉祥物出现在现场，在舞台上表演洗手、洗澡、打扫卫生等舞蹈动作，充分地向活动现场的观众传送了"健康卫生三部曲"的信息。这两个吉祥物的外形以舒肤佳香皂为原型，分别为粉红色和绿色，它们身上都有"健康卫生三部曲"

字样的标识。

在活动的现场还布置了专家咨询台，有来自中华医学会和山东省的 15 名著名医师为现场的观众解答有关卫生习惯、肝炎、细菌性肠道传染病等的预防措施及早期治疗方法。

在活动的舞台前还设置了一条长 12 米、宽 1.5 米的"健康卫生三部曲——百万人签名"条幅，供现场参加者签名。签名现场非常火爆，许多人都争着以签名方式表示对活动的支持。

任务描述与分析

公共关系并非仅是企业市场营销的一部分。一方面，任何社会组织都有必要进行公共关系活动，并非只是盈利性组织的专利；另一方面，企业生产经营活动的各方面都需要公共关系，公共关系可以起到多方面的作用和功能。但当人们着眼于公共关系在促进销售方面的作用时，公共关系就成了促销的一种手段，而与其他手段并列。

相关知识与任务实施

一、公关关系的含义

公共关系简称公关，是企业用传播手段使自己与相关公众之间形成双向交流，使双方相互了解和相互适应的管理活动。

应从以下四方面完整地理解公共关系的含义：

(1) 公共关系是企业与其顾客之间的关系，这种关系是企业在与顾客的相互作用和相互影响中形成的。

(2) 公共关系是企业管理的独立职能。公共关系的主要任务就是协调企业与顾客的相互关系，使企业适应于公众的要求，使顾客有利于企业的成长与发展，因而它是一项长期性的工作。

(3) 公共关系是以真实为基础的双向沟通，信息沟通与传播是公共关系的基础。

(4) 公共关系是一门创造美好形象的艺术，目的是使顾客全面了解自己，从而建立企业的声誉和知名度。在市场营销学体系中，公共关系是最常用来建立公众信任度的工具。

二、公共关系促销的含义

公共关系促销并不是推销某个具体的产品，而是利用公共关系，把企业的经营目标、经营理念、政策措施等信息传递给顾客，使顾客对企业有充分了解；对内协调各部门的关系，对外加强企业与顾客的关系，扩大企业的知名度、信誉度、美誉度，为企业营造和谐、友好的营销环境，从而间接促进产品销售。

企业要做好公共关系促销工作，一是要收集市场供需信息、价格信息、公众消费心理及倾向信息、产品及企业形象信息、竞争对手信息以及其他的经济政治和社会环境信息，经常分析公众的心理、意向及其变化趋势，注意社会舆论的发展变化趋势；二是要树立产品的信誉，真正为顾客着想，并将有关产品及企业的各种信息及时、准确、有效地传播出去，争取顾客对企业的了解和理解，提高企业的知名度和美誉度，为企业树立良好的形象，创造良好的社会舆论；三是注意增进与公众的感情，减少摩擦，处理好突发事件及有损企业形象的事件，尽量沟通，达成理解。

三、公共关系促销的功能

公共关系促销作为一种促销方式，虽与其他促销方式具有类似作用，但在某些方面它的作用要比其他促销方式大得多，有时其他促销方式无法达到的促销目标可以借助于公共关系促销实现。公共关系促销在企业促销中的特殊作用主要体现在以下方面：

(1) 建立和维护与社会公众的良好关系，创造有利于企业产品销售的外部环境。公共关系应不断强化企业与社会公众的联系，这是公共关系活动的出发点。公共关系的一系列活动就是要促使企业不断地保持与社会公众的沟通，与顾客、竞争者、合作者、政府、新闻界等公众建立并保持融洽的关系，为企业产品销售创造良好的外部环境。

(2) 协调企业决策。公共关系部门不是企业的决策部门，但是公共关系部门通过传播手段，可实现企业与社会公众之间的双向沟通，即及时将企业的有关决策公之于众，促进公众对企业的了解与支持；又及时搜集公众信息，反馈外界意见，向决策层提出忠告与建议，以便及时调整企业决策。

(3) 塑造企业形象，促进产品销售。良好的公共关系活动的开展，有利于提高企业知名度和美誉度，塑造企业的良好形象，而良好的形象必然会带来产品销售量的增加。因此，公共关系活动实质上也是一种"软推销"活动。

(4) 激发顾客对企业与企业产品的兴趣。企业营销部门或公共关系部门针对顾客兴趣，可开展丰富多彩的公共关系活动，寓教于乐。通过公共活动的开展、广大顾客的参与，增进顾客对本企业及其产品的了解，激发顾客的购买欲望，从而直接促进产品的销售。

四、公共关系促销的方式

公共关系促销的方式主要有以下几类。

(一) 宣传性公共关系

宣传性公共关系是运用报纸、杂志、广播、电视、宣传画册以及企业内部刊物等各种传播媒介，采用新闻稿、演讲稿、报道、倡议书、报告等形式，向社会各界传播企业有关信息，以形成有利于企业的社会舆论，创造良好的气氛。这种方式传播面广，推广企业形象效果较好。

(二) 征询性公共关系

征询性公共关系主要通过开办各种咨询业务、制作调查问卷、进行民意测验、设立热线电话、聘请兼职信息人员、举办信息交流会等各种形式，连续不断地努力，逐步形成效果良好的信息网络，再将获取的信息进行分析研究，为经营管理决策提供依据，为顾客服务。

(三) 交际性公共关系

交际性公共关系是通过语言、文字的沟通,为企业广结良缘,巩固传播效果。其可采用庆典、宴会、座谈会、招待会、谈判、专访、慰问、电话、信函等形式。交际性公共关系具有直接、灵活、亲密、富有人情味等特点,能深化交往层次。

(四) 服务性公共关系

服务性公共关系就是通过各种实惠的服务获取公众的了解、信任和好评,以实现既有利于促销又有利于树立和维护企业形象与声誉的目的。企业可以以各种方式为顾客提供服务,如消费指导、消费培训、免费修理等。事实上,只有把服务提到公共关系这一层面上来,才能真正做好服务工作,把公共关系转化为企业全员行动。

(五) 社会性公共关系

社会性公共关系是通过赞助文化、教育、体育、卫生等事业,支持社区福利事业,参与国家、社区重大社会活动等形式来塑造企业的社会形象,提高企业的社会知名度和美誉度的活动。这种公共关系方式公益性强,影响力大,但成本较高。

(六) 事件性公共关系

企业在真实、不损害公众利益的前提下,利用具有新闻价值的事件,或者有计划地策划组织各种形式的活动,借此制造"新闻热点"来吸引媒体和社会公众的注意与兴趣,以达到提高社会知名度、塑造企业良好形象并最终促进产品或服务销售的目的。

❖ **案例:** 风和日丽,天高云淡,一群身着古装的青年男女在湖光竹影中举杯畅饮,一片古风雅韵引得游人们纷纷按下快门……来自北京大学历史系的同学们穿起长袍大袖的汉服,古色古香的陶碗里盛满酒浆,分宾主就座,通过一系列仪式将古代酒礼一步步表演出来。

这是为五粮液做的一次很成功的新闻事件营销。当时正值"汉服"热潮,策划者借助"北大学子""汉服文化""酒文化""效古省今"等话题点切入,让事件本身具备了极强的传播力。

事件在新浪博客上首发后被迅速推到了新浪博客和新浪首页。之后,由"网络推手"进一步推动,开展正反两方面的PK,拉入一些名博参与,事件便迅速扩大,大量的平面媒体跟进报道了此事。凤凰卫视热点谈话节目就此话题专门做了一期节目——锵锵三人行;在"秋雨时分"里,余秋雨也就此事发表了评论。

最终,在整个新闻事件的传播中,五粮液品牌不但形成了高曝光度和高关注度,而且树立了"中国白酒文化典范"的口碑。

(七) 危机性公共关系

由于企业管理不善、同行竞争至遭遇恶意破坏,或者是外界特殊事件的影响而给企业或品牌带来危机,企业针对危机所采取一系列自救行动,以消除影响、恢复形象,就是危机性公共关系。

五、公共关系促销方案的设计和步骤

(一) 公共关系促销方案的设计

(1) 确定公共关系原则。贯彻以诚信及顾客利益与企业利益相协调的原则。企业要在顾客心目中树立良好的形象，关键在于诚实，目的在于双赢。只有诚实才能获得顾客的信任，只有双赢才能让双方关系持久。

(2) 明确公共关系活动目标。制订公共关系促销方案，首先要明确公共关系活动的目标。公共关系活动的目标应与企业的整体目标相一致，并尽可能具体，同时要分清主次轻重。

(3) 确定公共关系活动对象。确定本次公共关系活动中所针对的目标顾客。

(4) 设计公共关系活动项目。设计公共关系活动项目，即采用何种方式来进行公共关系活动，如举行记者招待会、组织企业纪念活动和庆祝活动、参加社会公益活动等。

(5) 预估公共关系活动预算。在制订活动方案前，还要预估公共关系活动的费用，并评估活动能够取得的最大利益。

(二) 公共关系促销的实施步骤

公共关系促销的主要职能是信息采集、传播沟通、咨询建设、协调引导。作为一个完整的工作过程，公共关系促销应该包括以下四个相互衔接的步骤：

(1) 市场调查研究。市场调查研究是做好公共关系工作的基础。企业通过调研，一方面了解企业实施政策的有关顾客的意见和反应，并反馈给高层管理者，促使企业决策有的放矢；另一方面，将企业领导者的意图及企业决策传递给顾客，使顾客加强对企业的认识。

(2) 确定公共关系目标。在调查分析的基础上，企业明确了问题的重要性和紧迫性，进而根据企业总目标要求和各方面情况，确定具体的公共关系目标。公共关系工作就是围绕着信息的提供和分享而展开的，因此具体的公共关系目标又分为传播信息、转变态度和唤起需求。必须注意，不同企业和企业在不同发展时期，其具体公共关系目标是不同的。

(3) 信息沟通。企业必须学会运用大众传播媒介及其他交流信息的方式达到良好的公共关系效果。

(4) 评估效果。应从定性和定量两方面评价公共关系工作的成效。其评价指标可以包括媒体曝光率、顾客反响(主要包括知名度和美誉度变化率)、品牌价值变动值、销售额和利润变动值等。评估效果的目的在于为今后公共关系工作提供资料和经验，也可向企业领导提供咨询。

■■ 案例分析

奥利奥的 100 年周年庆活动，不仅有效地利用社交媒体实现了好玩儿的互动，同时也很好地把产品有机地融入互动和营销活动中。

奥利奥迎来 100 岁生日了。在这 100 年里，奥利奥陪伴许多人度过了美好的时光。以

此为活动主旨，以年轻消费者和辣妈潮爸为目标对象，奥利奥创建了一个 Dailytwist 项目，从 Twitter 中选取每天的热点事件并结合奥利奥进行创作。在持续 100 天的时间里，奥利奥每天都为粉丝们进行奥利奥创作，粉丝们可以分享讨论，再从中筛选出最佳创意。

奥利奥 100 周年庆典首先从平面广告开始。和一般品牌只强调自己的品牌历史和文化不同，奥利奥更懂得什么样的内容更容易打动消费者——用一堆奥利奥饼干、牛奶和玻璃杯拼出过去 100 年的历史。而且，奥利奥知道什么样的历史讲述具有让你目光停留 3 秒的魔力。100 年的历史不过是扭一扭、舔一舔和点一点。这组平面广告在平面媒体、户外广告牌和 Facebook 上发布和传播，而核心是吸引大家浏览官方网站(www.oreo.com/birthday)，参与"送祝福送大奖"活动。奥利奥清楚地明白如何把这一品牌的节日变成大众的节日——一起分享你心中的童趣。

试析：
1. 奥利奥周年庆采用了哪些公共关系促销方式？
2. 请你对奥利奥此次公共关系促销活动的实施及效果做出评论。

知识拓展

2011 年 1 月 26 日，国家发展改革委员会(以下简称国家发改委)公开通报了多地家乐福、沃尔玛超市在促销中存在的价格欺诈行为，并责成相关地方价格主管部门依法予以严肃处理。

家乐福自 1 月 26 日起先后发表三份声明，公开回应价格欺诈，认为存在人为失误，并公布改善措施。在国家发改委曝光家乐福、沃尔玛涉嫌价格欺诈的第二天，沃尔玛曾发表声明就此事向受到影响的顾客致歉，但未出台相关赔偿举措。沃尔玛(中国)宣布，如果再次发现价格误差，将严格执行"5 倍差额"的赔偿政策，即按产品收银价格高于标识价格差价的 5 倍给予赔偿；声明中还再次向受到影响的顾客表示诚挚的歉意。

思考：家乐福、沃尔玛进行了何种方式的公共关系活动？你如何评价？

思考练习

简答题：
1. 公共关系促销的方式有哪些？
2. 公共关系促销的实施步骤有哪些？

任务五　理解营业推广

学习目标

- 掌握营业推广的含义及特点
- 掌握营业推广的形式及实施

案例导入

三八节期间，大部分服装店都是围绕"庆祝"这个词做促销文章。某时尚女装品牌W却反其道而行之，另辟蹊径地推出一项新颖的"年龄＝折扣，你的折扣你做主"主题促销活动。活动规定，凡是年满15周岁的顾客，只要结账时能出示证明生日的身份证件，就能按照其出生年份后两位数字打折，如1986年出生的打八六折，1951年出生的打五一折。

事后证明，促销活动吸引了众多参与者，而且最终销售的产品大部分集中在6~7.5折，虽然也有几单五折的，但没有出现四折的情况，原因很简单，因为20世纪40年代左右出生的人已经70多岁了，很难出来凑这个时尚产品的热闹。

问题：营业推广在企业中起到了什么作用？

任务描述与分析

现代营销要求企业不仅开发出优质的产品，为产品制定出有吸引力的价格，还必须与现实及潜在顾客进行沟通，向他们传播企业的经营理念、品牌形象、产品信息及所代表的生活方式。如果没有有效的沟通与传播，前期的投入都将难以得到合理回报。今天，对大多数企业来说，真正的问题在于如何进行有效的沟通与传播，实现企业扩大销售、提升业绩的营销目标。本任务旨在通过让学生完成指定项目任务，从而较为全面地认识营业推广的含义和特点，并掌握营业推广的形式及实施，在完成项目任务的过程中培养学生的职业素质。

相关知识与任务实施

一、营业推广的含义

营业推广又称销售促进，是指企业运用各种短期诱因鼓励消费者和中间商购买、销售企业产品和服务的促销活动。

营业推广是对顾客购买行为的短期激励活动，是一种不以营造品牌为宗旨的战术性营销工具，通过利益驱动购买，主要适用于冲动性购买。

二、营业推广的特点

营业推广的优点如下：

(1) 缩短产品入市的进程。使用促销手段，可在一段时间内调动顾客或经销商的购买热情，培养顾客的兴趣和使用爱好，使顾客尽快了解产品。

(2) 激励顾客初次购买，达到使用目的。顾客一般不愿冒风险对新产品进行尝试，但是，促销可以让顾客降低这种风险意识，降低初次消费成本，进而接受新产品。

(3) 激励使用者再次购买，形成消费习惯。当顾客试用了产品，并感到基本满意时，会产生重复使用的意愿，促销可以帮助顾客即时实现这种意愿。例如，只需一个持续的促销计划，就可以使消费群基本固定下来。

(4) 提高销售业绩。促销可以改变一些顾客的使用习惯及品牌忠诚，经销商和顾客因受利益驱动，故可能大量进货与购买。

(5) 参与进攻或抵抗竞争。市场进攻者可以运用促销强化市场渗透，加速市场占有；市场的防御者也可以运用促销针锋相对，来达到阻击竞争者的目的。

(6) 带动相关产品销售，扩大总销量。企业在某产品的促销过程中，通常可以带动相关其他产品的销售，从而扩大整体销量。

营业推广也存在一些不足之处：影响面相对较小，是广告和人员销售的一种辅助的促销方式；刺激强烈，但时效较短；过分渲染或长期频繁使用，容易使顾客对卖家产生疑虑，从而对品牌造成一定伤害。

三、营业推广的形式

营业推广包括对消费者进行营业推广、对中间商进行营业推广、对推销人员进行营业推广三种类型，每种类型又有多种方法。营业推广的方法五花八门，数不胜数，但围绕着对消费者进行短期利益诱导这个基本点，可以对各种各样的方法进行分门别类的整理，形成几大系列，以利于有效利用并不断创新。推广工具可分为消费者推广工具、经销商推广工具和商业促销工具三类。

(一) 消费者推广工具

1. 样品

样品指免费供应的一定数量的某种产品或服务。免费赠送样品是企业新产品打入市场时常用的方法，尤其适用于小商品，如糖果、饮料等。除赠送外，样品也可以邮寄、在商店中附送，或在街头散发；也有低价出售试用样品的，如"买一送一"。赠送样品是介绍新产品最有效、最昂贵的方法。

2. 减价

产品进入成熟期后，企业常以减价来吸引顾客，扩大销量。减价的常用方法是在商品原价的基础上提供给消费者一定的折扣，并在价格标签或商品包装上将折扣数标出。但必须说明企业并非是出于质量问题才减价的，让消费者放心购买。

3. 交易印花

消费者在购买某一商品时，企业根据消费者购买商品的金额给予一定数量的印花。当消费者积累的印花票达到一定数目时，可到指定地点兑换某些指定商品。

4. 优惠券

优惠券是授权持有者在购买某种商品或某种品牌的商品时，可享受一定折扣、免付一定金额的票据。企业可通过邮寄或附在其他商品中或随报纸、杂志发送等方式，将优惠券赠给有关顾客。据专家认为，优惠券要提供 15%～20% 的优惠才有效。优惠券主要适用于成熟品牌的销售和鼓励新产品的早期试用。

5. 有奖销售

有奖销售通常是在售货时附送奖券，小额奖品可立即兑奖，大额奖品一般择期公开摇号抽奖；也可以将中奖标记预先封在商品包装内，消费者在购买商品时凭标记领奖。

6. 赠奖

赠奖是低价出售或免费赠予某种商品，以此作为对购买某种特定产品的激励。赠奖中的一种形式为关联赠品，消费者购买甲产品，可免费或廉价获得乙产品，既可置于包装内，也可附在包装上。倘若包装物本身是一个能重新使用的容器，也可作为一种赠品。另一种是免费邮寄赠品，就是在收到消费者购买某商品的证据后，邮寄给他一种赠品。还有一种是把产品以低于正常零售价的价格出售给这一商品的购买者。有时，免费服务也可作为赠品看待。

7. 现金折扣

这一方法和减价不同，减价是消费者从零售商那里购买商品时获得的价格折扣，现金折扣是购买过程结束之后从厂商那里得到的价格削减。当消费者把具体购买凭证寄给厂商后，厂商会把购买价格的一部分作为折扣寄给消费者。

8. 商品陈列和现场表演

在销售现场的橱窗或柜台里专门布置某些商品，通过陈列或新产品使用示范等方式来激发消费者的购买动机。

9. 免费试用

免费试用是邀请潜在购买者免费尝试产品，如汽车经销商鼓励免费试车，以激发购买兴趣。

10. 产品保证

当消费者对产品质量比较敏感时，对质量的保证也是一种重要的促销工具，企业如提供比竞争对手更长的质量保证期，就能吸引更多的消费者注意。

11. 促销竞赛

促销竞赛是利用人们的竞争心理，通过组织相关的竞赛活动以达成促销目的的促销方式。促销竞赛包括消费者竞赛、经销商竞赛和销售人员竞赛。消费者竞赛是通过组织消费者参与多种形式的竞赛活动，强化产品的顾客扩展，以达到促销的目的。经销商竞赛一方面可以激发经销商的合作兴趣，加大进货和分销力度；另一方面可以密切制造商与经销商的关系，加强彼此的协作。销售人员竞赛有利于提高销售人员个人或团队的销售量，同时也有利于销售人员之间的互相学习和共同提高。

12. 组合推广

组合推广是通过一些综合性的手段进行商品促销的方式，主要包括示范推介、财务激励、联合促销、连锁促销和会员制促销。示范推介是通过对产品的操作示范或组织产品推介活动等形式来进行促销；财务激励是通过消费信贷方式开展的促销活动；联合促销是两个以上的厂商共同开展的促销活动，如航空业与旅游业的联合促销活动；连锁促销是通过连锁方式进行的促销活动，其与单个企业的促销活动相比，显然具有整体促销的效益；会员制促销是通过会员制或俱乐部的方式，对会员在一定时期进行折扣促销，这有助于吸引顾客入会以享受长时期的优惠。

13. 廉价包装

包装不仅具有保护商品、吸引顾客的功能，而且还有直接的促销作用。工商企业可以采用简单包装、把小包装换成大包装、除去精美包装等方式，达到降低费用及商品降价的目的，吸引"经济型"顾客。此外，企业还可利用多用途包装、系列包装等，不断吸引顾客，提高重复购买率。

(二) 经销商推广工具

制造商开展针对经销商的营业推广活动，是要达到以下目的：一是说服批发商和零售商经营制造商的某品牌商品；二是鼓励批发商和零售商购买比平常数量更多的商品，即大量进货；三是激发批发商和零售商通过广告、展示、削价等方式推销制造商品牌；四是刺激零售商及其销售人员的商品推销工作。

常使用的经销商推广工具有以下四种。

1. 购买折扣

购买折扣是指在一定时期内，经销商每次购买得到的相对于报价的直接折扣。这种折扣是经销商获得利润或广告支出费用的补偿，可以鼓励中间商多经营老产品或有一定风险的新产品。

2. 津贴

津贴是制造商为感谢中间商的合作而给予其利益上的一种补偿，主要有存货津贴、广告津贴和陈列津贴。存货津贴用以激励中间商增加进货量，广告津贴是制造商对经销商代做产品广告的酬谢，陈列津贴是为酬谢经销商举办产品特别展示而给予的补贴。

3. 免费商品

在中间商购买某种产品达到一定数量时，制造商就为其提供一定数量的免费商品。

4. 推销奖金

当经销商或他们的推销队伍推销制造商的产品时，厂商要给予一定数额的推销奖金，可以是现金或礼品，以奖励那些推销有功人员。

除上述推广工具之外，对经销商的营业推广还包括商店布置、零售业务培训、中间商竞赛和合作广告等形式。

(三) 商业促销工具

运用商业促销工具可获得吸引消费者购买或激励推销员取得更大成绩的促销效果，商业促销工具主要包括以下三种。

1. 商业展览和业务会议

由行业协会牵头组织的商业展览和业务会议，可以边展览边交易，通过这种订货会或展销会，可以接触到其他促销方式难以接触到的潜在顾客，发现新的销售渠道，争取向消费者销售更多的产品。

2．销售竞赛

竞赛对象包括推销员和中间商，对有业绩的推销员或经销商负责人给予奖励，目的是提高他们一定时期内的销售额，对表现优秀者可得到免费旅行、奖金或礼品。当然，企业所制订的竞赛目标是经过努力可以达到的，否则推销员和中间商便不会接受这种挑战。

3．特殊广告品

这是推销员免费送给潜在顾客的价格低廉而有用的礼品。因这些物品经常使用，以此类物品为载体的公司名称和广告信息就会经常出现在消费者面前，使人产生好感。

四、营业推广的实施

（一）确定目标

营业推广目标的确定，就是要明确推广的对象是谁，要达到的目的是什么。只有知道推广的对象是谁，才能有针对性地制订具体的推广方案。

营业推广对象有三种类型：① 顾客。目标是灌输某种观念，刺激顾客购买。② 批发商或零售商。目标是吸引其购买并经销商品，使经销商产生对品牌或厂家的忠诚。③ 推销人员。目标是鼓励其推销产品，刺激其寻找更多的潜在顾客。

（二）选择方式

营业推广的方式很多，企业要根据市场类型、销售目标、竞争环境以及各种推广方式的成本和效益等选择适当的营业推广工具。对不同的推销对象，其工具也不同。

（三）制订方案

企业在制订营业推广方案时应考虑以下因素：

(1) 确定推广规模。确定规模较佳的依据是推广刺激费用与营业收入之间的效应关系。

(2) 限定参加者的条件。要根据顾客或经销商的具体特点，选择能产生最佳推广效果的刺激对象。

(3) 选择推广途径。企业应选择既能节约推广费用，又能收到预期效果的营业推广工具。

(4) 安排推广期限。推广期限要恰当，过长，顾客新鲜感丧失，产生不信任感；过短，一些顾客则来不及参加。

(5) 选择推广时机。企业应综合考虑产品的生命周期、顾客收入状况及购买心理、市场竞争状况等，不失时机地制订营业推广策略。

(6) 做好配套工作安排。营业推广要与营销沟通其他方式如广告、人员销售等相结合，相互配合，共同使用，从而在营业推广期间形成更大的声势，取得单项推广活动达不到的效果。

(7) 制订费用预算。营业推广固然可以增加销量，但同时也相应增加了推广费用。企业要权衡刺激费用与营业收益的得失，比较推广费用与收益的比值，从而确定促销的规模和程度。

(四) 方案实施与评价

在方案实施前、实施中和实施后，都要特别注重宣传工作，以便营业推广能被顾客知晓，建立与顾客的沟通渠道，增强顾客对企业的信心。

企业应为每一种营业推广方式确定具体实施方案。如果条件允许，在方案实施前应进行测试，以便明确所选方案是否恰当。在具体实施过程中应把握两个时间因素：一是实施方案之前所需的准备时间；二是推广起止的时间间隔。实践证明，从推广正式开始到大约95%的产品已售完的时间为最佳期限。

案例分析

口香糖是美国人里力的杰作，它刚出现时运气并不佳，买的人寥寥无几。里力为了推销口香糖，利用了各种宣传手段，可是收效不大。后来，他在试销中发现，为数不多的顾客中大都是儿童。里力从儿童身上看到了"希望"，他决定以儿童作为推销口香糖的"突破口"。里力按电话簿上刊登的地址，给每个家庭免费送上4块口香糖，他一口气送了150万户，共600万块口香糖。这一举动让同行们大惑不解：为什么要做这样的赔本买卖？谁知几天以后，这一招就奏效了。

孩子们吃完里力赠送的口香糖后，都吵着还要吃，家长们当然只有再买。从此，口香糖的销路就打开了。聪明的里力后来又想出了一个新招——回收口香糖纸：顾客送回一定数量的糖纸，就能得到一份口香糖。因此，孩子们为了多得糖纸，就吵着要大人也嚼口香糖，就这样大人小孩一起嚼，没多久就把口香糖嚼成了畅销世界的热门产品。

试析：

1. 该口香糖应用的是哪种营业推广形式？常见的营业推广形式有哪些？
2. 简述该案例中公共关系促销的实施步骤。

知识拓展

试看以下营业推广活动：

(1) 某皮鞋店在顾客第一次购买后免费给他一张会员卡，在平时给予适当优惠，在促销期更能得到促销优惠之外的优惠。当这张卡的主人累积到一定金额时，还向他赠送额外的礼物或者只需其他顾客60%的价钱就拥有某几款产品的选购权。

(2) 某品牌桶装水店在所在社区举办较大型捐赠活动，对社区推举的品学兼优的中小学生(3名)设立奖学金，每年举办颁奖典礼，请社区领导和长者担任颁奖嘉宾。

(3) 某店对圣诞节购物满38元的顾客提供"摇树"的机会,每次摇树掉下一个号码牌，每个号码牌都有相应的礼物。

(4) 某老年保健品店和某饭店联合举办"模范双星"评选活动，对评选出的"寿星"和"孝星"给予一张若干面值的代金券，该代金券可在两店之间通用。

(5) 某羽绒系列店当场拆开衣服、被褥让顾客看内里的东西。

(6) 某企业对产品制定阶梯价格：销售初期 1～5 天八折销售，5～10 天八五折，10～15 天九折，15～20 天九五折。

(7) 某西装店的系列自产自销西装品牌为"玛莎尼奴"，标价 8800 元一套的男装两折促销。

问题：

1. 结合案例材料，谈谈以上促销活动分别运用了哪些营业推广形式。

2. 你认为上述哪些企业选用的营销推广形式较为科学？哪些不太科学？为什么？

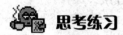 **思考练习**

简答题

1. 营业推广的形式有哪些？

2. 营业推广的决策步骤有哪些？

参 考 文 献

[1] 肖剑锋. 市场营销[M]. 北京：中国劳动社会保障出版社，2016.

[2] 向阳，李胜. 市场营销基础[M]. 武汉：华中师范大学出版社，2011.

[3] 冯丽云. 现代市场营销学[M]. 北京：经济管理出版社，2004.

[4] 何敏，郑长鸣. 市场营销基础[M]. 成都：电子科技大学出版社，2007.

[5] 熊云南，郑璁. 市场营销[M]. 武汉：武汉大学出版社，2008.

[6] 谢宗云. 市场营销实务[M]. 成都：电子科技大学出版社，2007.

[7] 于家臻. 市场营销基础[M]. 4 版. 北京：电子工业出版社，2017.

[8] 胡兴苗，周浩，杜丽茹. 市场营销基础[M]. 北京：中国人民大学出版社，2014.

[9] 刘文秀. 营销学原来这么有趣: 颠覆传统教学的 18 堂营销课[M]. 北京：化学工业出版社，2015.